Ulrike Scheuermann

FREUNDE
MACHEN
GESUND

DIE NUMMER 1 FÜR EIN LANGES LEBEN:
DEINE SOZIALKONTAKTE

KNAUR✶
BALANCE

Besuchen Sie uns im Internet:
www.knaur-balance.de

Aus Verantwortung für die Umwelt hat sich die Verlagsgruppe
Droemer Knaur zu einer nachhaltigen Buchproduktion verpflichtet.
Der bewusste Umgang mit unseren Ressourcen, der Schutz unseres Klimas
und der Natur gehören zu unseren obersten Unternehmenszielen.
Gemeinsam mit unseren Partnern und Lieferanten setzen wir uns für eine klimaneutrale
Buchproduktion ein, die den Erwerb von Klimazertifikaten
zur Kompensation des CO_2-Ausstoßes einschließt.
Weitere Informationen finden Sie unter: www.klimaneutralerverlag.de

MIX
Papier aus verantwor-
tungsvollen Quellen
FSC
www.fsc.org   FSC® C083411

Originalausgabe November 2021
Knaur Balance
Ein Imprint der Verlagsgruppe
Droemer Knaur GmbH & Co. KG, München
Alle Rechte vorbehalten. Das Werk darf – auch teilweise –
nur mit Genehmigung des Verlags wiedergegeben werden.
Redaktion: Ulrike Strerath-Bolz
Covergestaltung: Christian Hesselmann
Coverabbildung: Christian Hesselmann
Bildnachweis: S. 47, 53 Ti Fong nach Ulrike Scheuermann; S. 55 Ti Fong angelehnt an
S. Cacioppo, A.J. Grippo, S. London, L. Goossens, J.T. Cacioppo (2015) Loneliness:
Clinical Import and Interventions, Perspectives on Psychological Science, Vol. 10 No. 2,
p. 243; S. 69, 88 Ti Fong nach Ulrike Scheuermann; S. 101 Ti Fong nach R.I.M. Dunbar
(2018) The Anatomy of Friendship, Trends in Cognitive Sciences, Vol. 22 No. 1, p. 36.;
S. 103 Ti Fong nach Sutcliffe, A.J. et al. (2012) Relationships and the social brain:
integrating psychological and evolutionary perspectives. Br. J. Psychol. 103, 149–168;
S. 197 Ti Fong nach Topography of social touching depends on emotional bonds between
humans, by Juulia T. Suvilehto, Enrico Glerean, Robin I. M. Dunbar, Riitta Hari, and Lauri
Nummenmaa, which appeared in issue 45, November 10, 2015, of Proc Natl Acad Sci USA
(112:13811–13816; first published October 26, 2015; 10.1073/pnas.1519231112);
S. 218 le-tex publishing services; S. 223 le-tex publishing services; S. 227 le-tex
publishing services; S. 237 le-tex publishing services
Satz: Daniela Schulz, Gilching
Druck und Bindung: CPI books GmbH, Leck
ISBN 978-3-426-67611-0

2   4   5   3   1

Für meine Freundinnen und Freunde

Inhalt

Alles ist Beziehung

Wir schlafen in Sechserzimmern in einem alten Fachwerk-
haus in der Lüneburger Heide. Auf dem Weg zu den Toiletten
hört man vom anderen Etagenende die Stimmen der Jungs.
Die meisten Mädchen tragen schon BHs und sind größer als
ich. Tagsüber trainieren wir. Aufschläge, Schmettern, Prit-
schen, Blocken. Ich bin keine Leuchte im Volleyball, aber
grundsätzlich kann ich spielen. Was für mich aber hier vor
allem zählt: Ich bin mit dabei.

Ich, das ist eine 14-jährige schüchterne, unsichere Spätent-
wicklerin, die ihre Tage noch nicht hat und gerade auf die Idee
gekommen ist, dass ihre Frisur mit dem geraden Pony nicht so
ganz up to date ist. Ich bin mit anderen Dingen beschäftigt als
die anderen Mädchen meines Alters: Wie schlage ich den
Hemdkragen so hoch, dass er die aufgekratzte Haut am Na-
cken verbirgt, wenn ich die Blicke von anderen hinter mir
spüre? Wie halte ich zumindest mein Gesicht und die Hände
einigermaßen ekzemfrei? Meine Kortisonsalben habe ich für
diesen Zweck immer dabei. Vor dem Einschlafen ziehe ich
unter der Bettdecke meine Gipsröhren über die Arme, um
mich am Kratzen zu hindern und morgens einigermaßen un-
versehrt aufzuwachen.

Nach 3 Tagen regnet es immer noch. Niemanden stört das,
denn wir sitzen ohnehin immer zusammen im Aufenthalts-
raum. Es gibt eine Musikanlage mit 2 riesigen Boxen. Samira
und Jan sind unsere DJs und wir diskutieren darüber, welche
Songs wie oft gespielt und was wir abends hören werden. Die
anderen sitzen in Sofaecken über Karten- oder Brettspielen.
Nach dem Abendessen machen wir uns schick. Anja hat ein

professionell aussehendes Schminktäschchen mit integriertem Spiegel und trägt nacheinander Lidstrich und verschiedene Lidschatten aus einer Palette auf.

Ich gebe mir einen Ruck. »Könnte ich vielleicht deinen Kajalstift benutzen?«

Sie reicht ihn mir und mustert mein Gesicht. Ich schäme mich. Aber sie sagt nur: »Hier, nimm auch noch Mascara. Sieht bestimmt gut aus bei dir.«

»Ah, danke.«

Sie dreht mich so zur Lampe, dass Licht auf mein Gesicht fällt.

»Ach komm, ich mach mal was.« Ein bauschiger Rougepinsel streicht über meine Wangen, und ich muss die Augenlider halb offen halten, damit sie meine Wimpern tuschen kann.

»Und jetzt die Lippen.«

Es scheint ihr Spaß zu machen. Das Lipgloss hat Erdbeeraroma. Danach gucken wir zusammen in den Spiegel. Ich sehe ausdrucksvoller aus und meine Lippen glänzen. Ich muss lachen.

»Ist das nicht zu doll?«

»Nein, du siehst super aus mit deinen schönen großen Augen.«

»Ja, und du hast ein tolles Lachen«, sagt Bettina, die hinter uns im Spiegel auftaucht.

»Danke.«

Ich könnte die Welt umarmen. Ich soll super aussehen? Normalerweise bin ich schon froh, wenn man meine kaputte Haut nicht bemerkt. Doch an diesem Abend taue ich auf und tanze sogar zu den angesagten Songs, bei denen alle auf den Beinen sind. Meine Bewegungen kommen mir hölzern vor, aber ich tanze. Dann fallen wir über Erdnussflips und Apfelsaftschorle her, auf einer Sportreise gibt es kein Bier. Micha macht ständig Witze, über andere, aber vor allem über sich selbst. Wir krümmen uns vor Lachen. Zurück auf den Zimmern geht es um die lässigsten Jungs, wer welchen gut findet, dass Merle und Jan vielleicht zusammenkommen, und alle lachen, als ich Marie mit ihrem lasziven Blick nachahme. Ich bin dabei, fast mittendrin. Bin glücklich.

Als wir am Samstagabend wieder in Berlin ankommen, sehe ich aus dem Busfenster auf die Traube von Elternköpfen herunter, die auf ihre Kinder warten. Auch mein Vater ist da. Gleich werden wir zu Hause sein. Ich spüre ein Ziehen in meiner Brust. Es wird anders sein.

Am Abend erzähle ich begeistert von der Reise, und meine Eltern und meine Schwester hören den Geschichten von Jugendlichen zu, die sie nicht kennen. In der Nacht werde ich trübsinnig und weine. Ich weiß nicht, warum.

Fast mittendrin: Der Geschmack von Gemeinschaft

Heute weiß ich, warum ich damals nach der Reise in ein Loch gefallen bin. Die Volleyballfahrt hatte mich aufgewühlt und mir einen Geschmack von Gemeinschaft vermittelt, den ich mir für mein weiteres Leben wünschte. Bis dahin bestand meine Welt neben der Schule aus gleichmäßig verlaufenden Tagen mit Eltern und Schwester, Flötenunterricht und Draußensein. Nur selten kamen Gäste zu Besuch. Nach der Schule sagte ich zu meiner Mutter: »Alles so viel!«, Carola und ich verzogen uns in unsere Zimmer und lasen Bücher. Carola schrieb Geschichten über Pferde und Hunde. Ich sägte Sperrholz, schnitzte Figuren, experimentierte mit Ton, Emaille und Speckstein und sammelte abends die UHU-Klebstoffreste von den Fingern. Das *Werkbuch für Mädchen*, ein 400-seitiges Grundlagenwerk für den Werk- und Kunstunterricht, war die Bibel meiner Kindheit. Draußen kannten wir jeden Baum, der sich zum Klettern eignete. Wir liehen uns Hunde von den Nachbarn aus und streiften stundenlang über den Teufelsberg und durch den Berliner Grunewald. Abends blieb der Fernseher aus, denn wir hatten keinen. Vor dem Schlafengehen deckte ich den Käfig meines Wellensittichs Seppel mit einer Decke ab. Manchmal zwitscherte er noch eine Weile weiter.

Jahrzehnte später, um einen eigenen Entwicklungsweg, viel Berufserfahrung und umfassendes psychologisches Wissen reicher, weiß ich: So still, unsicher und vielleicht merkwürdig ich als Jugendliche auf die anderen gewirkt haben mag – bei der Volleyballfahrt konnte ich mich mit ihnen verbunden fühlen, weil ich merkte, dass alle willkommen waren. Niemand lästerte über andere. Es herrschte eine fröhliche, liebevolle Stimmung.

Als Psychologin habe ich mich intensiv mit Beziehungsgestaltung von Einzelnen und Gruppen beschäftigt – und andere bei dieser Entwicklung begleitet. Ich bin heute fast immer locker und mit großer Freude mit anderen Menschen im Kontakt. Ich bin lustig geworden und lache unglaublich gerne mit. Begegnungen erfüllen mich mit tiefer Freude, Dankbarkeit, sogar Ehrfurcht, und abends schreibe ich oft auf meinen eigenen Rat hin Tagebuch über das, was ich mit anderen Menschen erlebt habe.

Heute kann ich sagen: Wir können immer zumindest innerlich verbunden mit anderen sein. Wir können in Gemeinschaft sein, ohne besonders oder wichtig tun zu müssen, ohne Selbstzweifel und Scham – in der Form, die uns entspricht.

Ich will Ihnen keine Heldengeschichte von mir erzählen à la »Früher war alles schlimm, heute supergut – Sie können es also auch schaffen«. In dieser Weise von meinem Einzelfall auf andere zu schließen, wäre unredlich. In der Wissenschaft ist solch ein Fehlschluss ein klares No-Go. Ich kann jedoch guten Gewissens auf Grundlage der aktuellen Forschungslage sagen, dass ein »Überlernen« bisheriger Denk-, Fühl- und Verhaltensweisen in viel größerem Ausmaß möglich ist, als man bis vor ein paar Jahrzehnten noch dachte. Gehirnstrukturen verändern sich bis zum letzten Lebenstag. Deshalb finden Sie in diesem Buch wissenschaftlich fundierte Erkenntnisse darüber, wie Menschen gut zusammenleben können. Erkenntnisse, die Sie für sich probieren können. Was auch immer Sie auswählen, es wird Sie verändern. Nehmen Sie einfach, was für Sie passt. Es gibt nie nur den einen richtigen Weg.

Ich habe nicht vergessen, wie es ist, wenn man sich draußen fühlt. Wohl alle kennen solche Erfahrungen. Sie sind äußerst schmerzhaft. Trotzdem ist es wichtig, dass wir uns ab und zu an sie erinnern. Dann werden wir andere dazuholen, weil wir um ihren Schmerz wissen. Dieses Reinholen von einsamen und isolierten Menschen gehört zu einer sozialen Gemeinschaft dazu. Verbundenheit können wir von beiden Seiten fördern, das ist enorm wichtig.

Und so fasste ich den Entschluss, der seit Jahren in mir gereift war: Ich muss mein nächstes Buch darüber schreiben. Ein grundlegendes Buch darüber, wie wir gut verbunden sein können. Geborgen und aufgehoben in vielfältigen und unterschiedlichen Beziehungen und in einer Gemeinschaft. Für den einen sind das 3 engste Vertraute, mit denen man sich fast täglich austauscht. Für eine andere sind es 70 berufliche und private Kontakte am Tag, bei denen es hoch hergeht.

Wenn wir gut verbunden sind, blühen wir auf, es fördert unsere Gesundheit und unser Glück. Warum das so ist und wie es funktioniert, darum geht es in diesem Buch. Unsere Sozialkontakte gehören auf die Nummer 1 unserer Prioritätenliste für ein langes, gesundes, glückliches Leben. Kümmern wir uns darum!

Der Kern unseres Menschseins

Was ich im Laufe der Recherche und inneren Auseinandersetzungen zu und mit Beziehungen entdecke, ist fast überwältigend. Allein schon die wissenschaftlichen Erkenntnisse überraschen mich immer neu, obwohl ich ständig über soziale Beziehungen lese. Je tiefer ich in das Thema einsteige und mehr davon verstehe, wie alles zusammenhängt, desto deutlicher wird mir, was wir alles *noch nicht* wissen, selbst wenn wir Beziehungen vielleicht nie abschließend ergründen werden. Nicht durch Erfahrung, denn es treten immer neue Menschen in unser Leben und mit jedem, jeder ist es anders. Nicht durch Menschenkenntnis – jemand wirkte doch so zuverlässig, aber nun entfernt er sich wieder, und man versteht nicht, warum. Nicht durch die beste Forschung – es kommen ständig neue Erkenntnisse hinzu. Das heißt, wir sollten uns lebenslang damit beschäftigen, denn alles in unserem Leben ist Beziehung.

Unser Gehirn ist nur deshalb so riesig im Verhältnis zu unserem vergleichsweise kleinen Körper, weil wir den Löwenanteil davon für unsere hochkomplexen Beziehungsfähigkeiten brauchen.[1] Dieses Gehirn nutzt sogar alle Zeiten des Alleinseins, um an andere Menschen zu denken, es denkt ständig sozial.[2] Doch nicht nur am und im Gehirn sieht man, dass Beziehungen den Kern unseres Menschseins ausmachen. Man sieht es auch an den Auswirkungen unserer Sozialkontakte: Sie machen uns glücklich, jung und gesund. Und das sind gut erforschte und verlässliche wissenschaftliche Erkenntnisse.

Weltweiter Kontaktmangel

»Wir haben keine guten Zeiten, aber dafür sind unsere Mitmenschen gut dabei«, textet mitten im zweiten Lockdown im Januar 2021 eine polnische Kollegin von mir per WhatsApp. Ich finde, das ist ein passendes Fazit der Corona-Jahre 2020 und 2021. Überall auf der Welt haben Menschen, vielleicht zum ersten Mal, sogar physisch gespürt, was es bedeutet, im Kontaktmangel leben zu müssen. Enkelkinder wurden ihren Großeltern entwöhnt, Künstlerinnen, Hoteliers,

Veranstalterinnen arbeitslos, beste Freunde waren unerreichbar. Unfreiwillig mit sich allein zu bleiben, das war nicht länger der Schmerz der 7 Prozent der einsamen Menschen, die das schon kannten, sondern ein Mangel, der uns alle betraf – ob jung oder alt, lustig oder ernst, schüchtern oder draufgängerisch.

Doch im Dunkeln sieht man die Sterne. Corona hat uns in der Erschütterung unserer menschlichen Verbindungen auch ihre Kostbarkeit deutlich gemacht. Im schönen, hellen Frühling 2020 dachten die meisten: »Na, dann telefonieren oder zoomen wir halt 'ne Weile.« Mit dem zweiten und dritten Lockdown wurde die Zeit aber sehr lang. Und kalt. Ein Nebel der Entfremdung sickerte durch die Kontakte. Freunde seit anderthalb Jahren nicht mehr umarmt. Die Hand der Mutter nicht gehalten, uns beim Vater nicht mehr eingehakt. Wie auch? Es gab kein Schulterklopfen, keinen Handschlag, kein Umarmen bei der Begrüßung. Dabei sind all diese Berührungen schon Gold wert für unsere Gesundheit.

Wir können körperliche Nähe eine Weile durch Sicht- und Augenkontakt oder digitalen Kontakt überbrücken. Nur aus der Ferne winken, freundlich gucken, lachen, sich etwas zurufen: Das geht. Doch wir können nicht ewig von einer Umarmung aus dem letzten Jahr zehren. Wir brauchen die originale Erfahrung. Berührungen sind eine Basis unseres Menschseins.

Wir sollten jetzt aus den Corona-Erfahrungen so viel wie möglich darüber lernen, wie wir unsere Beziehungen gestalten können. Anders. Inniger. Tiefgehender. Anstatt einfach zum *business as usual* zurückzukehren, froh, dass die schwierige Zeit überstanden ist. So können wir auch die Bitterkeit über diese Zeit abstreifen und uns sagen: Es war nicht alles umsonst.

Gemeinsam geht es uns automatisch besser

Wenn ich erzähle, dass ich ein Buch über Beziehungen schreibe, denken viele an Paarbeziehungen. Klar: Der Ratgeber-Buchmarkt und die Forschungsliteratur sind voll von allem rund um die Paarbeziehung. Wie man den Märchenprinzen oder die Traumfrau findet, Paarkonflikte durchsteht, die Leidenschaft erhält, zusammen bleibt trotz Verliebtheit in jemand anderen. Eifersucht, enttäuschte Erwartungen, Trennung. In der partnerschaftlichen Beziehung projizieren viele ihre Wünsche auf die eine Person. Womit diese Beziehung auf Dauer meist überfordert ist und irgendwann beendet. Wir kennen die Zahlen: Rund 36 Prozent der Ehen in Deutschland werden geschieden. Wie oft sich Paare trennen, die nicht verheiratet waren, ist nicht erfasst.[3] Aber allein auf 3 Eheschließungen kommt also etwa eine Scheidung.

Deshalb ist es sinnvoll, bei Beziehung an mehr zu denken als an die Paarbeziehung. Stellen Sie es sich wie ein dichtes Beziehungsnetz vor, denn für Zufriedenheit und Gesundheit sind unsere vielfältigen Sozialkontakte ausschlaggebend. Das geht bei der intensiven Beschäftigung mit »Partnerschaft« leicht verloren. Dann laufen unsere Sozialkontakte oft eher als beiläufige Themen mit, insbesondere, wenn wir einen festen Partner, eine Partnerin haben. Freunde treffen? In Ruhe telefonieren? Ach, grad so viel zu tun. Man sieht sich alle paar Monate mal, oder ist es sogar schon ein Jahr her?

Ein stabiles soziales Netz aber hilft Ihnen sogar, sich vom alltäglichen Stress zu erholen. Wer kommt schon darauf, dass die Überlastung, die man gerade erlebt, an zu wenig Kontakt liegen könnte? Wir sind andauernd angestrengt und schieben es auf die Arbeit. Wir sind depressiv und ängstlich und denken, es ist das aktuelle Problem. Wir haben Schlafstörungen und vermuten die Sorgen als Ursache dahinter. Dabei – so wissen wir heute – sind unsere Sozialkontakte der Schlüssel zu einem guten Leben. Ein dichtes und tragfähiges

Beziehungsnetz ist *das* Mittel gegen Stress, Depression, Angst und Schlafprobleme. Es ist *der* Geheimtipp für ein starkes Immunsystem. *Der* Weg zu Glück und Erfolg. Je nachdem, wie man Erfolg definiert.

Im Wertesystem unserer Leistungsgesellschaft ist Erfolg häufig gleichbedeutend mit beruflicher Karriere, herausragenden Leistungen, viel Geld, hohem Status, Berühmtheit, eigenem Haus. »Alles außer gewöhnlich« ist vielfach die wichtige Botschaft. Wer erzählt voller Inbrunst bei einem Small Talk: »Ich habe 5 wunderbare Freunde«? Dabei sollten wir genau das sagen. Denn wir sind, was wir im Kontakt mit anderen Menschen sind. »Freunde« ist dabei ein Schlüsselwort. Es steht in diesem Buch übrigens für jedes Geschlecht, auch jenseits des binären Verständnisses von Mann und Frau. Ich habe versucht, die Vielfalt der Geschlechter sprachlich abzubilden, aber an einigen Stellen gelingt es mir nicht ganz. Auch unsere Beziehungen sind mitunter nicht eindeutig, dazu passt das, und Sie wissen ja nun, dass ich immer alle meine.

Freunde. Das sind alle jene, denen wir uns verbunden fühlen, in Familie und Verwandtschaft, Nachbarschaft, unterschiedlichen Gemeinschaften, bei der Arbeit, in der Paarbeziehung und in Freundschaften. Freundschaftliches schwingt in allen Beziehungsformen mit: Auch die Partnerin kann eine Freundin sein. Auch der Partner kann ein Freund sein, mit dem man als verschworenes Team auf Reisen Abenteuer erlebt und der uns zur Seite steht. Oft ist auch mit Kindern Freundschaft möglich. Freunde sind unsere engsten Vertrauten, die wir häufig sehen oder einmal im Jahr treffen. Auch die Kolleginnen im Team, die wir uns nicht aussuchen, können Freunde werden. Die Aktionsgruppe im Ehrenamt, die anderen Trainierenden. Alle sind »Freunde«.

Sie bilden das Netz, in das eingewoben wir durch unser Leben gehen. Es ist lebendig und verändert sich. Es gibt uns

Impulse und Lernaufgaben, sodass wir uns entwickeln können und durch Erfahrungen klüger und reifer werden. Es hält uns mehr als alles andere gesund und fit. Geistig, emotional, körperlich. In diesem Netz findet all das statt, wodurch wir uns entfalten: Liebe und Emotionalität, Nähe, Berührungen, Wärme, Geborgenheit. Sicherheit, Ruhe, Beruhigung, Empathie, Entspannung im Zusammensein. Gegenseitige Unterstützung, Hilfe. Lernen, wachsen, sich entwickeln.

Wir brauchen keine Anti-Aging-Supermedizin. Je weniger wir danach suchen, desto mehr Zeit haben wir für das, was uns wirklich jung und gesund hält. Allein dadurch, dass Sie Beziehungen wichtiger nehmen, ein Buch wie dieses lesen, anders in die Gesichter um sich gucken, ruckelt sich schon vieles neu zurecht. Die Hirnforschung hat es gründlich untersucht: Wenn wir in Gemeinschaft mit anderen sind, geht es uns automatisch besser.

In der Wissenschaft sind Ihre Sozialkontakte längst auf Platz Nummer 1. Jetzt sind Sie dran. Für Ihre Gesundheit, für Ihr Glück und für ein langes Leben.

Was in diesem Buch vorkommt

Zunächst stelle ich Ihnen hier vor, was die Wissenschaft über »Ein langes junges Leben« im Zusammenhang mit Sozialkontakten weiß und warum und wie unsere Sozialkontakte gesund machen.

Im zweiten Teil »Einsam« vermittle ich Ihnen Erkenntnisse aus der Einsamkeitsforschung über die verheerenden Folgen gefühlter Einsamkeit und sozialer Isolation, damit Sie die Anzeichen bei sich und anderen erkennen und rechtzeitig aus der Einsamkeitsspirale herauskommen können. Sie müssen nicht in Einsamkeitstrübsal verfallen. Es gibt auch ein gutes Alleinsein, und das kann eine wunderbare Quelle für Inspiration, Erholung und Selbstfindung sein.

Im dritten Teil »Gemeinsam« finden Sie viele Ideen, neue Trends und hoffentlich verlockende Angebote auf Basis wissenschaftlicher Studien, die Ihnen dabei helfen, Ihr Beziehungsnetz dichter zu weben und sich so in Ihren Beziehungskreisen zu bewegen, wie es Ihnen entspricht.

Im vierten Teil »Eins« lernen Sie wissenschaftlich fundierte Wege zu mehr Verbundenheit kennen. Dabei helfen Ihnen 6 Beziehungsprinzipien, die nachweislich Beziehungen verbessern und vertiefen.

Danach finden Sie noch Übungen zum Ausatmen, die ich so nenne, weil sie Ihnen helfen, das, was Sie beim Lesen im übertragenen Sinne eingeatmet haben und für sich passend finden, auszuatmen, indem Sie es in Ihr Denken integrieren und in Ihrem Alltag umsetzen. Denn erst durch Ein- *und* Ausatmen wird ein Lernprozess vollständig.

Es gibt nicht DIE Lösung

Früher fühlte ich mich bei meinen Büchern in einem Dilemma: Einerseits will ich Sachbücher schreiben. Denn wenn ich ein richtig gutes Sachbuch lese, das mir neue Erkenntnisse aus Wissenschaft und Praxis vermittelt, bin ich aufgerüttelt und manchmal über Monate, sogar Jahre, tief beeindruckt. Ich begeistere mich für die neuen Gedanken, wende sie an, beobachte mein Leben anders und gehe im Selbsterforschungsmodus durch meinen Alltag. Mann und Sohn, Freundinnen und Freunden, Familie erzähle ich die »Best of«-Ausschnitte, und manchmal schwappt die Begeisterung über in mein eigenes Leben. Solche Bücher will ich schreiben.

Andererseits will ich auch Bücher verfassen, die Ihnen helfen, neue Erkenntnisse in Ihr Leben zu integrieren und von den Auswirkungen zu profitieren. Mein wissenschaftliches Herz sagt: »Nimm das Wissen, das ich hier vermittle, und mach selbst etwas draus.« Als Psychologin denke ich: »Es wäre schon hilfreich, konkrete Hinweise für Entwicklung zu geben«, aber gleichzeitig auch: »Du glaubst doch selbst keinen Ratgebern, die mit ihren 5 oder 12 Schritten den garantierten Erfolg versprechen«. Denn jeder Mensch und seine Lebensbedingungen sind einzigartig.

Heute denke ich, dieses Dilemma gelöst zu haben, indem ich als wissenschaftsorientierte Psychologin aus der Wissenschaft berichte *und* Ihnen als praktisch tätige Psychologin Wege vorschlage, nicht aber vermeintlich allgemeingültige Ratschläge für die Umsetzung gebe. Sie wollen gesünder und glücklicher lange leben. Dafür sollten Sie Ihre Beziehungen besser gestalten. Es ist nur menschlich, dass wir uns die eine, klare Lösung dafür erhoffen. Vielleicht sogar eine »Wenn-dann-Anleitung« mit Tipps, etwa: Wenn du deinem Partner mehr Freiraum lässt, wird er bei dir bleiben. Oder: Erst, wenn du dich selbst liebst, kannst du andere lieben. Das kennen Sie wohl schon, und es mag verlockend klingen. Doch weder das Leben allgemein noch Ihre persönliche Entwicklung funktionieren so einfach. Es gibt nicht den einen Schlüssel zur Lösung aller Probleme. Dafür sind wir zu einzigartig, ist unser Inneres zu vielschichtig, sind unser Umfeld und das Leben zu bunt.

Folgen Sie mit mehr Wissen und meiner Erfahrung als Psychologin, die ich Ihnen vermittle, Ihrem eigenen inneren Kompass: Sie wissen und fühlen dann am besten, was für Sie geht, wohin Sie wollen.

Viele Selbstheilungslehren, die darauf abzielen, psychische Probleme loszuwerden, machen meiner Ansicht nach falsche Hoffnungen, man könne alle seine Probleme mit dieser oder jener Methode und kraft eigener Gedanken, Techniken oder Haltungen allein beheben. Doch eine Methode welcher Art auch immer muss genau zu Ihrem Problem, zu Ihrer Situation, zu den Ursachen und eben Ihnen passen.

Eine Bekannte von mir wandte einnmal voller Euphorie

eine Erfolg versprechende Methode gegen Angst an, die sie in einem Buch gefunden hatte. Als das bei ihr nicht funktionierte, warf sie sich ihre mangelnde Disziplin bei der Anwendung vor und fühlte sich noch schlechter als vorher. »Bei den anderen funktioniert es doch. Was mache ich falsch?« Sie kam nicht auf die Idee, den methodischen Ansatz oder das Setting ohne Begleitperson anzuzweifeln. Eine Studie von Richard Redding von der Chapman University of California belegt: Nur rund 50 Prozent der Selbsthilferatgeber bereiten die Lesenden auf die Möglichkeit vor, dass die angegebenen Verfahrensweisen vielleicht nicht die richtigen sein könnten und dass es durchaus Rückschläge geben kann.[4]

Es gibt starke Kräfte, die jenseits von Methoden wirken, wenn Menschen miteinander in Beziehung treten. Borwin Bandelow, Professor für Psychiatrie und Vorsitzender der Deutschen Gesellschaft für Angstforschung, schildert, wie die Linderung von Problemen zum Beispiel auf den Placeboeffekt zurückgeführt werden kann: Begleitperson und Hilfesuchende glauben gemeinsam an die Wirksamkeit einer Behandlungsweise. Was wirkt, ist aber vor allem die Beziehung zu der Therapeutin oder dem Coach, inklusive des Vertrauens, der Zuwendung und Hoffnung. Das positive Ergebnis wird aber fälschlich der Methode zugeschrieben. Es kann auch eine kurzzeitige Besserung der Symptome eintreten, die sich später wieder relativiert. Auch die Tendenz zur Mitte spielt mitunter eine Rolle: Wenn man mit seinen Problemen Hoch- und Tiefpunkte erlebt und Hilfe sucht, wenn es einem gerade besonders schlecht geht, ginge es einem mit hoher Wahrscheinlichkeit auch ohne die Behandlung bald wieder besser.[5]

Noch ein Beispiel für einen Fehlschluss: In Statistiken zeigte sich, dass Männer nach der Heirat einen Einkommensschub erleben. Die Folgerung hieß also: »Ein Mann muss nur heiraten, dann wird er reich …« Heute wissen wir durch bessere Daten und Auswertungsverfahren, dass Männer einfach nur in einer Lebensphase heiraten, in der ihr Einkommen ohnehin gerade steil ansteigt.[6] Die Wissenschaft hilft uns dabei, von subjektiver Wahrnehmung und Erfahrung zu verallgemeinerbaren Aussagen zu kommen. Das brauchen wir, um über Vermutungen und Placeboeffekte hinauszukommen.

Ich stelle Ihnen in diesem Buch große Studien mit zum Teil Hunderttausenden von Teilnehmenden vor. Es sind viele Metastudien darunter, die eine Menge andere Studien zu derselben Fragestellung analysieren und zusammenfassen. Und auch Langzeitstudien, die seit 40, 60 oder sogar 80 Jahren laufen. So kommt man zu verlässlichen Ergebnissen. Wie diesem hier:

Freunde: Sie machen gesund. Jung. Glücklich.

Seit meiner Volleyballfahrt als selbstunsichere Jugendliche ist vieles passiert. Ich freue mich riesig darauf, Ihnen in diesem Buch davon zu erzählen.

TEIL 1

EIN LANGES JUNGES LEBEN

WAS DIE WISSENSCHAFT WEISS

Frühling, im Jahr 2017. Draußen ist es noch dunkel. Seit ich gelernt habe, dass Menschen unterschiedliche Schlaf-wach-Rhythmen haben, finde ich es nicht mehr blöd, dass ich schon um 5 Uhr auf bin, anders als die meisten anderen. Heute recherchiere ich um die Uhrzeit im Internet. Lande bei einem gerade veröffentlichten TED-Vortrag einer kanadischen Psychologin und Journalistin, Susan Pinker.[7] Ich sehe ein Balkendiagramm mit Faktoren, die die Lebenserwartung erhöhen – das sind die üblichen Verdächtigen: nicht Rauchen, kein Alkohol, gute Ernährung, Grippeimpfung, Bewegung. Aber was steht da ganz oben? Jetzt bin ich noch wacher als ohnehin schon.

»Soziale Integration«, das sei die Nummer 1 für ein gesundes langes Leben. Fast gleichauf mit Nummer 2, noch etwas Soziales: »nahe Beziehungen«. Was? Vor Ernährung? Vor Abnehmen und Sport? Na ja, man muss ja nicht alles glauben. Aber die TED-Konferenzen sind ein renommiertes Format, wo man geprüfte Inhalte findet. Und dann fällt mir ein anderes Forschungsergebnis aus einer der längsten Langzeitstudien der Welt wieder ein; das Fazit des aktuellen Studienleiters Robert Waldinger hat sich mir tief eingeprägt: Ein gutes Leben besteht aus guten Beziehungen.

Ich höre weiterhin in Pinkers Vortrag, dass eine Forschungsgruppe Menschen dazu befragte, welche Faktoren sie für ein langes Leben für wichtig halten. Die Befragten stuften die beiden sozialen Faktoren auf den hintersten von 11 Plätzen ein. Das ist folgenschwer. Denn wenn man glaubt, Sozialkontakte seien für ein langes Leben nicht so wichtig, werden wir uns weiterhin für ein langes Leben auf Ernährung, Bewegung, Nichtrauchen fokussieren.

Als Nächstes frage ich mich, ob Sozialkontakte für uns allgemein auf den hinteren Plätzen rangieren, oder ob sie nur in Bezug auf Gesundheit als nebensächlich eingeschätzt werden. Ich finde dazu eine repräsentative Umfrage vom Institut für Demoskopie Allensbach aus dem Jahr 2020 unter 23 000 Deutschen über 14 Jahre. In den persönlichen Interviews stand auf die Frage »Was halten Sie persönlich im Leben für besonders wichtig?«[8] als Antwort auf Platz 1: »Gute Freunde, enge Beziehungen« (85,4 %), auf Platz 2: »Für die Familie da sein« (80,2 %), auf 3: »Glückliche Partnerschaft« (74,9 %) und auf 4: »Unabhängigkeit und Selbstbestimmtheit« (70,1 %). Auf Platz 7 dann schon wieder die Beziehungen, nämlich: »Kinder haben« (59,5 %). Erst ziemlich weit abgeschlagen, auf Platz 9, kommt »Erfolg im Beruf« (52,1 %). Auch eine repräsentative Studie des renommierten Zukunftsforschers Horst Opaschowski mit 3000 Deutschen weist nach, dass mitten im ersten Corona-Jahr 2020 »Beziehungsreichtum« zum neuen Wohlstand als einer der wichtigsten Werte der Deutschen aufgestiegen ist.[9]

Soziale Beziehungen rücken seit Jahren mehr in den Fokus unserer Werte, bisher aber wohl weniger aufgrund der Motivation, gesund und lange zu leben. Zum Glück sind wir gut darin, das wirklich Wichtige zu erkennen – und in Bezug auf unsere Beziehungen können wir vermuten, dass wir durch Corona noch besser geworden sind. Dennoch habe ich den Eindruck, dass die Beziehungen jenseits von Partnerschaft und Familie im Alltag bis heute eher nur mitlaufen. Wie viel Zeit wenden wir für unsere Freunde auf? Warum beschäftigen wir uns viele Stunden mit dem Handy, statt diese Zeit für echte Kontakte zu nutzen? Wie steht es mit den Kolleginnen, den Leuten aus der Sportgruppe, den Nachbarn? Mit jeder Person, der wir auf der Straße oder an der Käsetheke begegnen?

Ein Blick auf die Uhr. Fast 7. Morgen früh werde ich weiter recherchieren.

80 Jahre gutes Leben

1938 ging es los.[10] Der Harvard-Mediziner Arlie Bock, erster Leiter der sogenannten »Grant-Studie«, stellte sein Forschungsteam an der Harvard Medical School für Erwachsenenentwicklung an der Ostküste der Vereinigten Staaten zusammen und startete mit 268 männlichen Studenten eine Studie über Faktoren für Glück und Gesundheit. Die Grant-Studie ist eine Kostbarkeit, denn sie ist eine der umfassendsten Längsschnittstudien, die je durchgeführt wurden. Etwas später, 1940, initiierten Sheldon und Eleanor Glueck die verwandte »Glueck-Studie« mit 456 jungen Männern aus den Armenvierteln Bostons. Die Forschenden waren auf die großartige Idee gekommen, die insgesamt 724 Menschen von Jugend an bis ins hohe Alter bei ihrer Lebensgestaltung zu beobachten und eine Vielzahl von Daten über das körperliche und geistige Wohlbefinden der Männer zu sammeln. Während des College-Abschlusses, während des gesamten Arbeitslebens, während Ehe, Elternschaft, Krieg, Lebenskrisen und Alter fragten sie: Was macht ein gutes Leben aus? Was trägt dazu bei, bis ins hohe Alter gesund und glücklich zu leben?

Alle 2 Jahre – und zusätzlich alle 5 Jahre mit einer detaillierten Abfrage medizinischer Daten – befragten sie die Männer in ihrer Wohnung zu ihrer Arbeit, ihrem Familienleben und ihrer Gesundheit. Sie untersuchten sie medizinisch, filmten sie im Gespräch mit ihren Frauen und sprachen mit ihren Kindern. Fragebögen, Krankenakten, Blutbilder, Gehirnscans – alles wurde gesammelt. Über 80 Jahre läuft diese längste Längsschnittstudie der Welt über das Leben von Menschen, und sie geht mit ihren über 2000 Kindern in der Studie der zweiten Generation weiter. Seit 15 Jahren auch endlich mit Frauen.

Über lückenlose Daten für eine so lange Periode zu verfügen, ist ein großer Glücksfall für die Wissenschaft, auch wenn am Anfang die Frauen fehlten. Aber kann man nicht einfach Leute zu einem einzigen Zeitpunkt intensiv befragen: »Was macht Sie gesund und glücklich?«? Leider würde man so nichts Aussagekräftiges herausbekommen. Denn das wird nur eine subjektive Rückschau. Im Rückblick auf unser Leben verändern wir die Fakten, heben hervor, was wir persönlich für bedeutsam halten, lassen anderes unter den Tisch fallen. Ist jemand der Meinung, eine glückliche Kindheit gehabt zu haben, wird er sich an die lustigen Sonntagsausflüge mit den Eltern erinnern. Ist jemand noch heute wütend auf den gewalttätigen Vater, wird dieser die Erinnerungen beherrschen. Nur wenn man zu vielen Zeitpunkten des Lebens Personen befragt oder untersucht, kann man subjektive Meinungen vermeiden.

Erste Ergebnisse der Studie wurden 1977 von George E. Vaillant, der die Studie mehr als 30 Jahre leitete, in seinem Buch *Adaptation to Life* veröffentlicht. Sie waren damals eine Sensation: Vor allen anderen Einflussfaktoren sind es gute Sozialkontakte, die zu Zufriedenheit, Gesundheit und einem langen Leben führen und Körper und Gehirnfunktionen schützen. Dabei kommt es weniger auf eine hohe Zahl der nahen Beziehungen an. Man braucht auch nicht unbedingt eine feste Partnerschaft. Es zählt vielmehr die Qualität der Kontakte.[11] Es geht um stabile, nahe, liebevolle Beziehungen, in denen man sich aufeinander verlassen kann. Füreinanderda-Sein und das Gefühl des Aufgehoben-Seins sind ausschlaggebend. Der Psychologe Robert Waldinger, der vierte und aktuelle Studienleiter, beschreibt dieses Gefühl so: Es gibt Menschen, die man mitten in der Nacht anrufen würde, wenn man Angst hat und jemanden braucht, der vorbeikommt. Und so lautet sein Resümee: »Ein gutes Leben besteht aus guten Beziehungen.«[12]

Bei diesen männlichen Teilnehmern gab es die, die sich einsam fühlten und sozial isoliert lebten, oder unzufrieden verheiratete Paare, zum Beispiel mit ständigen Konflikten ohne viel Liebe. Die Unglücklichsten waren diejenigen, die einsam waren. Sie tranken, hatten eine Depression oder andere psychische Krankheiten. Sie wurden eher dement; Gehirnfunktionen wie das Gedächtnis verschlechterten sich früher. Körperlich wurden sie schneller »alt und gebrechlich«, brauchten länger, um sich von Krankheiten zu erholen und wurden eher krank, litten außerdem mehr unter Schmerzen, und diese Teilnehmer starben früher.[13]

Auf der anderen Seite gab es diejenigen Teilnehmer, die mit 50 am zufriedensten in ihren Beziehungen waren und gut sozial eingebunden in Familie, Freundschaften und andere Gemeinschaften: Sie waren die gesündesten und glücklichsten im Alter von 80 und 90 Jahren. Sie lebten zudem länger als diejenigen in weniger guten Beziehungen oder mit Einsamkeit.

Ein beeindruckendes Ergebnis. Doch während ich mich in die Harvard-Studien vertiefte, nagte ein Zweifel an mir. So wertvoll die Daten über diesen langen Zeitraum auch sind, so ist es dennoch nur eine einzelne Studie mit US-amerikanischen jungen Männern ab 1938. Da ist die andere Hälfte der Menschheit nicht mit diesem langen Untersuchungszeitraum repräsentiert. Auch nicht andere Bevölkerungsgruppen, andere Nationen, Kulturen.

Es gibt inzwischen aber weitere Ergebnisse aus Langzeitstudien, die sich mit den Auswirkungen des Lebensstils auf

Gesundheit, Wohlbefinden und Glück beschäftigen. Und zum Glück gibt es Julianne Holt-Lunstad. Denn sie wollte mehr. Vor allem mehr Studien.

Gesünder als frisches Gemüse

Julianne Holt-Lunstad ist eine amerikanische Psychologin und Neurowissenschaftlerin an der Brigham Young University, USA. Sie kennt von klein auf die Kraft enger Verbindung mit den Menschen um sie herum.[14] Als viertes von 6 Kindern war sie umgeben von vielen Familienangehörigen in einer weitverzweigten Familie. Auf der Grundlage dieser Erfahrungen und der bisher bekannten Forschungsergebnisse wollte sie mehr über den Zusammenhang zwischen sozialen Bindungen und Gesundheit herausfinden. Ihre Arbeit stieß in den 2000er-Jahren noch auf wenig Resonanz. Dennoch gelang es ihr, gemeinsam mit ihren Kollegen Timothy B. Smith und Bradley Layton eine Metaanalyse zu initiieren. Ein großes Vorhaben.

Die Kraft der Metastudien

Bei einer Metaanalyse fassen die Forschenden mehrere bereits bestehende Studien und Studienergebnisse zahlenmäßig zusammen und werten sie statistisch mithilfe verschiedener Methoden aus. Jede einzelne Studie ist wie ein Puzzleteil, das für sich genommen nur eine geringe Aussagekraft besitzt. Fügt man sie jedoch zusammen, entsteht ein großes Bild mit hoher Aussagekraft.

Holt-Lunstad begann, mit ihrem Team nach der richtigen und qualitativ hochwertigen Forschungsliteratur zu suchen. Da es ihnen um die langfristigen Auswirkungen von Sozialkontakten auf Gesundheit und Sterblichkeit ging, suchten sie Studien, die Antworten auf die Frage geben konnten: »Verringern starke soziale Kontakte unser Risiko, früh zu sterben?«

2010 fanden sie zuerst 11 124 potenziell relevante Forschungstexte. Sie und ihr Team gossen sie alle durch ein theoretisches Sieb und schlossen dabei nach und nach die Publikationen aus, die zu unterschiedlich waren, bei denen die Datenqualität zu gering war oder die nicht genau zu ihrer Fragestellung passten. Übrig blieb die Literatur, die vergleichbar und qualitativ hochwertig war. Am Ende waren es 148 Studien mit über 308 000 Teilnehmenden, die über einen Zeitraum von durchschnittlich 7,5 Jahren begleitet wurden und die sie für ihre Metaanalyse nutzen konnten. Zwar stammten 68 Studien aus den USA, aber es gab auch welche aus Kanada, Nordeuropa, China, Israel, Japan und Taiwan.[15]

In akribischer Feinarbeit werteten Holt-Lunstad und ihre Leute die 148 Studien aus. Sie kamen zu einem Ergebnis, das weltweit in Wissenschaftskreisen Furore machte.

»Sozial« macht gesünder als alles andere

Hier ist das eindeutige Ergebnis, das mich zum Titel dieses Buches *Freunde machen gesund* geführt hat:

Wir leben im Schnitt länger, wenn wir gut in ein soziales Netzwerk eingebettet und in stabilen und glücklichen Beziehungen sind. Die beiden wichtigsten Faktoren, um lange gesund zu leben, sind 2 Mal »Gute Sozialkontakte«. Soziale Integration in eine Gemeinschaft zeigte sich dabei sogar als noch etwas wichtiger, dicht gefolgt davon, dass man einzelne engste Vertraute hat, die einen unterstützen.

Genauer gesagt: Auf Platz 1 steht die soziale Integration. Hier geht es um das Gemeinschaftsgefühl und die Frage, wie man sich mit anderen in ein soziales Ganzes eingebunden fühlt. Spielen Sie Doppelkopf oder Boule, tanzen Sie Tango oder treffen Sie sich in einem Buchklub, singen Sie in einem Chor? Wechseln Sie mit der Nachbarin ein paar Worte über das Wetter oder die Kinder? Diese Verbundenheit mit Ihren Sozialkontakten gehört zu den stärksten Faktoren, die voraussagen können, wie lange Sie leben werden. Auf Platz 2, fast gleichauf, liegen stabile nahe Beziehungen. Das sind die Menschen, die Sie aus dem Bett klingeln, wenn Sie verzweifelt sind, und vor denen Sie sich trotz Scham öffnen können. Die den Arzt rufen, wenn es Ihnen schlecht geht, und die Sie im Krankenhaus besuchen.

Und nun kommt der Bezug zum langen Leben: Wenn Sie gute soziale Bindungen haben, haben Sie eine 50 Prozent größere Wahrscheinlichkeit, lange zu leben, im Vergleich zu Personen mit unzureichenden sozialen Kontakten. Und das unabhängig von anderen Ausgangsfaktoren: Wenn also eine Person einen Herzinfarkt hatte und starke soziale Beziehungen hat, sind ihre Chancen auf ein langes Leben um 50 Prozent besser als bei einer anderen Person mit Herzinfarkt, aber ohne gute Beziehungen. Genauso lebt ein gesunder Mensch mit guten sozialen Beziehungen länger als einer ohne gute soziale Beziehungen. Soziale Beziehungen beeinflussen damit die Langlebigkeit viel mehr als andere Risikofaktoren für Sterblichkeit wie Übergewicht oder körperliche Untätigkeit.[16]

Was bedeutet das für uns? Wir können uns fragen: Sind meine Sozialkontakte gut genug? Habe ich genug Freunde? Sind andere um mich herum zu einsam? Es entstehen sicher auch Fragen wie: Wie kann ich herausfinden, womöglich sogar messen, ob ich gute Sozialkontakte habe? Auch Zweifel können aufkommen: Könnte es sein, dass Ursache und Wirkung andersherum sind? Dass Menschen übergewichtig sind oder Kette rauchen und dadurch – oder zufällig – auch sozial wenig eingebunden? Aber das hatte Holt-Lunstad in ihrem Studiendesign bedacht und Variablen wie Alter, Geschlecht und anfänglicher Gesundheitszustand herausgerechnet. Der schützende Effekt stabiler Sozialkontakte blieb konstant über alle diese Variablen hinweg erhalten.

Das heißt: Alle möglichen Arten von Gemeinschaft und Freundschaft erzeugen ein Kraftfeld gegen Krankheit und Tod. Die Kraft der Sozialkontakte ist zum Beispiel ein wichtiger Grund dafür, dass Menschen, die sozial engagiert sind, seltener an Demenz erkranken. Sozial gut eingebundene Frauen mit Brustkrebs haben eine 4 Mal bessere Aussicht, ihre Krankheit zu überleben, als diejenigen, die nicht auf ein gutes soziales Netz zurückgreifen können.[17] Oder warum Männer nach einem Schlaganfall wesentlich besser vor einem weiteren Schlaganfall geschützt sind, wenn sie sich jemandem anvertrauen. Hier sind die emotionale Verbundenheit und das Vertrauen sowie die Öffnungsbereitschaft ausschlaggebend.[18] Genauso ist das übrigens auch bei unseren Primaten-Verwandten. Die Anthropologin Joan Silk weist nach, dass weibliche Paviane mit mindestens 3 Freundinnen einen niedrigeren Cortisolspiegel im Speichel – und damit einen niedrigen Stresslevel – aufweisen. Sie leben länger und haben mehr überlebende Nachkommen.[19]

Sehen wir uns die einzelnen Faktoren, die Holt-Lunstad fand, genauer im Überblick an:

1. Soziale Integration in die Gemeinschaft ist der Gewinner unter den Faktoren, die ein langes gesundes Leben wahrscheinlich machen.

2. Nahe, stabile und unterstützende Sozialkontakte liegen fast gleichauf mit Faktor Nummer 1. Einer dieser nahen Kontakte ist schon gut, doch besser für ein langes junges Leben wären 3 bis 5 Menschen, auf die Sie sich wirklich verlassen können.

3. Wenig bis gar nicht rauchen: Wenig meint hier weniger als 15 Zigaretten am Tag. Noch besser ist es natürlich, überhaupt nicht zu rauchen, aber auch dann ist die Wirkung guter Sozialkontakte stärker.

4. Nichtraucher, Nichtraucherin werden: Aufhören zu rauchen, wenn Sie vorher viel geraucht haben, ist der viertstärkste Faktor für ein langes Leben.

5. Wenig Alkohol: Gleich, ob Sie getrunken und nun aufgehört haben oder ob Sie ohnehin nur mäßig trinken – es schützt Sie vor frühzeitigem Sterben.

6. Grippeimpfung schützt mehr vor frühzeitigem Sterben als Sport.

7. Training und Reha-Maßnahmen nach einem Herzinfarkt sind zwar wichtig, aber nicht ganz so entscheidend für die Vorhersage des Sterberisikos.

8. Sport zu treiben ist ebenfalls wichtig für ein langes Leben, aber eben erst an achter Stelle.

9. Kein Übergewicht: Man muss sich wegen seines Übergewichts nicht so ganz schlimme Sorgen machen. Man stirbt nicht so leicht dadurch, wie viele meinen.

10. Behandlung von Bluthochdruck – Medikamente: Das sagt erst an zehnter Stelle etwas darüber aus, wie lange wir leben werden.

11. In sauberer Luft zu leben ist zwar auch gut, sagt jedoch ebenfalls erst nachrangig voraus, wie lange wir leben werden.

Sozialkontakte zahlen auf alles ein

Diese Ergebnisse verunsichern, denn sie werfen alles über den Haufen, was wir bisher gelernt haben. Stimmt es denn wirklich nicht mehr, dass vollwertige, überwiegend pflanzenbasierte Ernährung entscheidend für unsere Gesundheit ist, wie namhafte Autoren schreiben?[20] Bewegungsarmut macht nicht so viel aus, und wie ist es mit Schlafmangel? Einer der weltweit führenden Schlafforscher, Matthew Walker, beschreibt Schlaf als einen »der wichtigsten und zugleich unterschätztesten Aspekte eines gesunden, langen und glücklichen Lebens«.[21]

Prinzipiell haben die Autoren dieser Aussagen auch nicht unrecht. Aber zum einen sind Metastudien hoch aussagekräftig, weil sie so viele von den uns bekannten wissenschaftlichen Erkenntnissen überschauen und vergleichen, und zum anderen ist Holt-Lunstad sogar 2 Mal im Abstand von 5 Jahren zu demselben Ergebnis gekommen: Ein gutes soziales Netz ist einer der schwerwiegendsten Faktoren für unsere Gesundheit und ein langes Leben.

Ein weiterer Beweis dafür, dass gute Beziehungen Platz 1 und 2 für ein langes Leben belegen, sind auch die Harvard-Studien, die ich vorgestellt habe. Sie sind durch ihre lange Laufzeit und die riesige Datenmenge sehr verlässlich. Beide Studien sind ausgesprochen gut abgesichert.

Eine gesunde Ernährung ist natürlich gesundheitsfördernd, aber sie ist es erst recht, wenn man das Essen mit anderen gemeinsam genießt. Man kann eine Sportskanone sein oder sich zumindest täglich viel bewegen; wenn einem ein Freund bei einer Krankheit beisteht, lebt man wahrscheinlich noch länger. Und auch genug Schlaf ist ein wichtiger Gesundheitsfaktor. Aber wenn man sich nicht einsam fühlt, schläft man noch besser.

Wir können also sagen, dass unsere Sozialkontakte unfassbar wichtig für ein langes junges Leben sind, weil gute Beziehungen die Basis sind, auf der sich die Wirkung der anderen Faktoren voll entfalten kann. Am besten ist es, wenn Sie andere gesunde Verhaltensweisen, etwa Nichtrauchen, gute Ernährung und Bewegung, mit einem aktiven Sozialleben kombinieren.

Aber wie funktioniert es nun, dadurch länger zu leben? Wird ein lebensverlängerndes Hormon ausgeschüttet, wenn man mit Menschen zusammen ist? Ja, und viel mehr als das.

Warum machen Sozialkontakte so gesund?

Unser Körper schüttet beim entspannten Zusammensein mit anderen tatsächlich Substanzen aus, die dazu beitragen, dass wir dadurch gut und gesund leben. Es sind die Endorphine und Oxytocin. Sie sorgen für Glücksgefühle und senken den Stresslevel. Und zugleich ist da noch mehr im Gange als die Hormone.

An erster Stelle steht, dass wir körperlich und psychisch weniger Stress haben, wenn wir mit anderen zusammen sind oder uns dabei verbunden fühlen. Wir sind biologisch darauf geeicht, sozial zu sein und uns in Gemeinschaft normal und entspannt zu fühlen. Teil einer Gruppe und mit vertrauten Menschen zusammen zu sein, ist für uns evolutionär gesehen der Normalzustand. Wir Menschen sind von Natur aus Rudeltiere. Soziale Nähe, inniger Kontakt und Interaktion sorgen dafür, dass wir uns ruhig, richtig und wertvoll fühlen. Sicherer, weniger ängstlich und bedroht. Es schwächt die negativen Effekte von Stress ab.[22]

Wir bewältigen so nicht nur die tägliche Anspannung besser, sondern auch die besonderen Stresssituationen wie Lebenskrisen oder Schicksalsschläge.[23] Wir erholen uns von schweren Krankheiten wie einem Schlaganfall, Brustkrebs oder einem Herzinfarkt schneller und besser und können Schmerzen besser ertragen. Immer kommt es dabei auf stabile und gute Beziehungen an. Oberflächliche Kontakte halfen in einem wissenschaftlich evaluierten Programm zur Begleitung von Patienten nach einem Schlaganfall zum Beispiel nicht, die Überlebenschancen zu erhöhen.[24]

Die Weltgesundheitsorganisation hat chronischen Stress zur größten Gesundheitsgefahr des Jahrhunderts erklärt.[25] Rückenschmerzen, Tinnitus, Schlafstörungen, Depressionen, Burn-out-Syndrom und Herzinfarkt können direkt oder indirekt auf Stress zurückgeführt werden.[26] Ein reiches Sozialleben federt diese größte Gesundheitsgefahr ab.

Gute soziale Beziehungen sind auch ein beeindruckender Resilienzfaktor.[27] Bei Resilienz geht es um die psychische Widerstandskraft, also die Fähigkeit, schwierige Situationen gut zu bewältigen und bei Lebenskrisen, Schicksalsschlägen, Krieg, Krankheit, Gewalt innerlich stark zu bleiben und das Ganze gut zu überstehen. Die Gleichung ist einfach: hohe Resilienz – niedriger Stresslevel. Die amerikanische Entwicklungspsychologin Emmy Werner beobachtete 40 Jahre lang 698 Kinder, die 1955 auf der hawaiianischen Insel Kauai geboren wurden. Ein Drittel der Kinder wuchs in Armut und problematischen Familienverhältnissen auf. Werner wollte herausfinden, welche Kinder trotz dieser Widrigkeiten gesunde und erfolgreiche Erwachsene werden, welche Faktoren also zu einer guten Resilienz beitragen. Es zeigten sich persönliche Eigenschaften, aber vor allem äußere, soziale Faktoren: Kinder, die mindestens eine gute, stabile Beziehung zu einer Bezugsperson und vertrauensvolle Kontakte zu Personen in ihrer Gemeinschaft, beispielsweise zu Lehrern und Nachbarn, aufbauen konnten, waren später resilienter als die Kinder, die das nicht geschafft haben.[28] Genau diese sozialen Faktoren, so fand Werner später heraus, schützten auch Kinder, die im Krieg aufgewachsen waren.[29]

Auch fühlen wir uns durch sichere Bindungen wertvoller, können dadurch mit mehr Selbstmitgefühl und Selbstliebe mit uns im Einklang sein.[30] Das wiederum wirkt sich stärkend auf unser Immunsystem aus. Der Zusammenhang mit dem Selbstwertgefühl wirkt in beide Richtungen: Gute Beziehungen stärken es, und dadurch erhöht sich die Qualität unserer Beziehungen.

Es gibt noch andere Gründe, warum wir gut eingebunden gesünder bleiben und länger leben. Paare oder andere enge Freunde etwa teilen mehr soziale und finanzielle Ressourcen. Sie profitieren vom Freundeskreis des anderen. Wohnen sie in einem gemeinsamen Haushalt, werfen sie die Einkünfte zusammen. Allein muss man sonst vieles selbst finanzieren: Miete, Auto, Waschmaschine. Wir sorgen auch ganz praktisch füreinander[31] – man kocht lieber für alle als nur für sich allein. Zudem leben wir sicherer: Während man nach dem Buch ganz oben im Regal greift, hält die Mitbewohnerin oder der Partner die Leiter fest, sodass wir nicht umstürzen – und Stürze und andere Unglücksfälle sind bei uns vor Selbsttötungs- und Tötungsfällen die häufigste nicht-natürliche Todesursache.[32] Kolleginnen können sagen: »Geh heim und kurier dich lieber aus, wir erledigen das für dich.« Und in Notfällen, etwa bei einem Herzinfarkt, organisiert jemand schnell Hilfe.

Unser blinder Fleck

Auch wenn ich die Forschungsergebnisse von Holt-Lunstad kenne: Ich ertappe mich dabei, dass ich immer wieder an Ernährung und Sport als wichtigste Gesundheitsfaktoren denke. Geht es anderen auch so? Das fragte sich nach der Veröffentlichung der aufsehenerregenden Metastudie von Holt-Lunstad auch der Psychologieprofessor Alexander Haslam von der University of Queensland. Er wollte wissen, wie Menschen die Rangfolge der wichtigsten Gesundheitsfaktoren für ein langes Leben einschätzen. Also nahm er die 11 wichtigsten Faktoren und befragte 500 Personen: »Was meinen Sie, was hat den größten Einfluss auf die Lebenserwartung? Welches Verhalten erhöht Ihre Lebenserwartung?« Aus den Antworten entstand diese Rangfolge:

1. Wenig rauchen, 2. Sport treiben, 3. Kein Übergewicht, 4. Reha-Sport, 5. Aufhören zu rauchen, 6. Wenig Alkohol, 7. Medikamente, 8. Saubere Luft, 9. Soziale Integration, 10. Grippeimpfung und 11. Nahe Sozialkontakte.

Vergleichen wir diese Rangfolge der angenommenen Faktoren aus Haslams Befragung mit den nachgewiesenen Faktoren von Holt-Lunstad, so sehen wir: Die Teilnehmenden unterschätzten die Bedeutung sozialer Faktoren für die Gesundheit stark. Sie landeten im unteren Bereich der Liste.

GESUNDHEITSFAKTOREN FÜR EIN LANGES LEBEN

NACHGEWIESEN[33]	ANGENOMMEN[34]
(Holt-Lunstad)	(Haslam)
1. Soziale Integration	1. Wenig rauchen
2. Nahe Sozialkontakte	2. Sport treiben
3. Wenig rauchen	3. Kein Übergewicht
4. Aufhören zu rauchen	4. Reha-Sport
5. Wenig Alkohol	5. Aufhören zu rauchen
6. Grippeimpfung	6. Wenig Alkohol
7. Reha-Sport	7. Medikamente
8. Sport treiben	8. Saubere Luft
9. Kein Übergewicht	9. Soziale Integration
10. Medikamente	10. Grippeimpfung
11. Saubere Luft	11. Nahe Sozialkontakte

Holt-Lunstad et al, 2010; Haslam et al., 2018

Wie kommt es bloß zu dieser deutlichen Fehleinschätzung? Auch die Forschungsgruppe um Haslam hat sich diese Frage gestellt und kam auf folgende 2 Gründe: Unwissenheit und Ideologie. Unwissenheit, klar: Wenn man davon nichts weiß, denkt man nicht daran. Es gibt keine Aufklärungskampagnen, die vor den Folgen sozialer Isolation warnen wie vor dem Krebsrisiko beim Rauchen. Haslam nennt als zweiten Grund »Ideologie«. Er hatte herausgefunden, dass Menschen mit bestimmten politischen und ideologischen Ansichten besonders häufig und dramatisch die Auswirkungen von Beziehungen auf unsere Gesundheit unterschätzen. Er erklärt das so: Es geht besser in unsere Köpfe, dass Gesundheit auf einer biologischen Ebene funktioniert. Deshalb müsste hier vor allem Bildung diese Fehleinschätzung ausgleichen. Da das bisher nicht passiert, lautet seine Hypothese, dass es finanzielle und professionelle Interessengruppen geben muss, die von dieser Fehleinschätzung profitieren.

Robert Waldinger, der aktuelle Studienleiter der Harvard-Langzeitstudie seit 1938 mit den amerikanischen Männern, hat eine weitere Erklärung: Menschen mögen einfache Lösungen wie: ein Medikament zu nehmen oder jeden Tag einen Apfel zu essen. Beziehungen mit Familie, Freunden und der Gemeinschaft zu pflegen, ist jedoch aufwendig, manchmal chaotisch oder kompliziert. Das bedeutet fortlaufend Arbeit, und die hört nie auf, sie begleitet uns lebenslang.[35]

Beziehungen können verwirrend und unübersichtlich sein. Sogar beängstigend. Ich erlebe es in meiner psychologischen Praxis, dass meine Klientinnen und Teilnehmer zum Beispiel Angst vor Nähe haben, oder vor Verletzungen, Kränkungen, Konflikten, Beschämung, Trennungen und Verlust. Es gibt schwierige Gefühle in Verbindung mit Konkurrenz, Neid, Enttäuschungen, Bitterkeit. Es gibt Streit und Mobbing. Weil das alles sehr emotional ist und wir auch nicht alles selbst in der Hand haben, achtet man möglicherweise lieber auf Ernährungsregeln und einen Bewegungsplan mit 3 x 30 Minuten Laufen pro Woche, als einen Konflikt durchzustehen und dadurch die Beziehung zu vertiefen oder sich auf eine neue Partnerschaft mit dem Risiko einer Verletzung einzulassen.

Gesund und glücklich

»Mama! Schon wieder ein neuer Gesundheitsfimmel?« Mein Sohn grinst und rollt mit den Augen.

»Wieso denn, ist doch toll.« Ich gucke über den Rand meiner neuen Spezialbrille mit den roten Gläsern.

Sie soll mir mit dem Blaulichtfilter und zusätzlich rot getönten Gläsern helfen, am Abend runterzufahren, meine Körperuhr besser aufs Schlafen einzustellen und die Melatoninausschüttung zur rechten Zeit anzuregen.

»Du springst auf jeden neuen Hype auf, echt schlimm!«

Er hat recht: Ich teste alles, was als gesund gilt. Ich experimentiere mit Ernährung, Sport, Aufstehzeiten, Schlafen, Stressreduktions- und Regenerationsstrategien. Ich bin mein eigenes Forschungsobjekt. Wenn ich die neuesten wissenschaftlichen Erkenntnisse auf ihre Praxistauglichkeit teste, um sie anschließend als Psychologin zu empfehlen – oder eben auch nicht –, wird zu Hause viel darüber gewitzelt.

Mehr als ein Gesundheitsfimmel

Durch meine frühere Neurodermitis wünschte ich mir nichts sehnlicher, als gesund und mit schöner Haut durchs Leben zu gehen. Ich bekam die Krankheit in den Griff, als ich psychische Konflikte bewusst zu verarbeiten begann und mein Körper nicht mehr psychosomatisch reagieren musste. Ich studierte Medizin, wechselte im Hauptstudium zur Psychologie, um ganzheitlicher mit Menschen arbeiten zu können, und finde immer Neues, womit Menschen gesünder leben. Eben nicht nur durch medizinische Behandlungen, sondern durch ganzheitliche Herangehensweisen, bei denen auch ein gesunder Lebensstil und Beziehungsgestaltung, persönliche Entwicklung und Lebenssinn eine Rolle spielen. Insofern ist meine eigene Biografie auf jeden Fall ein Grund für meine Gesundheitsfokussierung.

Und ich weiß, da spielt noch mehr rein neben meinem Wunsch, anderen zu helfen und selbst gesund zu leben. Es ist wie das Streben nach einem Normalzustand. Ich erinnere mich an mein Medizin- und Psychologiestudium. Das Zusammenwirken von Körper und Psyche war einer meiner Studienschwerpunkte. Wir diskutierten über die Definition der Weltgesundheitsorganisation: »Gesundheit ist ein Zustand vollständigen körperlichen, seelischen und sozialen Wohlbefindens und nicht nur das Freisein von Krankheit oder Gebrechen.«[36] Das ist es schon eher: Sich gesund zu fühlen ist ein natürlicher Zustand, alles stimmt. Gesundheit ist Wohlbefinden.

Gesundheit macht am glücklichsten

Was sagt die Zufriedenheitsforschung zur Bedeutung von Gesundheit? Der Soziologieprofessor Martin Schröder von der Philipps-Universität Marburg stellt in seinem Buch *Wann sind wir wirklich zufrieden?*[37] Ergebnisse dieser Frage vor. Sie stammen aus der größten Langzeitstudie in Deutschland. Ich erfahre dort: Gesund zu sein ist eng mit Zufriedenheit und Lebensglück verknüpft. Das erkläre ich gleich genauer, denn wir haben damit einen wichtigen Grund, warum wir unsere Gesundheit so wichtig nehmen sollten.

Vorweg aber: Geht es um Glück oder um Zufriedenheit? Genau genommen um beides, zumindest, wenn wir die kurzfristige Glücksaufwallung beiseitelassen, wie mir Martin Schröder bei unserem Treffen erzählt. Ein kurzfristiges Glücksgefühl kann man vernachlässigen, denn es hängt von Emotionen ab und schwankt deshalb unvorhersehbar in beide Richtungen: mal in ein euphorisches Glückshoch, dann wieder in ein trübsinniges Unglück. Das pendelt sich schließlich wieder in der Mitte des persönlichen Glücksniveaus ein, dem durchschnittlichen Glück einer Person. Solange wir dabei weiter zufrieden sind, kann man diese Ausschläge wie gesagt weitgehend vernachlässigen. Zufriedenheit ist ein besserer Maßstab, um langfristiges Lebensglück zu beschreiben: Wir sind zufrieden, wenn unser Leben unseren Vorstellungen und Wünschen entspricht. Wer in seinem Leben insgesamt zufrieden ist, der oder die ist im Durchschnitt auch glücklich. Wenn wir also Glück als langfristiges Lebensglück verstehen, dann treffen sich die beiden Begriffe.

Herauszufinden, was nicht nur subjektiv, sondern tatsächlich zu Zufriedenheit und langfristigem Glück beiträgt, ist gar nicht so einfach. Das sozio-oekonomische Panel vom Deutschen Institut für Wirtschaftsforschung, kurz SOEP genannt, leistet dies, indem es Zehntausende Menschen jahrzehntelang in den verschiedensten Lebenslagen immer wieder neu innerhalb einer repräsentativen Studie befragt.[38] Repräsentativ bedeutet, dass alle gesellschaftlichen Gruppen so in der Studie berücksichtigt wurden, wie es der Bevölkerungsverteilung entspricht. Es ist eine der größten und am längsten laufenden Panelstudien weltweit. Eine Panelbefragung bezieht sich in Abständen immer wieder auf dieselbe Stichprobe, sodass Längsschnittdaten gesammelt werden. Aufgrund ihrer Datenmenge ist es weltweit auch die beste Befragung für die Berechnung, wann Menschen zufrieden sind. Für diese Langzeitstudie beantworten seit 1984 knapp 85 000 Deutsche Jahr um Jahr Hunderte Fragen zu ihrem Leben. Zum Schluss kommt dann die abschließende Frage, die für die Zufriedenheitsforschung so wichtig ist: »Wie zufrieden sind Sie gegenwärtig, alles in allem, mit Ihrem Leben?« Die Befragten antworten auf einer Skala von »0 – ganz und gar unzufrieden« bis »10 – ganz und gar zufrieden«. Insgesamt wurde die Frage mehr als 600 000-mal gestellt.

Martin Schröder hat diese Datenmasse ausgewertet. Er multipliziert für eine verständliche Darstellung alle Werte der

Skala von 0 bis 10 mit 10, sodass eine Skala von 0 bis 100 entsteht. 100 ist dann die maximal erreichbare Zufriedenheit. Die Daten zeigen, dass die Deutschen insgesamt ziemlich zufrieden sind: Über die Hälfte schätzt sich auf der Zufriedenheitsskala bei 80, 90 oder sogar 100 von 100 möglichen Punkten mit ihrer Lebenszufriedenheit ein, lediglich 15 Prozent liegen zwischen 0 und 5 Punkten. Diese hohe Zufriedenheit hat auch während der Corona-Pandemie nur um wenige Punkte abgenommen, so erzählt mir Martin Schröder in unserem Gespräch.[39] Er vermutet, dass nach der Pandemie das Zufriedenheitsniveau bald wieder wie vorher sein wird, denn wir Menschen gewöhnen uns an fast alles und kehren meist bald zu unserem ursprünglichen Niveau zurück.

Ich will wissen, wie Gesundheit und Sozialkontakte mit Zufriedenheit zusammenhängen. Und da gibt es ein beeindruckendes Ergebnis seiner gesamten Auswertungen: Bei den Deutschen ist der stärkste und eindeutigste Einflussfaktor auf Lebenszufriedenheit und langfristiges Lebensglück ... gute Gesundheit! Nichts trägt mehr zur Zufriedenheit bei, als sich gesund zu fühlen. Wenn man sich die Zufriedenheitsforschung genauer ansieht, erkennt man die Dimension dieser Aussage. Schließlich gibt es viele andere Faktoren, die sich auf unsere Zufriedenheit auswirken, etwa Arbeit, Geld, Freizeit, Wohnen und Lebenssinn.

Doch alle diese Faktoren fallen weit ab hinter dem wichtigsten: Gesundheit. Wer sich schon immer ungesund eingeschätzt hat, ist 42 Punkte unzufriedener als jemand, der seine Gesundheit schon immer sehr gut einschätzte. Auch eine einzelne Person kann man zu verschiedenen Zeitpunkten miteinander vergleichen: Sie ist bei negativer Gesundheitseinschätzung 24 Punkte unzufriedener als zu der Zeit, zu der sie sich sehr gesund fühlt. 42 Punkte bedeuten, dass jemand 42 Prozent unzufriedener ist als eine Person, die sich schon immer gesund eingeschätzt hat. Dieses Ergebnis spricht sehr dafür, Gesundheit möglichst wichtig zu nehmen, wenn Menschen dadurch so extrem viel zufriedener sind. Und wir kennen die wichtigsten, nämlich die sozialen Faktoren, mit denen wir konkret etwas für unsere Gesundheit tun können.

Noch etwas hat mich an der Zufriedenheitsstudie sehr beeindruckt. Auch im Alter ist Gesundheit *der* Zufriedenheitsfaktor. Denn ohne Gesundheit gilt hier: je älter, desto unzufriedener. Im Alter ist Gesundheit das Einzige, was den ansonsten rapiden Abfall der Zufriedenheitswerte ab ungefähr dem 18. Lebensjahr aufhält. Ab Mitte 40 sind es schon minus 4 Zufriedenheitspunkte, und so geht es weiter abwärts mit der Zufriedenheit, je älter man wird.[40] Wenn wir es jedoch schaffen, uns weiterhin gesund zu fühlen, bleiben wir beim Altern weitgehend frei vom Zufriedenheitsabfall.

»Merkwürdig«, sage ich zu Martin in unserem Gespräch. »Ich habe gelernt, Menschen seien im Alter zufriedener als in jüngeren Jahren.«

Er lächelt. »Das ist überholt. Diese Info beruht auf fehlerhaften Berechnungen: Früher verglich man verschieden alte Menschen zum gleichen Zeitpunkt, also zum Beispiel 80- mit 40-Jährigen, und du weißt sicher, warum die Generationen sehr unterschiedlich antworten.«

Ich denke an meine Eltern. Die Generation der 80-Jährigen hat erfahren, was ein unglückliches Leben bedeuten kann. Ich bin mit den Geschichten meiner Mutter aus der Kriegszeit aufgewachsen. Sie wurde während des Krieges als kleines Mädchen verschickt und lebte lange getrennt von ihren Eltern und Geschwistern. Auch mein Vater erlebte mitten in Berlin Bombenangriffe, Hunger und Gewalt – da relativiert man alles Mögliche, was später geschieht, und schätzt sich daran gemessen heute zufriedener ein als Jüngere, die nach dem Krieg aufgewachsen sind. Deren Zufriedenheitseinschätzung sieht ohne die Erfahrungen der Kriegs- und Nachkriegszeit naturgemäß anders aus. Will man aber aussagekräftige Ergebnisse, muss man denselben Menschen ansehen, wie er älter wird und sich dabei in Bezug auf seine Zufriedenheit verändert. Und das geht eben nur mit einer Langzeitstudie.

Nicht erst seit Corona spielt Gesundheit diese herausragende Rolle. Aber *erst recht* seitdem: Die repräsentative Befragung des Zukunftsforschers Horst Opaschowski im Zuge der Corona-Entwicklungen zeigt, dass die Gesundheit der wichtigste Wert der Deutschen geworden ist.[41] »Ohne Gesundheit ist fast alles nichts wert. Deshalb achte ich im Berufs- und Privatleben darauf, gesund und fit zu sein«, meinten bei einer früheren Befragung 2017 schon 73 Prozent – und seither gab es eine wahre Werte-Explosion. Mitten in der Coronakrise 2020 stimmten 90 Prozent der Befragten dieser Aussage zu. Und sogar 94 Prozent bestätigten die Aussage: »Gesundheit ist das höchste Gut im Leben.« Gesundheit wird in unserer Gesellschaft zum Superziel und zum neuen Statussymbol. Es gibt aber noch einen weiteren wichtigen Zufriedenheitsfaktor.

Auch Sozialkontakte machen zufrieden

Menschen mit guten Sozialkontakten sind gesünder und leben länger. Das wissen wir seit den Forschungsarbeiten von Julianne Holt-Lunstad, und zahlreiche andere Langzeit- und Metastudien erzählen uns dasselbe. Aber nicht nur das. Die Literatur über Lebenszufriedenheit und Glück ist sich nämlich einig darüber, dass fast nichts – abgesehen von Gesundheit – so wichtig für die eigene Zufriedenheit ist wie Freunde.[42]

Der ehemalige Studienleiter der Harvard-Längsschnittstudie etwa, George Vaillant, antwortet nach mehr als 30 Jahren Studienleitung in einem Interview auf die Frage nach der Definition von Glück: »Menschen, die man liebt und die einen lieben. Glück ist, nicht immer alles gleich und sofort zu wollen, sondern sogar weniger zu wollen … Die wahre Glückseligkeit liegt dann in der echten und tiefen Bindung mit anderen Menschen.«[43]

Wir können also mit verschiedensten Studienergebnissen sagen: Emotional nahe soziale Kontakte – egal, ob Partnerschaft oder enge Freunde – machen gesund *und* glücklich.

Wie sieht genau dieser weitere wichtige Faktor für die Zufriedenheit aus? Durch die Auswertung der Daten über Lebenszufriedenheit wissen wir von Martin Schröder: Vor allem, wenn man sich die gesamte Gruppe derjenigen anschaut, die schon immer viele oder wenige Freunde hatten, gibt es eine starke Auswirkung auf die Zufriedenheit. Diejenigen, die schon immer mehrere Freunde hatten, sind weitaus zufriedener, nämlich um ungefähr 12 Punkte von 100, als diejenigen, die schon immer wenige oder keine Freunde hatten. Schaut man eine einzelne Person im Verlauf der Zeit an, so ist der Effekt zwar schwächer, aber in der Statistik gilt er immer noch als mittelstark: Diese eine Person ist mit vielen Freunden immerhin um knapp 3 Punkte zufriedener als zu der Zeit, als sie weniger Freunde hatte.[44] Das gilt übrigens für Frauen wie für Männer.

Auch interessant: Wenn der Partner zufrieden ist, kann man damit einen hohen Anteil der eigenen Zufriedenheit erklären. Zufriedenheit steckt an. Wenn man zum Beispiel eine Partnerin hat, die schon immer um 10 Punkte auf der Hunderterskala zufriedener war, dann ist man auch selbst 5,7 Punkte zufriedener. Anders gesagt: 57 Prozent der langfristigen Zufriedenheit der anderen Person spiegeln sich in der eigenen Zufriedenheit wider.[45]

Als ich mich mit Martin Schröder unterhalte, kommen wir auch auf die Frage, ob bei diesen Ergebnissen Ursache und Wirkung zusammenhängen, also ob tatsächlich die guten Freunde die Ursache der höheren Zufriedenheit sind, denn ein statistischer Zusammenhang sagt nicht automatisch etwas darüber aus. Der Zusammenhang könnte auch zufällig sein, oder mehr Zufriedenheit könnte zu mehr Freunden führen.

»Bei Sozialkontakten ist nicht nur der statistische Zusammenhang nachweisbar, sondern auch der kausale ist relativ gut erforscht, also der von Ursache zu Wirkung. Wer sich bewusst vornimmt, sein Leben zu verbessern, indem er mehr und bessere Sozialkontakte hat, der hat – wenn man 2 Jahre später nachmisst – tatsächlich auch ein zufriedeneres Leben. Bei anderen Strategien zur Lebensverbesserung funktioniert das nicht unbedingt so geradlinig. Besonders die Strategie ›Sozialkontakte verbessern‹ ermöglicht es, das langfristige Glück direkt zu steigern.«

»Das gibt Menschen natürlich Hoffnung, konkret etwas umzusetzen«, entgegne ich.

»Ja«, stimmt Martin zu. »Jeder, jede kann etwas tun, kann entscheiden, abends nicht den Fernseher einzuschalten, sondern sich in der Zeit bei Freunden zu melden. Das kann man steuern.«

Ich erinnere mich an die Ergebnisse von Holt-Lunstad, die uns zeigen, dass unsere Sozialkontakte auch indirekt eine Möglichkeit sind, die Zufriedenheit zu steigern, indem sie die Gesundheit verbessern. Wenn wir die bisherigen Erkenntnisse zusammennehmen, können wir sagen: Freunde machen gesund und glücklich, und gesund macht sowieso glücklich.[46]

KAUSALZUSAMMENHÄNGE

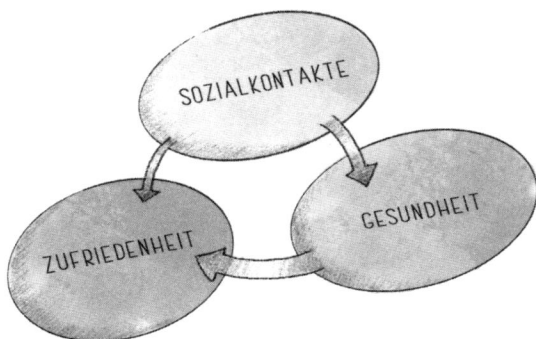

Wie Sozialkontakte, Gesundheit und Zufriedenheit aufeinander einwirken

Wir können aus den Ergebnissen der Zufriedenheitsforschung so direkt wie selten eine Handlungsempfehlung ableiten: Finden Sie Freunde und treffen Sie sich mindestens monatlich, noch besser wöchentlich – neben den Telefonaten und anderen digitalen Interaktionen. Wenn schon ein starker Effekt bei monatlichen Treffen eintritt, lohnt es sich doch, das einzurichten.

Im nächsten Teil »Einsam« setzen wir uns mit den verschiedenen Facetten von Einsamkeit auseinander. Es ist wichtig, mehr über Einsamkeit zu erfahren, denn sie zieht Probleme nach sich. Mit diesem Wissen können wir dann auch leichter den Weg aus der Einsamkeit finden.

TEIL 2

EINSAM

WANN KONTAKTMANGEL KRANK
UND TRAURIG MACHT

Das »nicht« war extra großgeschrieben. Meine Hand zitterte, als ich den Zettel aus dem Schulranzen gezogen hatte und natürlich zuerst meine Strophe las. Es war lieb gemeint von unserer Kunstlehrerin, sie hatte sich einen Klassensong ausgedacht. Für jedes Kind unserer 6a gab es eine Strophe mit 2 Versen; wir sollten den Text zu Hause einüben. Meine erste Zeile weiß ich nicht mehr, aber die zweite lautete: »Doch ein Streber ist sie *nicht!*« In meinem Kopf hörte ich es schon: Beim gemeinsamen Singen in der Klasse würden einige »*doch*« singen.

Ich war Klassenbeste bis zur sechsten Klasse. Lernen machte mir Spaß. Meine Mutter hatte mir schon früh Vorschulhefte gekauft, und ich liebte es, die Buchstaben nachzumalen. In der Schule ging es so weiter. Einmal schrieb ich das komplette Einmaleins für unseren Mathe-Referendar in eine superordentliche Tabelle und freute mich auf den Moment der Übergabe. Als ich ihm das Blatt in der Hofpause schenkte, grinste er schief und steckte es in seine Studentenumhängetasche. Irgendetwas daran war wohl komisch rübergekommen. Ich wusste nicht, was. Heute denke ich, er fand mich übereifrig.

In der 5. Klasse lernte ich ein Wort kennen, das mich 2 Jahre lang quälte und mir die Freude am Lernen verhagelte: Streber. 4 Jungs stellten sich mir im Flur in den Weg: »Ey, du Streber. Diese Zöpfe und so'n dämliches Hemd.« Ich fühlte mein Gesicht heiß werden und guckte auf den grau melierten Linoleumboden. Warum denn Streber? Jedem, der neben mir saß, sagte ich vor, um zu helfen. Bei Klassenarbeiten schrieb ich Lösungen extragroß und schob mein Heft unauffällig zum Nachbarn rüber.

Als wir schließlich mit unserer Kunstlehrerin den Klassensong anstimmten, waren die anderen bei meiner Strophe schon ermattet und sangen bei meinem Vers brav »*nicht*«. Aber das half dann auch nicht mehr gegen das Gefühl des Ausgegrenztseins. In der 7. Klasse wurde Marek zum neuen Streber erkoren. Ich atmete auf, verschwand mit meinen Schulnoten irgendwo in der Mitte und legte erst beim Abi wieder zu.

Die Erfahrung, als Streberin angesehen zu werden, erinnert mich daran, wie es sich anfühlt, ausgegrenzt zu sein, nicht dazuzugehören. Ich habe mich fürchterlich geschämt und niemandem davon erzählt. Es tat weh, jeden Tag neu. Für diesen Teil des Buches habe ich anfänglich überlegt: Reicht nicht schon diese Strebergeschichte? Muss ich die Einsamkeit wirklich detailliert beschreiben?

Es muss sein, denn Einsamkeit wirkt sich auf unseren Körper und unsere Psyche aus. Bisher wussten wir zu wenig darüber und vermuteten oft andere Ursachen für unsere Probleme. Wie soll man erkennen, dass Einsamkeit der Grund für schlechten Schlaf ist? Dass der erhöhte Dauerstresslevel im tiefsten Grunde nicht an dem Leistungsdruck bei der Arbeit liegt, nicht an dem niedrigen Kontostand? Wie soll man auf Einsamkeit als Grund kommen, wenn man doch den ganzen Tag unter Menschen ist?

Es ist schwerer, Einsamkeit als Ursache von Problemen zu bemerken als etwa falsche Ernährung oder Rauchen, weil sie sich subtiler auswirkt. Wenn ich eine mächtige Portion Mousse au Chocolat esse, schlafe ich schlecht, und am Morgen guckt mir im Spiegel ein verquollenes Gesicht entgegen. Ich habe also gerade sehr direkt am eigenen Leib erlebt, was hier für den schlechten Schlaf und meine Zerschlagenheit am Morgen verantwortlich ist. Klarer Fall. Die Mousse ist schuld.

Damit die Einsamkeit aus unserem Leben weicht, müssen wir sie erkennen. Bewusstmachen ist immer der erste Schritt für Veränderung. Es geht um 3 Fragen: Wann bin ich einsam? Wie beeinträchtigt mich die Einsamkeit? Wer ist um mich herum einsam?

Das Paradox der Einsamkeit

Wenn jemand wenig Sozialkontakte hat, weiß man noch nicht, ob diese Person einfach allein ist oder ob sie sich einsam fühlt. Einsamkeit kann in jeder Situation auftreten, in der wir uns unverbunden mit anderen fühlen.[47] Deshalb gibt es ein scheinbares Paradox: das Gefühl der Einsamkeit in einem vollen Raum. Das kennen Sie vielleicht. Alle albern herum, nur man selbst wird immer stiller und denkt: Ich würde jetzt lieber gehen. Oder die verheiratete, berufstätige Mutter mit ihren 3 kleinen Kindern: Mitten im Trubel ihrer Familienwelt ist sie einsam und vermisst ihre Freundinnen. Oder ich: Nach dem Abi war ich in England und stand mit unglaublich netten, lustigen Engländern in den Londoner Pubs herum. Niemand wäre auf die Idee gekommen, ich könne mich schrecklich einsam fühlen. Aber ich war dort verlorener als in dem menschenleeren nordenglischen Lake District, wo ich tagelang allein durch die Berge gewandert war.

Neben der Einsamkeit trotz Menschen drum herum gibt es ein weiteres scheinbares Paradox: das Gefühl der Verbundenheit, obwohl außen weit und breit keine Menschenseele ist. So fühlt sich ein introvertierter Softwareentwickler kein bisschen einsam, während er im Homeoffice in seinen Computerbildschirm gucken kann und nicht reden muss. Er genießt die Ruhe in seiner Wohnung.

Es muss am inneren Verbundenheitsgefühl liegen, ob wir uns einsam fühlen oder nicht, und das hat offensichtlich nicht unbedingt etwas mit der objektiven Zahl der Kontakte um uns zu tun. Also müssen wir unterscheiden zwischen *gefühlter* sozialer Isolation – kurz: Einsamkeit – und *objektiver* sozialer Isolation – kurz: soziale Isolation. Hier sind die Definitionen:

Einsam: wenn man andere vermisst

Einsamkeit ist das schmerzhafte Gefühl des Getrenntseins von anderen. Es kann uns jederzeit überraschen: mitten unter Leuten beim Small Talk am Büfett ebenso wie in einer Ehe ohne emotionale Nähe. Einsamkeit überfällt uns an einem anbrechenden Wintertag in der zu stillen Wohnung, wenn wir uns nach der Kaffeeküche mit den plaudernden Kolleginnen sehnen. Einsamkeit bestimmt sich durch eine Lücke zwischen den tatsächlichen sozialen Kontakten und denen, die man sich wünscht. Es reicht nicht, einfach in einer Gruppe zu sein, man muss sich verbunden fühlen. Fühlt sich das soziale Netz nicht ausreichend an, dann entsteht Einsamkeit. Damit sagt Einsamkeit mehr über die Qualität der sozialen Interaktionen aus als über die Menge.[48]

Die gefühlte Einsamkeit lässt sich nicht so einfach messen, man ist in der Forschung auf subjektive Einschätzungen angewiesen und fragt: »Wie einsam fühlen und bewerten Sie sich selbst?« In Deutschland zeigten zum Beispiel im Jahr 2017 die Daten einer bevölkerungsrepräsentativen Langzeitbefragung, dass sich rund jede 10. Person einsam fühlt.[49]

Sozial isoliert: wenn niemand da ist

Anders sieht es beim Erforschen objektiver sozialer Isolation aus. Soziale Isolation ist die äußere Abwesenheit von Sozialkontakten. Man kann das objektiv zählen und damit auch statistisch messen: »Wie viele und welche Art von Kontakten hat jemand – und wie oft und wie lange? Lebt sie oder er allein? Hat sie Familie, Freundinnen, Kollegen?« Ganz grob kann man sagen: Je weniger Sozialkontakte da sind, desto isolierter ist jemand. So einfach ist es aber doch nicht. Denn es kommt auf die Qualität der Sozialkontakte an. Die Ehefrau zählt stärker als der Friseur. Der beste Freund seit Kindertagen, den man nachts anrufen kann, gilt mehr als die Kollegin im Großraumbüro, mit der man alle paar Wochen mal zu Mittag isst.

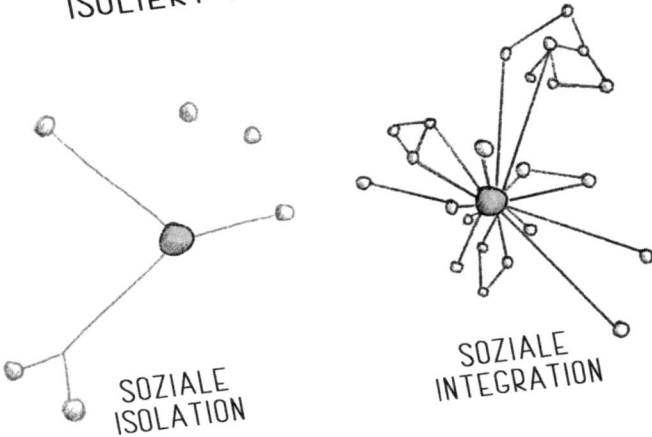

Unterschiede in sozialen Netzen

Sobald man zwischen Einsamkeit und Isolation unterscheidet, tut sich dazwischen das Alleinsein auf, ein Zustand des Mit-sich-Seins. Wenn wir das Alleinsein positiv gestalten, finden wir darin Erholung, Trost, Ruhe, Erkenntnis und Inspiration.[50] Allein zu sein kann eine notwendige Pause zwischen Kontakten darstellen, Herausforderung zur Selbstfindung und eine Gelegenheit, sich selbst anders zu begegnen. Alleinsein ist das, was viele Philosophen predigen, um in Ruhe denken zu können. Wenngleich gerade ohne Kontakt mit anderen, gibt es kein Mangelgefühl wie bei der Einsamkeit. Es fehlt nichts, das ist der Unterschied. Ob objektiv betrachtet Leute außen herum sind, ist nebensächlich.

Jetzt aber sehen wir bei Einsamkeit in ihren Facetten genauer hin. Wir brauchen das, um Einsamkeitspotenziale bei uns selbst und anderen aufzuspüren – und dann zu verabschieden.

Die drei Einsamkeiten

Das Einsamkeitsgefühl kleidet sich in verschiedene Gewänder. Es versteckt sich hinter der Geschäftigkeit des Alltags. Hinter Suchtverhalten beim Essen, Arbeiten, Trinken, Rauchen, Fernsehen und auch bei der Gerätenutzung. Hinter der Zweisamkeit in einer Paarbeziehung, die keinen Raum lässt für andere Freunde. Hinter der Geselligkeit in Netzwerken, die keinen Raum für Nähe mit Einzelnen lässt.

Sagen Sie deshalb nicht zu rasch: »Ich bin nicht einsam.« Einsamkeit ist ein komplexes Phänomen unserer Zeit und Gesellschaft, das fast alle betrifft. Dass wir heute so viel über Einsamkeit wissen, haben wir besonders John T. Cacioppo zu verdanken. Er war Professor für soziale Neurowissenschaften an der University of Chicago. Er hat gemeinsam mit anderen Forschenden beeindruckende Erkenntnisse zu den Mechanismen und Auswirkungen von Einsamkeit gefunden. Die Psychologin Stephanie Cacioppo hat viele Jahre mit ihrem Mann gemeinsam zu Einsamkeit geforscht und arbeitet auch nach seinem Tod im Jahr 2018 weiter an dem Thema. Die beiden unterteilen Einsamkeit in 3 Dimensionen,[51] die sich in Kreisen um uns herum anordnen. Intime Einsamkeit im inneren Kreis, Freundschaftseinsamkeit im mittleren Kreis und kollektive Einsamkeit im äußeren Kreis.

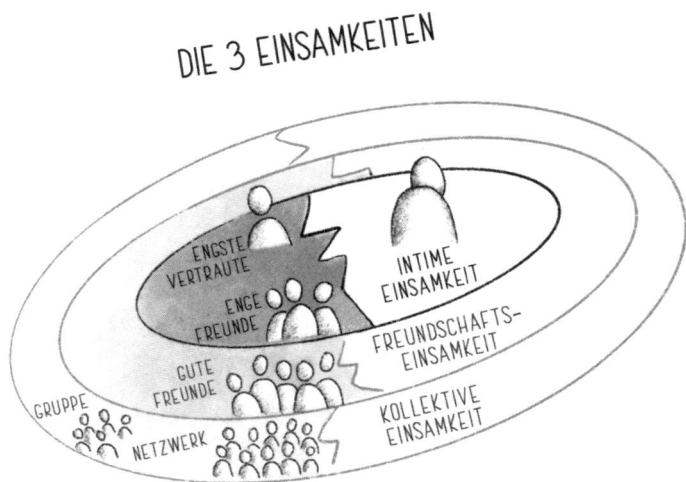

DIE 3 EINSAMKEITEN

Dimensionen von Einsamkeit, angelehnt an: S. Cacioppo et al., 2015

Intime Einsamkeit

Da gibt es erstens die intime Einsamkeit im inneren Kreis der engsten Vertrauten. Es fehlen die romantische Paarbeziehung oder andere – zumindest emotional – intime Beziehungen. Unzählige Menschen fühlen sich hier einsam und wünschen sich die große Liebe oder jedenfalls eine Partnerin, einen Partner an ihrer Seite. So sehnlich, dass der Industriezweig der Partnerbörsen und Online-Datingportale boomt: 28 Prozent der Deutschen haben Online-Dating mindestens einmal ausprobiert. Man lernt einen festen Partner, eine Partnerin an erster Stelle immer noch über Freunde kennen, und Online-Dating steht mittlerweile auf Platz 2.[52] Auch die Ratgeberliteratur zum Thema füllt viele Regale.

Die intime Einsamkeit ist in erster Linie auf den Einen, die Eine bezogen. Es herrschen immense Sehnsüchte und Hoffnungen, die sich auf diese exklusive Person richten, was dem Projekt Partnerschaft nicht unbedingt guttut, wie wir im nächsten Teil sehen werden. Es gibt ja auch noch Freundschaften, die genauso innig sein oder dazukommen können. Was viele übersehen: Obwohl jemand die große Liebe vermisst und seit Jahren vergeblich sucht, kann er oder sie verlässliche, enge Freunde und ein tolles Netzwerk haben – und sich so überhaupt nicht einsam fühlen.

Freundschaftseinsamkeit

Damit kommt die zweite Dimension von Cacioppo ins Spiel: die relationale Einsamkeit im mittleren Kreis. Relational? Klingt etwas sperrig in der Übersetzung. Nennen wir es einfach Freundschaftseinsamkeit, denn es mangelt hier an einem Kreis von Freunden. Da lebt ein Paar seit 43 Jahren treu und verlässlich zusammen, aber es gibt jenseits der Partnerin keine Freunde, mit denen man sich zum Wandern, Billiardspielen oder Grillen trifft, keine Freundinnen für Saunabesuche, zum Erzählen, Lachen, Entspannen. Es gibt viel Spielraum, um Einsamkeit zu lindern. Wenige Menschen sind sich darüber bewusst, dass es eine Freundschaftseinsamkeit in ihrem Leben gibt und wie wichtig es für ihre Gesundheit und ihre Zufriedenheit ist, das zu verändern. Besonders Männer.

Die Forschung zeigt, dass Frauen in den meisten Paarbeziehungen die Pflege sozialer Kontakte für ihre Männer mit organisieren. Der Klassiker: Sie verabredet ein gemeinsames Abendessen mit Freunden, und er geht mit.[53] Susan Pinker formuliert es so: Frauen sind für ihren Mann die Eintrittskarten in eine reichhaltige soziale Welt.[54] Männer profitieren von den Beziehungen, die ihre Partnerinnen für sie organisieren, weil sie dadurch mehr Kontakt mit anderen Menschen haben, und dieser Kontakt macht zufrieden, wie wir aus der Zufriedenheitsforschung wissen. Auch deshalb kommen Männer mit dem Ende einer Beziehung schlechter klar.[55] Wenn neben der plötzlichen intimen Einsamkeit auch die Freundschaftseinsamkeit in ihr Leben tritt, haben sie niemanden, der sie sozial auffängt. Der Gedanke an eine mögliche Trennung oder einen Verlust kann mit diesem Wissen eine Motivation sein, sich um Freundschaften zu kümmern.

Kollektive Einsamkeit

Als dritte Einsamkeitsdimension kann es eine kollektive Einsamkeit im äußeren Beziehungskreis geben. Einen Mangel an größeren Gruppen und Gemeinschaften wie dem Sportverein oder der Menschenrechtsinitiative, der Volkshochschule oder dem Fitnessklub. Kollektive Einsamkeit beschreibt das Sehnen nach einem Netzwerk, dem wir uns zugehörig fühlen können. Wenn wir auch diese Einsamkeit bemerken, können wir bei Bedarf mehr Gemeinschaft suchen.

Man könnte sagen, am besten würden wir in keiner dieser Einsamkeitsdimensionen dauerhaft Einsamkeit empfinden. Ich finde das schwierig. Wer weiß, was in Ihrem persönlichen Leben möglich und sinnvoll ist? Vielleicht ist Ihnen der Preis zu hoch, um die kollektive Einsamkeit zu beenden, weil Sie sich in Gruppen schnell überfordert und bevormundet fühlen? Introvertierten geht das öfter so: Sie haben gute einzelne

Freunde, aber keine größere Gemeinschaft, weil ihnen das zu anstrengend wäre. Oder Sie nehmen die intime Einsamkeit in Kauf, weil Ihnen Ihre Unabhängigkeit über alles geht und die bisherigen Partnerschaften bald wieder auseinandergegangen sind?

In jedem Fall können Sie überlegen, in welchen Bereichen Sie Einsamkeit erleben, um sich dann zu fragen, ob es gut für Sie wäre, daran etwas zu verändern. Welche Art von Kontakt vermissen Sie? Was fehlt Ihnen? Wohin und zu wem zieht es Sie? Wo bieten sich bisher ungenutzte Kontaktmöglichkeiten?

Der soziale Schmerz

Einsamkeit ist eine Art sozialer Unterernährung, und das Schlimmste daran ist der Schmerz. Es ist schwer zu beschreiben, wie Menschen diesen merkwürdigen Schmerz empfinden. Dass er sich nicht auf einen emotionalen Schmerz beschränkt, weiß man durch die Hirnforschung. Naomi Eisenberger, Sozialpsychologin an der University of California, ist die Forscherin der Stunde, wenn es um die Gleichung »Emotionaler Schmerz gleich körperlicher Schmerz« geht. Anfang der 2000er-Jahre setzte sie für ein psychologisches Experiment Versuchspersonen an den Computer.

Jede Versuchsperson hatte eine Figur auf dem Bildschirm und spielte damit online ein Ballspiel mit 2 weiteren Figuren. Sie musste annehmen, dass diese beiden ebenfalls von echten Menschen gesteuert werden, sie waren aber computergeneriert und darauf programmiert, die Figur der Versuchsperson im Laufe des Spiels immer weniger anzuspielen. Bald sah die Versuchsperson nur noch zu, wie die anderen miteinander spielten. Diese Situation kennt wohl jede, jeder von uns. Es passiert im Sportunterricht, unter Geschwistern, in der Schule. Schließlich wurde der Versuchsperson klar: Sie ist vom Spiel ausgeschlossen. Währenddessen scannte Eisenberger die Gehirne der Versuchspersonen mit funktioneller Magnetresonanztomografie. Die entstandenen Schnappschüsse zeigten, was live im Gehirn passierte, und das führte zu einem bemerkenswerten Ergebnis.

Bei der sozialen Ausgrenzung der Versuchspersonen fand eine ähnliche Musteraktivierung statt wie sonst bei physischem Schmerz. Das heißt, sozialer Schmerz tut auch körperlich weh. Eisenberger hatte mit ihrer bahnbrechenden Forschung den Beweis erbracht, dass sozialer und körperlicher Schmerz im Gehirn die gleiche neuroanatomische Grundlage teilen.[56] Sie fand außerdem heraus: Je sensibler wir auf die eine Art von Schmerz reagieren, desto empfindlicher reagieren wir auch auf die andere.

Diese Überschneidung der Hirnareal-Aktivierung bestätigen inzwischen viele weitere Forschungen bei Tieren und Menschen. Körperlicher Schmerz ist mit der Psyche verwoben, und andersherum ist sozialer Schmerz zugleich ein körperlicher Schmerz. Das erklärt auch, warum körperlicher Schmerz bei sozialer Unterstützung abnimmt, warum Nähe und Geborgenheit lindernd wirken: Ein Kind hat sich das Knie aufgeschlagen, die große Schwester tröstet, streichelt, pustet, und gleich tut es nicht mehr so weh. Geteiltes Leid ist halbes Leid. Und so können Schmerzmittel nicht nur körperlichen, sondern sogar sozialen Schmerz lindern.[57]

Ungefähr das Gegenteil von sozialem Schmerz ist soziale Freude. Normalerweise zieht es uns nicht nur zu anderen Menschen hin, um einen Mangelschmerz zu beenden, sondern weil es mit anderen schön, unterhaltsam, lustig, spannend, entspannend sein kann. Gute soziale Kontakte wirken belohnend. Man kann sich schon vorher darauf freuen, stundenlang. Das Treffen selbst kann dann pure Freude sein:

Endlich! Im Gehirn leuchten die Areale des Belohnungszentrums auf. Hinterher zieht man zufrieden, immer noch lachend oder nachsinnend, von dannen. Je einsamer sich jemand fühlt, desto weniger werden Gehirnareale aktiviert, die für Belohnung zuständig sind.[58]

Der Sinn des Einsamkeitsgefühls

Wenn man die Entwicklungsgeschichte des Menschen betrachtet, wirkt es sinnvoll und richtig, was bei Einsamkeit, Ausgrenzung und sozialer Isolation in Gehirn und Körper passiert. Vom Frühmenschen bis zum heutigen Menschen war und ist Gemeinschaft immer lebenswichtig. Wer seine Sippe verlor, war dem Tod geweiht, denn schon allein die Nahrungsbeschaffung, die Herstellung von Werkzeugen und der Schutz vor Kälte, wilden Tieren und feindlichen Gruppen waren nur in einer Gruppe und durch Kooperation und Arbeitsteilung zu bewältigen. Der Stresslevel einer isolierten Person war dementsprechend hoch, sie versuchte, so rasch wie möglich zurück zur Gruppe zu finden.[59] Dafür setzte das Einsamkeitsgefühl als Teil des biologischen Warnsystems ein starkes Signal, so etwa, wie es bei Hunger, Durst oder körperlichem Schmerz der Fall ist.[60] Hunger signalisiert: »Organisiere dir Essen, damit du bei Kräften bleibst!« Einsamkeit signalisiert: »Organisiere dir Kontakte, damit du sicher bist!«

Einsamkeit sorgt bis heute für das gleiche soziale Schmerzsignal wie früher: »Achtung, zurück zur Gruppe!« Obwohl es heute keine Todesgefahr mehr bedeuten muss, getrennt zu sein, hat sich dieses früher existenziell wichtige Signal auch in den Jahrhunderten nicht an unsere komplett neue gesellschaftliche Situation angepasst.

Wir bleiben weiter auf Schmerz bei Isolation und auf Wohlgefühl beim Zusammensein programmiert. Das gilt auch bei Mobbing, Kündigung, Pensionierung. Oder zu Weihnachten, wenn man den Eindruck hat, alle anderen würden schön gemeinsam feiern, nur man selbst nicht. Wenn wir nämlich meinen, andere würden Gemeinschaft genießen, nur wir nicht, fühlen wir uns besonders einsam. Da spielt dann auch noch die Angst eine Rolle, außen vor zu sein. Aus dem früher lebensrettenden Notfallprogramm kann bei dauerhafter Einsamkeit chronischer Stress folgen, der einer der wichtigsten Krankmacher in unserer Gesellschaft ist.[61]

Die folgenden Fragen können helfen, bei Belastungen an mehr Kontakt als Möglichkeit der Stressbewältigung zu denken: Könnte meine Anspannung auch an Einsamkeit liegen? Was passiert in mir, wenn ich mich abgelehnt, getrennt von anderen fühle? Fehlen mir andere Menschen? Wie kann ich mich wieder verbundener fühlen? Würde es mich beruhigen, jetzt mit jemandem zu telefonieren? Mit wem?

Einsamkeit stresst Körper und Geist

Bei Einsamkeit spielt nicht nur der Schmerz eine Rolle, sondern Schmerz bedeutet auch Stress.[62] Chronischer Stress wiederum hängt direkt mit allen möglichen Krankheiten zusammen. John Cacioppos großes Verdienst ist seine Entdeckung, wie schmerzhaft und gesundheitsschädigend Einsamkeit sein kann. Körperlich wie psychisch. Das wusste oder beachtete man zuvor einfach nicht. Wenn wir Stress empfinden, ist unter anderem das Stresshormon Cortisol verstärkt im Körper nachweisbar. Man findet es im Speichel. Cacioppo und seine Kollegin Louise C. Hawkley konnten in verschiedenen Studien nachweisen, dass Menschen mit häufigem Einsamkeitsgefühl im Schnitt eine höhere Stresshormonkonzentration haben und häufiger unter Bluthochdruck leiden. Der wiederum ist ein Risikofaktor für einen späteren Herzinfarkt oder Schlaganfall.

Jetzt begannen Forschende verstärkt den Zusammenhang zwischen Einsamkeit und Gesundheit zu untersuchen und konnten etwa nachweisen, dass die Wahrscheinlichkeit, sich zu erkälten, bei Menschen ohne gute soziale Kontakte 2 bis 3 Mal höher ist. Erkältungen gelten als Marker für eine verminderte Immunabwehr. Inzwischen ist durch zahlreiche Studien belegt: Einsamkeit erhöht das Risiko, an den tödlichsten Zivilisationskrankheiten zu erkranken: Herz-, Atemwegs- und Krebserkrankungen. Einsame Menschen zeigen eine insgesamt niedrigere Immunabwehr, einen erhöhten Blutdruck, erhöhte Stresswerte und weniger erholsamen Schlaf. Auch fällt es ihnen auf der psychischen Ebene schwerer, ihre Emotionen selbst zu regulieren, und deshalb ist die Resilienz, also die psychische Widerstandskraft, geringer. Einsamkeit führt aber auch zu schlechterem Gesundheitsverhalten mit Rauchen und wenig Bewegung, und einsame Menschen haben öfter Übergewicht.[63]

Ich finde es wichtig, bei diesen Erkenntnissen zu bedenken, dass nicht nur Einsamkeit eine Ursache für gesundheitliche Probleme sein kann. Sie kann auch andersherum eine Folge eines anderen Problems sein, etwa einer Krankheit.[64] Wer wegen fortschreitender Multipler Sklerose nicht mehr so gut aus dem Haus gehen kann, wird dadurch einsamer. Dann ist die Einsamkeit eine Folge der körperlichen Krankheit.

Depression, das Volksleiden der Moderne

Auf eine Auswirkung von Einsamkeit möchte ich noch zusätzlich eingehen, denn sie ist folgenschwer und betrifft *die* Volkskrankheit unserer Zivilisation. Ich meine die Depressionserkrankungen.

Als ich noch im Krisendienst gearbeitet habe, fuhren wir manchmal zu mobilen Einsätzen vor Ort. Das taten wir zum Beispiel bei einer Selbstgefährdung. Diesmal saß ich mit meinem Kollegen in der kleinen Wohnung eines pensionierten Verwaltungsbeamten, um eine vermutete Selbstgefährdung abzuklären: Verdacht auf akute Suizidalität.

»Mit wem sprechen Sie denn so an einem normalen Tag?«, frage ich den Mann.

»Mit niemandem.« Seine Stimme klingt monoton, er guckt auf seine blassen Hände.

Ob er sich einsam fühle, erkundige ich mich weiter.

»Ach, was soll's.«

Er sieht uns nicht an. In unseren Notizen steht, dass er keine Kinder hat und dass seine Frau vor 4 Jahren gestorben ist.

»Was ist denn mit Ihren Nachbarn hier im Haus?«

»Die können mir gestohlen bleiben.«

Kurz guckt er zu uns herüber. »Hauptsache, ich hab hier meine Ruhe.«

Wir erfahren, dass er Tag für Tag allein vor dem Fernseher sitzt. Ab und zu öffnet er die Tür für den Bofrost-Mann und den Getränkelieferanten. Manchmal bringt er den Müll runter.

Im weiteren Verlauf bestätigt sich unser erster Eindruck: Der Mann ist einsam und schwer depressiv.

Als Psychologin beschäftige ich mich beruflich viel mit dieser Krankheit. Sie gilt inzwischen als die Volkskrankheit Nummer 1.[65] Laut einer Umfrage aus dem Jahr 2019 leiden in Deutschland rund 10,8 Prozent der Frauen und 7,6 Prozent der Männer an einer Depression, also insgesamt 9,2 Prozent der Gesamtbevölkerung. Damit liegt Deutschland deutlich über dem europäischen Durchschnitt von rund 6,6 Prozent.[66] Betrachtet man das ganze Leben, so durchleiden nach Angaben der Deutschen Depressionshilfe jede 3. Frau und jeder 4. bis 5. Mann mindestens 1 Mal im Leben eine Depression.[67]

Vor ein paar Jahren las ich das Buch von Johann Hari *Der Welt nicht mehr verbunden*[68] über den Zusammenhang von fehlender Verbundenheit mit Depression und Angst. Hari ist ein preisgekrönter britischer Wissenschaftsjournalist und erzählt in seinem Buch auch von der eigenen schweren Depression. Ich war beeindruckt, wie er die Erkrankung als umfassendes Geschehen des Nichtverbundenseins beschreibt: Man erlebt ein existenzielles Abgeschnittensein, von anderen Menschen, von sinnvoller Arbeit, von Gemeinschaft, von der Aussicht auf ein gutes Leben. Das macht depressiv. Erst eine ganzheitliche Neuausrichtung auf Verbundenheit bringt umfassende und nachhaltige Linderung oder Heilung.

Macht Depression einsam? Wer trübsinnig und gedämpft durch den Tag geht, dem fällt es sicherlich schwer, tragfähige Kontakte zu knüpfen und aufrechtzuerhalten. Einsamkeit und Depression: Was ist Henne, was ist Ei? Cacioppo lieferte durch verschiedene Studien den Beweis, dass Einsamkeit zuverlässig Verschlechterungen depressiver Symptome voraussagt. Einsamkeit ist eine Ursache von Depression.[69] Dieser Beweis ist für alle Maßnahmen zur Depressionsprävention und -behandlung wichtig, und auch Sie können bei sich selbst oder anderen an diese mögliche Ursache denken, die bisher wenig im Fokus stand.

Bemerken Sie bei sich oder anderen Menschen depressive Symptome? Wenn die Stimmung eine Zeit lang trübe ist, man auf nichts Lust hat und der Selbstwert im Keller ist, kann das eine vorübergehende depressive Verstimmung sein. Es kann sich aber auch um eine behandlungsbedürftige Krankheit handeln. Bei länger andauernden und schweren Symptomen sollten Sie Hilfe holen. Gerade, wenn Sie merken, dass die Stimmung, die Gefühle, die Motivation und der Schlaf grundsätzlich anders sind, als Sie sich oder andere sonst kennen, sollten Sie aufmerksam werden. Bei depressiven Symptomen über mindestens 2 Wochen fast die ganze Zeit des Tages und so gut wie jeden Tag in der Woche unabhängig von äußeren Umständen braucht es psychotherapeutische, psychologische beziehungsweise ärztliche Hilfe. Selbsthilfe reicht dann nicht mehr. Hauptsymptome sind eine depressive, also niedergeschlagene und gedrückte Stimmung, der Verlust von Interesse und Freude sowie verminderter Antrieb mit erhöhter Ermüdbarkeit, oft selbst nach kleinen Anstrengungen, und eingeschränkter Aktivität. Zusatzsymptome sind vermindertes Selbstwertgefühl und Selbstvertrauen, gestörter Schlaf, verminderte Konzentration und Aufmerksamkeit, Schuldgefühle und Gefühle von Wertlosigkeit, negative und pessimistische Zukunftsperspektiven, verminderter Appetit und Suizidgedanken oder -handlungen.[70]

Eine Prävention für Depression ist, dass wir bei uns selbst und anderen auf Anzeichen von Vereinsamung achten. Dabei hilft es auch zu wissen, dass es auf alle Fälle Absprungmöglichkeiten aus einer Art Spirale gibt, die sich bei Einsamkeit abwärts entwickelt.

Die Einsamkeitsspirale

Was hindert einsame Menschen daran, neue Freunde zu finden oder bestehende Kontakte zu aktivieren und zu vertiefen? Einfach mal zum Telefon zu greifen: »Hallo, wie geht's dir, lange nichts voneinander gehört. Ich hab oft an dich gedacht.«? In Büchern und im Internet liest man doch: »Gehen Sie zu einer Freundin, einem Netzwerktreffen, besuchen Sie eine kulturelle Veranstaltung und kommen Sie mit anderen ins Gespräch. Treten Sie in einen Verein ein, übernehmen Sie ein Ehrenamt.« Das ist viel leichter gesagt als getan. Denn das »Einfach mal …« hat es in sich. Zum Teil ist es die Einsamkeit selbst mit der Einsamkeitsspirale, die uns an dem »einfach mal« hindert.

In seinem Welthit »What a Wonderful World« singt Louis Armstrong »I see friends shaking hands, saying ›How do you do?‹«. »Ich sehe Freunde, die sich die Hände schütteln und sagen: ›Wie geht es dir?‹« Was für eine wunderschöne Welt, die Armstrong da besingt, das Leben ist schön. Aber eben nicht für alle. Menschen, die sich einsam fühlen, stehen auf der anderen Straßenseite und beobachten unter der Kapuze oder hinter den Sonnenbrillengläsern, wie andere lachen, sich begrüßen, die Gemeinschaft genießen – und es tut ihnen weh. »Ich gehöre nicht dazu.« Man zieht sich immer weiter zurück, damit es nicht so schmerzt. So entsteht ein Spiraleffekt mit Abwärtsrichtung.

Diese Einsamkeitsspirale ist ein psychologischer Mechanismus mit einer Dynamik, die uns immer weiter aus dem Kontakt reißt.[71] Wieder ist es Caciopps Verdienst, diese Dynamik aufgeschlüsselt zu haben. Eines der Gefühle dabei ist das Misstrauen. Misstrauisch und besonders wachsam achtet eine Person, die sich einsam fühlt, bei anderen auf jedes Detail in Mimik, Gestik und Sprache. Und mehr als misstrauisch neigt sie dazu, soziale Signale falsch zu interpretieren und Bedrohungen zu sehen, wo keine existieren. Wenn jemand zum Beispiel ernst aussieht, vermutet sie dahinter Ärger oder Geringschätzung. Stephanie Cacioppo hat im Gehirn einsamer Menschen nachgewiesen, dass sie vermeintliche Signale von Bedrohung 2 Mal so schnell erkennen wie Nicht-Einsame.[72]

Ein Beispiel: Ich habe mal eine Frau mit einem dicken orangefarbenen Stirnband und pinken On-Ear-Kopfhörern beim Joggen im Park freundlich angelächelt und gegrüßt. Sie erwiderte laut, aber nicht direkt an mich gerichtet: »Was grinst die denn so blöd!« Ich überlegte, was in ihr vorging. Dachte sie, dass ich sie komisch fand? Etwa so: »Wie die gegrinst hat, findet sie mich wohl lächerlich mit meinem Stirnband.«

Wer verunsichert ist, unterstellt leichter böse Absichten beim Gegenüber: Da drängelt sich einer in der Warteschlange vor – das ist nicht einfach eine egoistische Taktik, sondern eine persönliche Kränkung. Die Nachbarin grüßt mich nicht – was für eine Frechheit. Es gäbe aber auch die Möglichkeit zu denken: »Sie überlegt etwas, vielleicht hat sie Sorgen? Ich könnte mal fragen, wie es ihr geht.« Doch auf diese Idee kommt ein Mensch nicht, der sich in der Einsamkeitsspirale befindet. Mit den Missdeutungen kommt die Angst, nicht gemocht zu werden, nicht dazuzugehören, ausgegrenzt zu sein. Die Frau im Park hatte vielleicht die Angst, ich fände sie merkwürdig. Ich kenne das auch von mir persönlich, seit ich unter Neurodermitis litt. Kinder in der Schule, im Bus, beim Leichtathletik starrten mich an. »Was ist denn das?« Erwachsene auf der Straße guckten kurz erschrocken und wandten sich dezent ab. Ich bekam Angst, abstoßend und eklig für andere zu sein. Und so lebte ich irgendwo verloren in der Einsamkeitsspirale. Vermutlich wirkte ich viel weniger abstoßend, als ich annahm.

»Ist das ansteckend?« Kinder wollen nur einmal wissen, was das ist, dann haken sie es ab. Ekzeme, okay, weiter. Doch ich versteckte meine kranke Haut, so gut es ging. Hemden mit hochgeschlagenen Kragen und langen Ärmeln. Beim Schwimmunterricht war ich oft zufällig krank. Ich hätte auch anders damit umgehen können. So wie mein Sohn. Er hatte in der Schulzeit eine schwache Form von Neurodermitis.

Einmal starrte ein übermütiger Mitschüler auf seine Armbeuge: »Hilfe, werde ich jetzt infiziert?«, kreischte er.

»Ja, wirst du«, antwortete mein kluger Sohn. Er ging mit nach vorn gestreckter Armbeuge Schritt für Schritt auf den Kreischer zu. Der sprang zurück und stolperte fast. Ich bin froh und erleichtert, dass er so selbstbewusst damit umgehen kann.

Doch wer in der Einsamkeitsspirale gefangen ist, geht nicht mit der Armbeuge vorweg drauflos, sondern guckt schamhaft, mit verkniffenen Lippen oder betont unbeteiligt zur Seite. Verbirgt seine Gefühle sogar vor denen, die versuchen, freundlich in Kontakt zu treten. Die Einladung ins Kino schlägt man aus. Man lässt das Telefon klingeln, bis es stumm bleibt. Wird nicht getröstet, weil man sein Leid nicht mehr erzählt. Einsamkeit produziert mehr Einsamkeit.

Bei einsamen Menschen verweilen schlechte soziale Erfahrungen nachhaltiger im Gedächtnis. Ein Freund war unwirsch, hat sich nicht gemeldet oder eine blöde Bemerkung gemacht. Ein gut verbundener Mensch würde sagen: »Schwamm drüber!« Oder: »Mannomann, ist der unter Dampf!« Wer einsam ist, ist oft weniger nachsichtig, und der Perspektivenwechsel fällt schwerer. Der Mediziner und Wissenschaftsjournalist Jakob Simmank spricht in seinem Buch *Einsamkeit* von einem »Schleier der Negativität«,[73] der den Blick auf die Welt mit ihren Kontaktmöglichkeiten vernebelt.

So sind dann auch die Erwartungen an zukünftige soziale Kontakte eher negativ:[74] »Das wird doch eh nichts, ich brauche es nicht mehr zu versuchen.« Solche Haltungen stammen nicht nur aus den aktuellen Erfahrungen. Vieles spricht dafür, dass unsere früheren Erlebnisse emotionale Narben hinterlassen können.[75] Sie wirken sich darauf aus, wie wir heute mit anderen Menschen zusammen sind: ängstlich, misstrauisch, zurückgezogen – oder offen, gesellig und vertrauensvoll. Wir müssen viele neue und gute soziale Erfahrungen machen, um uns anders ausrichten zu können.

Hinzu kommt eine verstärkte Fokussierung auf sich selbst, eine intensive Beschäftigung mit den eigenen Bedürfnissen. Durch Einsamkeit wird man selbstbezogener, und durch Selbstbezogenheit wird man einsamer.[76] Denn Selbstbezogenheit wird von anderen negativ empfunden. Ich erinnere mich an eine gute Bekannte, die phasenweise einsam und zurückgezogen war. Egal, wo ein Gespräch mit ihr begann, wir landeten immer wieder unweigerlich bei einem ihrer Probleme. Gesprächszeit über ein allgemeines Thema oder ein Thema von mir: 10 Prozent. Ihre Themen: 80 Prozent. Manchmal sagt jemand auch nach jedem Satz eines anderen: »Dabei fällt mir ein …«, und erzählt ausschweifend über nebensächliche Details. Das lädt nicht gerade zu mehr Kontakt ein.

Wie passt diese Abwärtsbewegung in der Einsamkeitsspirale zu dem evolutionären Mechanismus bei Einsamkeit mit dem Signal »Zurück zur Gruppe«? Um Isolation zu verhindern, müsste doch alles in uns dafür sorgen, wieder zu anderen zurückzufinden? Leider nicht. Wer früher von der sicheren Gruppe getrennt war, musste selbst auf marginale Bedrohungen wachsam reagieren: ein Rascheln hinter den Büschen? Könnte eine giftige Schlange sein. Ein fremder Mensch, der hinter dem Baum auftaucht? Könnte zu einer fremden, potenziell gefährlichen Gruppe gehören. Damals war misstrauische Vorsicht genau die richtige Haltung bei einer Trennung von der vertrauten Gruppe.

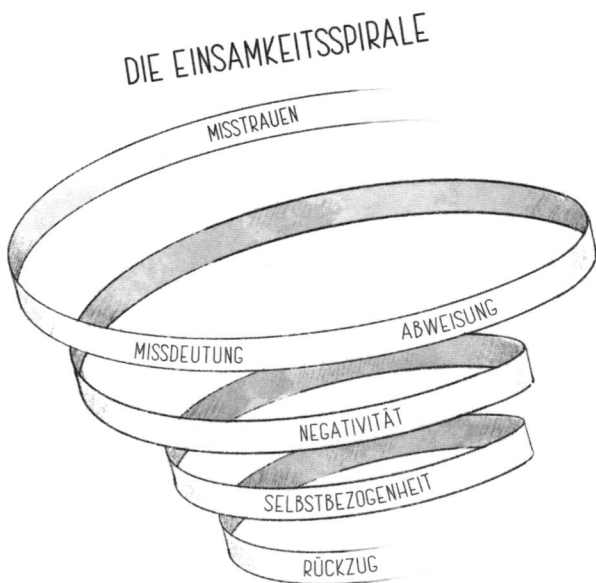

DIE EINSAMKEITSSPIRALE

MISSTRAUEN

ABWEISUNG

MISSDEUTUNG

NEGATIVITÄT

SELBSTBEZOGENHEIT

RÜCKZUG

Wie Einsamkeit sich vertieft

Möglichst früh abspringen

Wenn Sie den Mechanismus der Einsamkeitsspirale kennen, können Sie bei sich selbst und anderen die Zeichen richtig deuten und möglichst früh abspringen. »Hat er zwischendurch in sein Handy geguckt? Bin ich ihm nicht mehr wichtig genug?« Das kann sein, aber vielleicht hat Ihr Freund einfach nur auf eine wichtige Nachricht eines Kollegen gewartet. Das ist die erste Absprungmöglichkeit aus der Einsamkeitsspirale: Aufkommendes Misstrauen und Missdeutungen infrage stellen, Fehlinterpretationen für möglich halten und anderen Freundlichkeit und gute Absichten unterstellen. Grundsätzlich wäre es gut, einen Vertrauensvorschuss zu geben.

Die zweite Absprungmöglichkeit: Das Gefühl, ausgegrenzt zu sein, von Anfang an ernst nehmen und möglichst sofort irgendwie Kontakt suchen, bevor es schlimmer wird.

Die dritte Möglichkeit: Eigene ablehnende Signale kontrollieren. Indem Sie Ihre Mimik und Gestik aufhellen, können Sie es anderen leichter machen, Ihnen offen zu begegnen und auf Sie zuzugehen. Lächeln hilft, länger Blickkontakt halten hilft auch. So banal das klingt.

Eine vierte Absprungmöglichkeit ist es, sich auf positive Erfahrungen zu konzentrieren, in dem Wissen, dass einsame Menschen negative Erfahrungen zu stark gewichten. Die Nähe zu Leuten suchen, die mit offenen Armen auf Menschen zugehen. Man erkennt sie daran, dass sie herzlich und wertschätzend über Personen reden, die nicht anwesend sind. Sie hören von ihnen Bemerkungen, die zeigen, dass sie auch zurückgezogene oder sonderbar wirkende Menschen respektieren. Sie achten darauf, dass neu Hinzugekommene sich in einer Gruppe schnell integriert fühlen, indem sie ihnen Fragen stellen und sie in Gespräche verwickeln, mit Fragen und Zuhören. Sie machen Sie auch gerne mit anderen bekannt, bieten Hilfe an oder bitten selbst um Hilfe.

Und was tun bei Selbstbezogenheit? Da hilft die fünfte Absprungmöglichkeit: Das tun, was ich bei den Leuten mit den offenen Armen gerade beschrieben habe. Darauf achten, wie es anderen geht, und ihnen helfen. Fragen und Zuhören ist auch immer gut: »Wie geht es dir?« oder »Brauchst du Hilfe?«

Und schließlich hilft die sechste Absprungmöglichkeit, um aus der Vereinsamung rauszukommen, bei der wir wohl oder übel unsere Verletzlichkeit zeigen müssen. Im Vertrauen darauf, dass andere gut damit umgehen. Sich mit allen schwierigen, störrischen, hölzernen Seiten als ganze Person zu öffnen ist *der* Weg, um sich mit anderen Menschen zu verbinden. Schwächen und Unzulänglichkeiten zeigen oder davon erzählen, das schafft Verbundenheit.

Der fragmentierte Schlaf

Eine Auswirkung von Einsamkeit auf Körper und Psyche ist der Mangel an Erholung. Es zeigt sich in Studien, dass die restaurativen, stärkenden und erholenden Prozesse des Körpers verringert sind, wenn Menschen sich einsam fühlen. Woher kommt das? Die wichtigste Art zu regenerieren ist das Schlafen, aber einsame Menschen schlafen schlechter. Ausschlaggebend für besseren oder schlechteren Schlaf ist wieder lediglich die subjektive Wahrnehmung,[77] ob man sich einsam oder verbunden fühlt, zum Beispiel Familienstand oder Anzahl der Familienmitglieder haben keine Auswirkungen. Ob mit Bettnachbar oder ohne, ob Großfamilie oder Single: Wer sich einsam fühlt, hat eine schlechtere Schlafqualität.

Um Schlafqualität einschätzen zu können, misst man Werte wie Tiefschlaf, REM-Schlaf, Einschlafzeit, Wachzeit nach Schlafbeginn und Schlafeffizienz, also den prozentualen Anteil der Schlafdauer an der Bettzeit. Ab 90 Prozent Schlafeffizienz fühlt man sich ausgeschlafen, unter 80 bis 85 Prozent beginnt schlechter Schlaf. Die Psychologin Louise C. Hawkley und John T. Cacioppo konnten nachweisen, dass bei einsamen Menschen die Schlafqualität deutlich niedriger und der Schlaf unruhiger, unterbrochener und damit weniger erholsam ist als bei Menschen, die nicht einsam sind. Genauer: Die Schlafeffizienz liegt bei einsamen Menschen mit 83 Prozent um 7 Prozent niedriger und somit im Schlecht-schlafen-Bereich. Auch wenn alle gleich lange schlafen, unterscheidet sich die Qualität ihres Schlafs grundlegend. Wer sich einsam fühlt, braucht ungefähr 15 Minuten länger, um einzuschlafen, und ist nach Schlafbeginn wiederholt und länger wach: 29 statt 11 Minuten. Außerdem gibt es im Laufe der Nacht kurze Aufwachmomente mit Hochschrecken aus dem Schlaf. Daran erinnert man sich morgens gar nicht.[78]

Nachdem die Auswirkungen von Einsamkeit auf die Schlafqualität schon recht gut erforscht waren, untersuchten 2 Schlafforscher, Eti Ben Simon und Matthew P. Walker,[79] die umgekehrte Richtung: Führt Schlafmangel auch dazu, dass sich Menschen von anderen sozial distanzieren und isolieren? Ja. Nicht nur kompletter Schlafentzug, sondern schon ein verhältnismäßig bescheidener Schlafmangel führt dazu, dass Menschen sich sozial zurückziehen und einsam fühlen. Bei Schlafentzug entdecken die Schlafforscher bei den Versuchspersonen eine höhere Sensibilität in Gehirnregionen, die uns vor menschlichem Kontakt warnen. Es gibt sozusagen ein soziales Abstoßungssignal. Das kennen wir ja schon von der Einsamkeitsspirale.

Die verminderte Erholung durch gestörten Schlaf erhöht zudem den Stresslevel.[80] Einsame Menschen sind nach einer »zerstückelten« Nacht nachweislich müder und reizbarer, was wiederum das Gefühl von Einsamkeit aufgrund von Schlafmangel fördert, was in der nächsten Nacht zu Schlafstörungen führt, was am darauffolgenden Tag wiederum zu mehr sozialen Störungen führt und so weiter.[81] Das heißt, für einsame Menschen wird es durch Schlafmangel zunehmend schwieriger, sich aus ihrer Einsamkeit zu befreien. Doch auch hier gibt es Möglichkeiten, aus der Einsamkeitsspirale abzuspringen. Unter anderem mit der sogenannten nächtlichen Emotionstherapie, die in den wissenschaftlichen Schlaflabors gerade entdeckt wurde.

Die nächtliche Emotionstherapie

Guter Schlaf kann helfen, aus der Einsamkeitsspirale wieder herauszukommen. Da Schlaf nicht nur durch Einsamkeit beeinträchtigt wird, sondern auch durch viele ungünstige Lebensgewohnheiten, können einsame Menschen viel für besseren Schlaf tun.

Matthew Paul Walker ist einer der weltweit führenden Schlafforscher. Er ist Professor für Neurowissenschaften und Psychologie an der University of California. Als ich seine bahnbrechenden Forschungsergebnisse über den REM-Schlaf las, den Traumschlaf, der vor allem in der zweiten Nachthälfte auftritt, war ich begeistert. In dieser Schlafphase findet unter anderem eine nächtliche Emotionstherapie statt. Wir träumen beim REM-Schlaf intensiv, was man an den schnellen Augenbewegungen – Rapid Eye Movement, kurz REM – unter den Lidern erkennen kann. Über die Funktionen des Träumens war man sich in der Wissenschaft lange im Unklaren. Zunächst entdeckten Schlafforscher wie Matthew Walker, dass beim Träumen vor allem die emotionalen Zentren des Gehirns aktiv sind, die an der Erzeugung und Verarbeitung von Emotionen beteiligt sind. Rationale Gedanken und logische Entscheidungen sind dagegen außer Kraft gesetzt. Dann entdeckten sie, dass wir in den REM-Schlafphasen jede Nacht neu unsere sozioemotionalen Fähigkeiten im Zusammenhang mit der Mimik-Erkennung ausrichten. Mimik? Das erinnert an den Zusammenhang mit der Einsamkeitsspirale. Dort ging es darum, dass einsame Menschen die Mimik anderer missdeuten.

Wir müssen Gesichtsausdrücke und Emotionen richtig entschlüsseln, um uns sicher im sozialen Netz zu bewegen, zu kooperieren und Konflikte zu bewältigen. Die durchschnittliche Emotionserkennungsfähigkeit ist nicht sonderlich gut: Wir erkennen laut Studien nur knapp 60 Prozent der Emotionsausdrücke in der Mimik unseres Gegenübers. Das heißt, wir interpretieren fast jeden zweiten Gesichtsausdruck falsch. Und wenn man sich in der Einsamkeitsspirale befindet, wird es noch schwerer.[82]

Es gibt eine weitere Funktion des REM-Schlafes, die großartig ist: Der Traumschlaf ist eine allnächtliche Emotionstherapie. Wir durchleben im Traum die zu einem Erlebnis gehörenden beunruhigenden oder schmerzlichen Emotionen noch einmal, doch jetzt in einem beruhigenden, sicheren, träumenden Gehirnumfeld – ohne die sonst dazugehörige Stressreaktion. Die Emotionalität geht deutlich zurück. Liegt dagegen zu wenig Traumschlaf zwischen dem Erleben einer schmerzlichen Emotion und dem Reaktivieren der Erinnerung, ist die Emotion noch mindestens genauso stark. Auch der Non-REM-Schlaf hat therapeutische, nämlich angstlösende Wirkungen, während selbst bescheiden reduzierter Schlaf bereits zu einem nachfolgenden Anstieg der Angst am nächsten Tag führt.[83]

Es ist wirklich beeindruckend: Wir üben im Schlaf das soziale Miteinander, wir verarbeiten belastende Ereignisse und wachen am Morgen mit deutlich weniger Angst auf. Der Schlaf tut das, was man auch in Psychotherapien und Coachings anstrebt und womit wir oft genug im Alltag ringen. Nicht die Zeit heilt viele Wunden, sondern der Schlaf. »Drüber schlafen« erhält damit eine ganz neue Bedeutung.

Ich kaufte mir einen Schlaftracker, den man wie einen normalen Ring am Finger trägt. Er sammelt Messdaten über meine Schlaf- und Wachphasen in der Nacht. Mitten beim Schreiben an diesem Buch hatte ich gute Bedingungen für die

Selbsterforschung. Auf mehrere termingefüllte Tage, an denen ich viel mit anderen redete, folgten Schreibauszeiten ohne Familie, ganz allein. Also konnte ich in dieser Zeit die Phasen von Gemeinsamsein, Alleinsein und Einsamkeit gut miteinander vergleichen.

Ich verfolgte in der App den Trend meiner Schlafphasen und achtete auf die Zeiten, die ich als »einsam« gekennzeichnet hatte. Tatsächlich konnte ich wie in einem Buch an den Schlafwerten ablesen, wann ich einsam war. Genau wie in den Einsamkeitsstudien: In den einsamen Zeiten hatte ich mehrere kurze Wachphasen in der Nacht, weniger REM-Schlaf, und die Schlafphasen sahen in der Übersicht viel zerstückelter aus. Auch meine Schlafdauer verkürzte sich zunehmend, je mehr einsame Tage ich hintereinander hatte. 2 oder 3 Tage lang genieße ich es, allein zu sein. Dann treten erste Einsamkeitssymptome auf.

Falls Einsamkeit in Ihrem Leben vorkommt: Was können Sie tun, um besser zu schlafen und dadurch weniger einsam zu sein? Wenn Einsamkeit zu schlechterer Schlafqualität durch fragmentierten Schlaf und damit zu mehr Angst und sozialer Zurückhaltung führt, dann können Sie für den Ausstieg aus der Einsamkeitsspirale an beiden Enden ansetzen: Sie können Ihre Sozialkontakte gut pflegen und Ihr Beziehungsnetz verbessern, sodass Sie sich verbundener fühlen, was Ihnen helfen wird, besser zu schlafen. Dadurch wiederum werden Sie sozial kompetenter. Oder Sie sorgen mit guten Schlafgewohnheiten, die Sie in Schlafratgebern oder auf meiner Website zum Buch finden, dafür, dass Sie genügend Schlaf bekommen. So können die nächtliche Emotionstherapie, die Angstlösung und die sozioemotionale Entschlüsselung im Gehirn ungestört stattfinden. Dann bewegen Sie sich am nächsten Tag angstfreier, weniger misstrauisch und sozial kompetenter und fühlen sich weniger einsam, was wiederum dabei hilft, gut zu schlafen.

Der Blick aufs soziale Ganze

Es ist wichtig zu wissen, dass Einsamkeit nicht nur eine persönliche Angelegenheit ist. Auch soziale Isolation kann zu Einsamkeit führen, und wir haben dabei nicht alles selbst in der Hand.

Höherer Status, mehr Kontakte

Seit der Bus nicht mehr fährt, bleibt die Rentnerin in ihrem Häuschen am Fenster hinter der Gardine stehen und blickt über die leere Straße ihres Dorfes. Die Fußpflegerin kommt nächsten Dienstag wieder, heute ist erst Mittwoch. Es ist einfach niemand da. Sie fühlt sich einsam.

Wenn wir uns soziale Isolation genauer anschauen, ist sie nicht nur ein Problem des Einzelnen. Jakob Simmank kritisiert in seinem Buch *Einsamkeit*, dass als Heilmittel gegen soziale Isolation oft Psychotherapie und Medikamente diskutiert werden. Damit werde ein gesellschaftliches Problem individualisiert.[84] Auch Julianne Holt-Lunstad mahnt, die Gefahr der sozialen Isolation als Gesellschaft ernst zu nehmen, weil buchstäblich unser Leben davon abhängt.[85] Es ist auch Aufgabe des Staates, zum Beispiel für eine nötige Infrastruktur zu sorgen, damit die Frau überhaupt aus dem Dorf wegkommt. Es gibt Dinge in uns und außerhalb von uns, die wir nur begrenzt beeinflussen können. Sie zu kennen ist wichtig. Sonst meinen wir, wenn es nicht so gut klappt mit dem Das-Leben-selbst-in-die-Hand-Nehmen, wir wären allein für unsere Misserfolge verantwortlich. Das zieht unnötig runter.

Einsamkeit entsteht in einem bestimmten gesellschaftlichen Zusammenhang, der viel auch mit sozialer Ungleichheit zu tun hat. Ein niedriger sozialer Status begünstigt soziale Isolation und Krankheiten. Forschende sprechen hier von einem »Health Gap«, einer Gesundheitslücke: Menschen mit einem niedrigen sozioökonomischen Status sterben 5 bis 10 Jahre früher.[86]

Ich sehe das Problem auch während meiner praktischen Arbeit und bemühe mich, diese gesellschaftliche Dimension gegenüber meinen Teilnehmerinnen und Klienten zu thematisieren, damit sie weniger Gefahr laufen, sich zu überfordern. Die Hoffnung, es allein zu schaffen, ist eine Illusion, die allerdings zugleich der Anspruch in unser Gesellschaft ist: »Wenn du etwas wirklich willst, kannst du es auch schaffen.« Ich warne vor einer solchen Haltung, sie ist selbstdestruktiv und nicht erfüllbar. Wenn wir so denken, sitzen wir in der Falle:[87] »Wenn ich es nicht schaffe, bin ich selbst schuld. Ich muss mich mehr anstrengen, dann muss es doch klappen.« Die Lösung ist: Lassen wir den Selbstoptimierungsanspruch. Akzeptieren wir die Grenzen dessen, was wir erreichen können.

Dafür sehen wir uns die Forschungen von Michael Marmot an. Er ist Professor für Epidemiologie am University College London. Marmot beschäftigte sich mit dem Zusammenhang von sozioökonomischem Status und Gesundheit. Was bedeutet Status? Status hängt mit 2 grundlegenden menschlichen Bedürfnissen zusammen: Selbstbestimmtheit, also Kontrolle über das eigene Leben zu haben, und soziale Partizipation, ein anerkanntes Mitglied der Gesellschaft zu sein.[88] Hätten Sie gedacht, dass Oscargewinner im Schnitt 4 Jahre länger leben als ihre Schauspielkollegen, die keinen Oscar gewonnen haben?[89] Oder dass Menschen, die einen Doktortitel haben, länger leben als die, die »nur« mit einem Master abschlossen, und die wiederum länger als jene, die »nur« einen Bachelorabschluss haben?[90]

Marmot führte 2 groß angelegte und berühmt gewordene Studien durch, die Whitehall-Studien. Er untersuchte den Zusammenhang zwischen sozialer Klasse und der Krankheits- und Sterberate bei Beschäftigten des öffentlichen Dienstes in Großbritannien. In den Ergebnissen spielen auch soziale Unterstützung und soziale Isolation eine Rolle. Letztere trifft Menschen mit niedrigem sozioökonomischem Status deutlich mehr. Reiche und gebildete Menschen haben bessere Netzwerke und mehr soziale Unterstützung aufgrund ihres höheren Status.

Die erste Whitehall-Studie begann 1967 mit 17 500 Personen im Alter von 20 bis 64 Jahren. Nach einer Laufzeit von 10 Jahren hatten die Forscher es schwarz auf weiß: Die soziale Klasse, das heißt, wie hoch man sich auf der Karriereleiter befindet, hat wesentliche Auswirkungen auf die Krankheits- und Sterberate. Ein niedrigerer Status wirkt sich ungünstig auf unsere physische und psychische Gesundheit aus.[91] Wer sich auf der Karriereleiter weiter oben befindet, lebt länger.[92]

Warum ist das so? Es geht um Selbstbestimmung, soziale Anerkennung und Unterstützung, was insgesamt mit einem niedrigeren Status abnimmt. Niedere Tätigkeiten sind weniger sozial anerkannt, und es gibt weniger Unterstützung durch Kollegen und Vorgesetzte. So hatten etwa Männer, die sich in der Arbeitshierarchie auf den unteren Ebenen befanden, seltener überhaupt einen Menschen, dem sie ihre Probleme anvertrauen oder auf dessen Hilfe sie zählen konnten. Anscheinend werden gute soziale Beziehungen durch soziale Ungleichheit zersetzt – und mit ihnen all das, was Sozialkontakte und soziale Unterstützung für unsere Gesundheit tun.[93] Menschen sind nicht nur vom sozialen Miteinander ausgeschlossen, wenn sie irgendwo auf dem Land ohne Bus- oder Bahnanbindung leben, die sie zu Freunden und Familie bringen könnten. Menschen können auch durch niedriges Einkommen und niedrigen Status oder durch fehlende Selbstbestimmung vom Miteinander ausgeschlossen sein.

Ich plädiere für eine Gesellschaft, die Unterschiede, Herausragen oder große Einkommensunterschiede nicht betont, sondern besser das Gemeinwohl und gegenseitige Hilfe. Sagen wir eher, »Jeder ist seines Glückes Schmied«, oder leben wir nach der Devise, »Geteiltes Glück ist doppeltes Glück«? Also: »Wenn es mir gut geht, soll es anderen auch gut gehen«? Dänemark und andere skandinavische Länder leben es uns vor: Hier sind Gemeinwohl und soziale Gleichheit die wichtigsten gesellschaftlichen Werte, und diese Länder stehen seit Jahren auf den Siegertreppchen im World Happiness Report der Vereinten Nationen mit Ranglisten zur Lebenszufriedenheit in verschiedenen Ländern der Welt.[94]

So deprimierend die Erkenntnisse über die Gesundheitslücke aufgrund von unterschiedlichem sozioökonomischen Status auch sind, so optimistisch stimmt der Blick aufs Ganze, wenn wir uns die Entwicklungen in Deutschland bei Einsamkeit und sozialer Isolation und die sozialen Aktivitäten der Deutschen ansehen. Wird unsere Gesellschaft insgesamt kälter? Überhaupt nicht.

Die Deutschen sind nicht so einsam

Als Horst Opaschowski im Januar 2019 Deutsche zu ihrem Wohlergehen und ihrer Lebenszufriedenheit befragte, stimmten 61 Prozent der Aussage »Für viele ältere Menschen wird in Zukunft die Kontaktarmut genauso belastend wie die Geldarmut sein« zu. Im März 2020, am Beginn des deutschen Lockdowns, waren es schon 84 Prozent der Befragten.[95] Doch die Sorge vor Vereinsamung, vor allem im Alter, ist das eine. Was sagen die Zahlen?

Laut einer OECD-Studie[96] meinen immerhin 90 Prozent der Deutschen, jemanden zu haben, der in schwierigen Zeiten für sie da ist und sie unterstützt. Ähnlich verrät das sozioökonomische Panel, kurz SOEP, die größte und am längsten laufende multidisziplinäre Langzeitstudie in Deutschland, dass nur 7 Prozent der Deutschen sich wirklich einsam fühlen, weil sie keinen einzigen engen Freund haben. Wie in Deutschland zeigt auch eine europaweite Erhebung der Europäischen

Kommission, dass die Einsamkeitsrate von 7 Prozent über die Jahre recht stabil geblieben ist. Deutschland befindet sich hier mit 5 Prozent im Mittelfeld.[97] Aufgrund anderer Untersuchungsmethoden unterscheidet sich der Wert etwas von den 7 Prozent der SOEP-Studie.

Anders sehen die Zahlen für objektive soziale Isolation aus. Als sozial isoliert gelten Menschen, die wenig oder keinen Kontakt mit anderen Personen haben: 18 Prozent der Erwachsenen gelten in der EU als sozial isoliert. Deutschland liegt bei 15 bis 23 Prozent.[98] Vergleicht man die Werte für Einsamkeit und soziale Isolation, so gibt es anscheinend viele Menschen, die sich trotz weniger Sozialkontakte nicht einsam fühlen.

Und wie sieht es im Alter aus? Eine internationale Studie aus dem Corona-Jahr 2021 mit 46054 Teilnehmenden aus 237 verschiedenen Ländern zeigt, dass Einsamkeit mit dem Alter sogar eher sinkt.[99] Der Großteil der Menschen in der 2. Lebenshälfte fühlt sich nicht einsam, lautet auch das Fazit des Deutschen Zentrums für Altersfragen, das den repräsentativen Deutschen Alterssurvey durchführt.[100] In Deutschland gibt es offensichtlich viel soziale Aktivität. Das ist gut.

Ich unterhalte mich mit einem der weltweit führenden Netzwerkforscher, dem britischen Psychologen und Professor für evolutionäre Psychologie, Robin Dunbar. Wir sprechen über Ländervergleiche in Europa. »Deutschland?«, sagt er fröhlich. »Die Deutschen sprechen ja mit ihren Nachbarn auf der Straße.«

»Ach? Die Engländer nicht?«

»Nein, hier redet man eigentlich nicht mit den Nachbarn.«

»Oh. Ich dachte, die Briten wären da weit vorn mit den freundlichen Kontakten auf der Straße.«

»Erst während der Pandemie änderte sich etwas. Zum ersten Mal begannen die Leute, sich mehr mit ihren Nachbarn zu unterhalten oder zu fragen: ›Kann ich dir helfen?‹«, erzählt

Robin weiter. »Und sie erleben, dass ihr Nachbar vielleicht als Freund interessant sein könnte. Das wird neue Freundschaften weiter anschieben.«

Als ich Martin Schröders Buch *Warum es uns noch nie so gut ging*[101] lese, wird mir klarer, dass die Deutschen ausgesprochen sozial aktiv sind, Tendenz: steigend. Und dass wir damit über ein Sozialkapital verfügen, das sogar die Wirtschaftskraft des Landes stärkt.

Unser soziales Kapital

Vertrauen ist die Basis einer jeden Zivilgesellschaft, damit Länder reich werden und bleiben.[102] Misstrauen dagegen macht Gesellschaften, Gruppen, Unternehmen und die Wirtschaft kaputt. Um herauszufinden, wie es um das Vertrauen in einer Gesellschaft steht, untersuchen Forscher wie der amerikanische Soziologe Robert Putnam oder Edward Banfield[103] aktive soziale Netze und betrachten damit das soziale Kapital eines Landes oder einer Region. Dabei geht es um alles, was soziales Eingebundensein ausmacht: menschliche Wärme, Zusammenhalt, Vertrauen, freiwilliges gegenseitiges Helfen. Eine Gesellschaft hat ein hohes Sozialkapital, wenn sie durch viel Engagement und Zusammenarbeit getragen ist. Die Mitgliedschaft in Vereinen und das ehrenamtliche Engagement sind Indikatoren, um das Sozialkapital eines Landes einzuschätzen. In einem Verein engagiert man sich und ist zu gegenseitiger Hilfe bereit. Dafür braucht es Vertrauen. Davon profitieren die Menschen mehr, als es sie kostet. Mal die einen, mal die anderen kümmern sich gemeinsam am Nachmittag um die Kleinkinder. Alle im Sportverein helfen mit, das neue Vereinshaus fertigzustellen.

Tut dagegen niemand etwas für das Gemeinwohl, dann sind alle misstrauisch, und es findet keine gegenseitige Hilfe statt. Dann nimmt das Sozialkapital ab, die Menschen werden ärmer, und auch die Wirtschaftskraft des Landes schrumpft. Robert Putnam beschreibt diesen Zerfall der Zivilgesellschaft in den USA eindrücklich in seinem Buch *Bowling alone*.[104] Früher haben die Amerikaner in Vereinen gebowlt, heute gehen sie allein bowlen. Doch bei uns ist vieles anders. Wie sieht es mit unserem Sozialkapital aus? Da können wir aufatmen.

In Deutschland gab es noch nie so viel ehrenamtliches Engagement, so viele Vereine und so hohes Vertrauen wie heute.[105] Ehrenamtliches Engagement etwa nimmt seit den 1980ern deutlich zu: Damals engagierten sich 22 Prozent der Deutschen in irgendeiner Weise ehrenamtlich, zum Beispiel in Kirchen, sportlichen und sozialen Vereinen, in Schulen und Kindergärten. 2015 waren es schon 32 Prozent. 10 Prozent Zuwachs in 30 Jahren. Ähnlich sieht es mit der sozialen Aktivität in Vereinen aus: 1958 waren 5 Millionen Deutsche in Sportvereinen organisiert, heute sind es fast 25 Millionen, also rund 30 Prozent aller Deutschen. Diese Zahl ist seit 2000 stabil. 27 Prozent der Deutschen sagen zudem, man könne generell anderen Menschen vertrauen, und auch hier ist dieser Wert höher als jemals zuvor seit 1991, als es mit den Vertrauensmessungen losging.[106]

Wir haben also in Deutschland ganz gute Voraussetzungen, um sozial aktiv zu sein. Wir können auf dieser Basis weiter darauf achten, wie wir als Gesellschaft den sozialen Zusammenhalt stärken – und wie wir als Einzelne den Wert sozialer Aktivität auf unserer Prioritätenliste nach oben setzen. Bei der Nachbarin vorbeischauen, statt diese Viertelstunde auf Instagram zu investieren. Ausgehen statt fernsehen. Oder das Alleinsein in vollen Zügen genießen, um danach wieder mit voller Kraft seine Kontakte zu pflegen.

Die Kraft aus der Stille

Über mir fliegen Gänse in Dreiecksformation, ihre Körper spiegeln sich im See, als sie tiefer schweben. Ich ziehe das Handy aus der Tasche. 3 Fotos, Farben intensivieren, Türkis betonen, Schwarzpunkt verschieben. Das sieht schön aus. Ich blicke wieder über den See. Aber in mir ist eine Unruhe: Mit wem könnte ich diesen Moment teilen? Also hole ich das Handy wieder heraus. Ich tippe auf »Senden«. Christin wird sich freuen, sie hat einen ähnlichen Sinn für Natur wie ich. Dann ein Störgedanke: Was machst du da? Genieße doch den kostbaren Moment, ohne dich abzulenken! Das geht nur kurz. Irgendetwas fehlt.

4 Tage bin ich jetzt allein im Berliner Umland. 2 Tage sind noch übrig. Ich schreibe, esse wenig, vergesse wieder mal die Pausen, schlafe kurz, bin zu jedem Sonnenaufgang schon wach und an der Tastatur oder meinen Notizbüchern. Wenn ich eine Pause einlege und beim Spazierengehen jemandem begegne, laufe ich schneller als sonst vorbei und zweifle plötzlich: Finden die mich eigenbrötlerisch? Meine Haare zu unordentlich? Mein Grüßen unangemessen?

Da ich weiß, dass das Einsamkeitssymptome sein könnten, frage ich mich: Fehlen mir die Menschen, obwohl ich hier bewusst allein bin? Fehlt es mir, zu reden oder gemeinsam zu essen? Mit Mann und Sohn? Oder auch mit Freunden? Ja, das ist es, ein untergründiges Fehlen.

Am nächsten Tag fahre ich heim und schließe die Wohnungstür auf. Es riecht gut, die beiden haben gekocht. Nach dem Essen ziehen wir aufs Sofa um, gucken eine weitere Folge der Serie, die uns seit Monaten durch Corona begleitet. Bald verschwinde ich ins Bett und schlafe augenblicklich ein. Die Gänse fliegen durch meine therapeutischen Träume. Am nächsten Tag, wieder ausgeschlafen, sehe ich ohne Misstrauen in die Gesichter der Menschen.

Während ich wissenschaftliche Artikel und Bücher über Sozialkontakte lese, frage ich mich: Müsste ich auch jenseits meiner Arbeit, bei der ich viel mit Menschen zu tun habe, geselliger sein? Zu großen Essen einladen, Feste veranstalten? War ich bisher auf dem falschen Weg? Ich versuche eine Zeit lang, mehr mit anderen Menschen zusammen zu sein. Aber bald bin ich wieder weg davon. Und das ist richtig so, für mich.

Wir können das Alleinsein mit 2 Arten von Kontakten füllen: mit dem Kontakt zu anderen und mit dem Kontakt zu uns selbst. Dementsprechend geht es auch nicht nur darum, seine sozialen Fähigkeiten zu verbessern oder Hilfsmaßnahmen in Anspruch zu nehmen, um unter Leute zu kommen. Wirksamer ist es laut der Studienergebnisse von John Cacioppo,[107] die Wahrnehmung seiner selbst und anderer zu verändern, zum Beispiel durch mehr Selbstliebe und Selbstwertschätzung. Das kann man gut im Alleinsein entwickeln. Das fällt der einen leichter, dem anderen schwerer, denn manche sind ohnehin mehr nach innen gewandt, andere mehr nach außen.

Wie wir Erholung und Inspiration finden

Ungefähr 30 bis 50 Prozent der Menschen haben einen mehr oder weniger stark ausgeprägten Hang zur Introversion, also zu einer nach innen gewandten Haltung, die anderen sind extravertiert, also eher nach außen gewandt. Der entscheidende Unterschied ist die Art, wie man auf Anregung reagiert, und wie man regeneriert und Inspiration erfährt.

So mögen es introvertierte Menschen, viel mit sich allein oder mit wenigen vertrauten Menschen zu sein: Sie sind mehr auf ihr Innenleben konzentriert. Sie brauchen und vertragen weniger Anregung, fühlen sich in ruhigeren, entspannten Situationen am lebendigsten, am aufmerksamsten und leistungsfähigsten. Auch wenn Introversion nichts mit Schüchternheit zu tun hat, so sind Introvertierte dabei oft eher zurückhaltender, ruhiger und hören – vor allem bei Fremden – lieber zu, als selbst zu reden. Wenn sie unter vielen Leuten sind, sind sie schnell erschöpft, reizüberflutet und ausgelaugt, auch wenn sie es genossen haben.

Die kontaktfreudigeren extravertierten Menschen sind gerne unter vielen Menschen, auch Fremden, und sie finden den Austausch in sozialen Gruppen anregend. Sie sind oft gesprächig und mögen es, im Mittelpunkt zu stehen, treffen viele Freunde, planen in ihrer Freizeit abwechslungsreiche Aktivitäten und gehen häufig aus. Extravertierte Menschen lieben und brauchen mehr Anregung. So fühlen sie sich nach dem Kontakt mit vielen Menschen energiegeladen.

Introversion und Extraversion werden in der Forschung als kontinuierliche Skala beschrieben, mit einem Mittelbereich von nicht eindeutig extravertierten oder introvertierten Personen. So gibt es die Extreme, aber auch sehr viele Menschen, die zur Mitte hin tendieren. Das heißt, jemand liebt es durchaus, eine Zeit lang im Mittelpunkt der Aufmerksamkeit zu stehen und braucht erst zum Ausgleich wieder das Alleinsein. In der Mitte des Spektrums befinden sich auch diejenigen, die sich sowohl mit als auch ohne Menschen wohlfühlen, die gerne zuhören und auch gerne reden.

Was bedeutet das für Sie? Wichtig ist es vor allem, herauszufinden, wie viel oder wenig Anregung Sie brauchen, um sich zu erholen, anstatt zu erschöpfen. Um neue Inspiration und Kraft zu finden, anstatt sich überflutet zu fühlen. Das Alleinsein kann dabei für Intro- wie für Extravertierte bereichernd sein. Die einen werden öfter allein sein, die anderen seltener.

Warum wir das Alleinsein brauchen

Wir können uns im Alleinsein von den Reizen, die sonst auf uns einwirken, gut erholen, sie verarbeiten und integrieren. Es ist wie bei jedem Entwicklungs- und Lernprozess; man kann ihn mit dem Atemzyklus vergleichen. Wir nehmen etwas Neues auf – einatmen –, danach verarbeiten wir es innerlich und integrieren das Neue ins Denken – ausatmen. Es folgt die Atemruhe, in der wir neu Aufgenommenes wirken lassen und möglicherweise praktisch umsetzen. Das Ausatmen gehört dazu, und es geschieht häufig im Alleinsein.

Wir können uns beim Alleinsein besser selbst wahrnehmen und aus unserer Innenwelt Erkenntnisse gewinnen, die im Zusammensein mit anderen nicht möglich sind, denn wir sind nicht mit dem Gegenüber beschäftigt und können ohne Ablenkung auf unseren Körper, unsere Gefühle und Gedanken achten. So können wir im Alleinsein vertieft, fokussiert und auf neuen Wegen nachdenken. Nachgewiesenermaßen fördert Alleinsein die Kreativität mit sich und anderen.[108] Wir denken anders über uns selbst nach, wenn uns niemand von dem Gedanken ablenkt, den wir gerade verfolgt haben. Bei Studien zur Wirkung der Gruppenkreativtechnik Brainstorming kommt heraus, dass bei einem Einzelbrainstorming Qualität und Quantität der Ergebnisse besser sind als bei einem Gruppenbrainstorming.[109]

Oft nehmen wir beim Alleinsein auch die Umwelt intensiver wahr. Viele beschreiben eine gesteigerte Wahrnehmung der Natur. Ich höre zum Beispiel viel mehr Vogelstimmen, wenn ich allein draußen bin. Auch die Schönheit der Natur erfahre ich deutlicher. In der Natur bedeutet das Alleinsein ohnehin selten Einsamkeit, und es kann der Einsamkeit entgegenwirken.[110]

Beim Alleinsein findet auch eine innere Klärung in Bezug auf andere Menschen statt: Wer bin ich im Kontakt mit anderen? Wie will ich sein? Was will ich tun, was lassen? Wo sind meine Grenzen? Es entsteht ein Ort der inneren Klarheit und Sammlung. Zwischen 2 Treffen mit Menschen sollte genau dafür eine Pause sein. Auch beim Zusammenwohnen mit anderen sollten Kontaktpausen dazugehören. Wir können dann geklärt wieder in Beziehung treten. So hilft uns das Alleinsein auch, später wieder gut im Kontakt zu sein.

Wie jedoch gelingt ein positives Alleinsein, ohne nach Ablenkung zu suchen und ohne sich einsam zu fühlen? Selbstakzeptanz ist ein Schlüssel für positives Alleinsein. Die Schamforscherin Brené Brown geht wie viele andere davon aus, dass wir uns für wahre Zugehörigkeit mit unserem authentischen und damit immer unvollkommenen Selbst verbinden, es annehmen und offenbaren sollten.[111] Davon hängt es ab, wie stark wir uns zu anderen zugehörig fühlen können. Wenn wir einen Teil von uns ablehnen, verdrängen, verstecken, fühlen wir uns entsprechend weniger zugehörig, denn der abgelehnte Teil ist nicht verbunden. Wir sind nicht einsam, wenn wir die Person, mit der wir allein sind, also uns selbst, gernhaben.

Wie wäre es, öfter im Alltag zu prüfen, ob Sie gerade allein, einsam oder gemeinsam mit anderen sind? Wenn Sie die verschiedenen Kontaktzustände klarer trennen, könnten Sie Ihre Schlüsse daraus ziehen. Taucht ein Zustand mit Stress, vielleicht auch mit schlechterem Schlaf auf, in dem Sie sich im Kontakt mit anderen Menschen außen vor statt verbunden fühlen, misstrauisch werden und sich zurückziehen, könnten Sie einen Kontakt herstellen, und sei es auch nur ein ganz kleiner. Nach dem Weg fragen ist auch schon gut. Oder es geht ums Alleinsein, und Sie legen eine Pause zwischen Arbeit und privater Verabredung ein, in der Sie sich sehr entschieden zurückziehen, auch ohne Textnachrichten und Telefonate, und nutzen und genießen diese Zeit mit sich selbst zur Regeneration, Inspiration und zum Ausatmen. Oder Sie genießen im Gemeinsamsein – ebenfalls sehr entschieden – die entspannte Zeit und achten darauf, dass das Zusammensein für sich genommen eine Freude ist, ohne Leistungsanspruch oder besondere Selbstdarstellung.

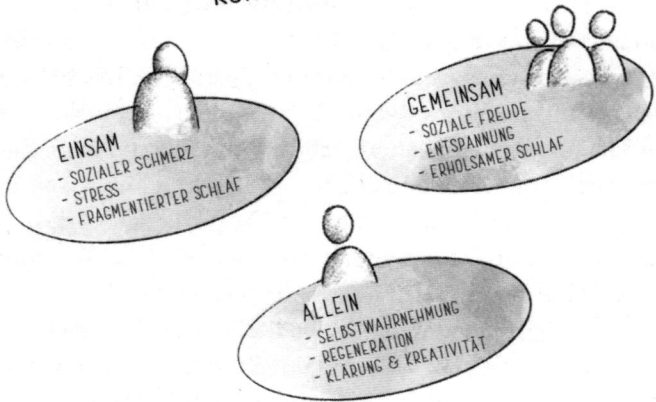

KONTAKTZUSTÄNDE

EINSAM
- SOZIALER SCHMERZ
- STRESS
- FRAGMENTIERTER SCHLAF

GEMEINSAM
- SOZIALE FREUDE
- ENTSPANNUNG
- ERHOLSAMER SCHLAF

ALLEIN
- SELBSTWAHRNEHMUNG
- REGENERATION
- KLÄRUNG & KREATIVITÄT

Verschiedene Kontaktzustände

Das soziale Gehirn

Ich laufe durch den Park und will mich auf die Natur konzentrieren, aber meine Gedanken wandern zu einem Gespräch, das ich gestern geführt habe.

Geht es Ihnen auch so? Beim Essen, Spazierengehen, Meditieren, Einschlafen, Aufwachen, Wäscheaufhängen denke ich an andere Menschen.

Unser soziales Denken, fast ständig aktiv

Der Psychologieprofessor Matthew Lieberman[112] ist Direktor des Labors für soziale kognitive Neurowissenschaften der University of California und forscht seit über 20 Jahren zu sozialem Denken und sozialen Erfahrungen. Seine Frage:

Was passiert im Gehirn mit unseren Gedanken, wenn wir verschiedenen Tätigkeiten nachgehen? Miteinander reden, konzentriert Aufgaben erledigen, mathematische Probleme lösen oder auch nichts tun? Liebermans Ergebnisse zeigen, dass ich keine Ausnahme bin mit dem permanenten Nachdenken über meine Sozialkontakte. Wir sind zutiefst soziale Wesen. An andere zu denken ist normal und offensichtlich eine der zentralen Gehirnaktivitäten.

Lieberman hat in seinen Studien die Gehirnaktivität mit Magnetresonanztomografie beobachtet und entdeckt, dass es 2 verschiedene Netzwerke im Gehirn gibt, mit denen wir unsere Erlebnisse verarbeiten – eines für soziales und eines für nicht-soziales Denken. Das nicht-soziale Denken ist zum Beispiel aktiv, wenn wir arbeiten, ein Auto reparieren oder eine Einkaufsliste fürs Wochenende schreiben. Der Denkinhalt ist auf diese Aufgabe konzentriert und damit ausnahmsweise nicht auf unsere Sozialkontakte.

Wenn wir mit der Familie beim Essen sitzen, mit den Kindern spielen, ein Gespräch führen, verlagert sich die Denkaktivität automatisch hin zum sozialen Netzwerk. Das soziale Denken setzt wieder ein. Diesen Wechsel zwischen den beiden Netzwerken nennt Lieberman »Neuronale Wippe«. Und was passiert im Gehirn, wenn wir weder konzentriert auf eine Sache sind noch sozial aktiv? Wenn wir also mal gar nichts tun? Die Antwort ist:

Wenn wir das nichtsoziale Denken beenden, schaltet sich das Netzwerk für soziales Denken wie eine Rückkopplung fast augenblicklich wieder ein.[113] So auch, wenn wir nicht aktiv sind oder über uns selbst nachdenken.

Noch etwas fand Lieberman heraus: Es gibt auch eindeutig egozentrierte Gehirnaktivitäten. Wir denken dabei über uns selbst, unsere Lieblingsfarbe oder unser Hobby nach und treffen persönliche Entscheidungen wie etwa, was wir anziehen oder welches Eis wir essen werden. Wenn wir dann unsere

Aufmerksamkeit wieder auf andere Menschen richten, müsste die Gehirnaktivität in diesem Bereich abschalten. Doch genau das Gegenteil passiert. Auch wenn wir mit anderen beschäftigt sind, ist die Aktivität in dieser vermeintlich egozentrierten Region erhöht. Beides hängt miteinander zusammen: Wir definieren uns selbst, *während* wir mit anderen interagieren.[114]

Liebermans Ergebnisse zeigen, wie weitreichend unser Gehirn ein soziales Gehirn ist. Er folgert daraus, dass es evolutionär das Beste für unser Gehirn ist, ständig sozial zu lernen, indem wir die letzte Begegnung verarbeiten, uns auf die nächste vorbereiten und uns so darin üben, die Gedanken und Gefühle anderer Menschen zu lesen und ihre Motivationen zu erkennen. Wir entwickeln immerzu unsere hoch entwickelten sozialen Fähigkeiten weiter, um sozial kompetent zu bleiben und es noch mehr zu werden.[115] Dadurch können wir unser soziales Netz vielfältig und passend gestalten und uns angemessen und kooperativ verhalten.

Auch unser Selbstgefühl ist eng mit den wichtigen Menschen und Gruppen in unserem Leben verbunden. Wir gleichen egoistische Impulse mit sozialen Anforderungen ab und halten sogar egoistische Motive zum Wohle der Allgemeinheit zurück – Kooperation steht an erster Stelle. Sie ist das Ergebnis tiefer sozialer Verbundenheit – und für unseren Erfolg als Spezies eine notwendige Voraussetzung. Womit wir bei einem weiteren Forscher sind, der uns im dritten Teil »Gemeinsam« begleiten wird: Robin Dunbar.

Unser Riesengehirn

Was macht uns Menschen so besonders im Vergleich mit anderen Spezies? Als ich nach Matthew Liebermann bei Robin Dunbar die Ergebnisse seiner Netzwerkforschungen entdeckte, fand ich weitere Antworten: Der aufrechte Gang, die Geschicklichkeit unserer Hände, die Sprache und vieles mehr haben uns zu der herausragenden Spezies reifen lassen, die wir heute sind. Ganz wesentlich hinzu kommt aber das hier: Seit Neurowissenschaftler unser Gehirn scannen können, wissen wir, was den größten Raum in unserem in Relation zum Körper und verglichen mit anderen Lebewesen riesigen Gehirn einnimmt: Es sind die sozialen Fähigkeiten.

Dunbar hatte zunächst herausgefunden, dass die Gehirngröße jeder Spezies mit der Stärke der sozialen Bindung zusammenhängt. Tiere mit schwachen sozialen Bindungen haben kleinere Gehirne.[116] Je stärker, vielfältiger und tiefer – kurz: je komplexer – die sozialen Bindungen sind, desto voluminöser ist das Gehirn. Menschenaffen und Menschen sind in größeren Gruppen mit einem vielfältigen Sozialleben organisiert, haben starke soziale Bindungen und dementsprechend große Gehirne. Den Löwenanteil unseres Gehirns nennt man präfrontalen Cortex. Dort sind unsere sozialen Fähigkeiten angesiedelt, hier steuern wir zu einer Situation passend unsere Handlungen und emotionalen Prozesse und verarbeiten komplexe soziale Interaktionen.[117] Das heißt, unser Gehirn ist vor allem ein soziales Gehirn. Und das brauchen wir hauptsächlich für Kooperation.

Durch diese Fähigkeit konnten die Menschen im Verlauf der Evolution erfolgreich zu den hoch entwickelten Wesen heranwachsen, die wir jetzt sind. Heute ist damit die Kooperation »im Kleinen« gemeint, wenn wir uns zum Beispiel mit der Partnerin absprechen, wer das Kind heute abholt. Ebenso geht es um die vielfältigen Kooperationen in unserer Stadt, unserem Land und zum Beispiel europaweit. Diese im Wesentlichen sozialen Kooperationen wiederum sind Teil der Kooperationen der gesamten Menschheit, wie aktuell im Zuge der Corona-Pandemie. Dass hier nicht immer alles glatt geht, gehört dazu, aber alles in allem werden wir immer besser im Kooperieren. So herrscht heute weltweit weniger Gewalt als in vergangenen Zeiten und die Zahl der Morde und

Kriegstoten nimmt im Lauf der Jahrhunderte ab. Selbstkontrolle, Handel, Monopolisierung von Gewalt, Empathie und die Feminisierung der Gesellschaft spielen hier eine Rolle.[118] Wir Menschen sind die absoluten Kooperationsexperten.

Um uns in sozialen Netzen gut bewegen zu können, brauchen wir jede Menge Kompetenzen, eben auch emotionaler Art. Wir müssen zum Beispiel Mimik und Gestik anderer mit allen darin erkennbaren Emotionen sicher erkennen und verarbeiten, auch in Gruppen und größeren Menschenansammlungen. Erst wenn wir sie entschlüsseln und uns in andere hineinversetzen, können wir das Verhalten anderer Menschen verstehen: Wieso lacht der da hinten? Was will sie mir mit ihrem Augenzwinkern sagen? Weshalb guckt er jetzt runter und wendet sich ab?

Genauso können wir eigene Gefühle und Bedürfnisse wahrnehmen und behandeln. Wir lassen im Gehirn vielfältige Emotionen entstehen, empfinden sie tief und steuern sie zugleich auch. Und wie bei uns selbst können wir auch bei anderen Emotionen hervorrufen und helfen, sie zu gestalten.[119] Wir machen jemanden wütend. Wir fühlen mit und erzeugen Mitgefühl. Wir trösten und sorgen dafür, dass jemand uns tröstet.

Unsere menschlichen Gehirne sind deshalb so groß, weil fast ihre gesamten Strukturen mit sozialen Fähigkeiten verknüpft sind.[120] Wir brauchen das Soziale, und dafür haben wir ein durch und durch soziales Gehirn. Nur deshalb haben wir es so weit gebracht. Die Ergebnisse Dunbars beweisen die immense Bedeutung von Beziehungen für unser Leben.

Der Kontakt zu sich selbst und anderen

Ich galt als Schülerin 2 Jahre lang als Streberin, wurde daher ausgeschlossen, und das war schlimm. Die Erinnerungen daran sind jedoch für mich wertvoll: Mithilfe der Gefühle von damals wie Scham und Hilflosigkeit kann ich heute leichter ähnliche Situationen des Außen-vor-Seins erkennen, bei mir und bei anderen, und darauf achten, dass es sich nicht wiederholt.

Es ist eine alte Weisheit, dass der erste Schritt zur Veränderung ein bewusstes Erkennen ist: Wo fühlt man sich ausgeschlossen? Wenn ich bewusst darauf achte und erkenne, dass ich mich gerade in einer ähnlichen Gefühlslage befinde wie bei meinem Schlüsselerlebnis als vermeintliche Streberin, und bemerke, dass ich Hilfe brauche, kann ich gegensteuern.

Es geht darum, nicht zu überspielen, wie es uns gerade geht. Die eigene Unzulänglichkeit annehmen, statt sie sich übel zu nehmen und kaschieren zu wollen. Wir sollten unsere Scham überwinden und uns trauen, unsere Verletzlichkeit zu zeigen. So schwer es auch ist: Wenn wir anerkennen, dass Kontakt und Hilfe jetzt wichtig wären, dann können wir jemanden ansprechen. Dafür bedarf es weniger großer Aktionen, als man befürchten mag. Es kann schlicht bedeuten, jemanden nach dem Weg zu fragen oder im Laden eine Verkäuferin um Hilfe bei der Suche zu bitten. Manchmal ist es im Alltag gut, nicht perfekt organisiert zu sein. Es klingt banal, aber wenn man keine Münze für den Einkaufswagen hat, bedeutet das Kontakt: Sie müssen jemanden ansprechen, und diese Person freut sich, dass sie helfen konnte. Vielleicht haben Sie versehentlich kein Geld in der Tasche. Im Gemüseladen an der Kasse kommt das raus und der Händler sagt: »Bezahlen Sie später«, Sie bringen ihm am nächsten Tag das Geld vorbei und schon hatten Sie zweimal Kontakt.

Sich im Kontakt öffnen kann auch bedeuten, zu erzählen, wie man sich gerade fühlt. Wenn andere einen Hilfebedarf merken oder sogar von Ihrer Not wissen, werden sie helfen. Menschen helfen gerne, wenn sie wissen, was los ist. Das zu wissen kann ermutigen. Wir brauchen die gegenseitige Unterstützung mehr denn je, die Pandemiezeit hat es gezeigt.

Auch Vorsätze können helfen. Eine Klientin von mir war während der Kontaktbeschränkungen im Jahr 2020 psychisch sehr belastet durch zu wenig Kontakt. Sie wohnt allein, geht gerne aus, war sonst viel verabredet und generell äußerst sozial aktiv. Wir entwarfen einen Plan. Täglich mindestens 3 Telefonate mit engen Freunden. Täglich mindestens einmal rausgehen an Orte, wo auch andere Menschen sind: einkaufen, spazieren gehen. Dabei um Hilfe bitten und auch täglich Hilfe anbieten oder helfen. Sie achtete darauf, anderen auf 3 Ebenen Hilfe anzubieten: Emotional: »Wie geht es dir? Ich denke an dich«, wirtschaftlich: »Kann ich dir aushelfen?« und alltagspraktisch: »Ich gehe jetzt einkaufen, soll ich dir etwas mitbringen?«. Sie fühlte sich mit der Zeit wesentlich besser, denn sich stark genug zu fühlen, um Hilfe anzubieten, ist ein wichtiger Weg aus einer depressiven Verstimmung. Sie festigte manche Bindungen in dieser Zeit durch die ausgiebigen Telefonate.

Helfen wir einander und lassen wir uns helfen. Zeigen wir uns gegenseitig, dass wir aneinander denken und bereit sind, zusammenzurücken, nicht nur in Krisenzeiten.

Als die 4 Jungs damals, in der sechsten Klasse, um mich herumstanden und mich »Streber« nannten, kam plötzlich meine Freundin Thurit dazu. Sie bekam einen Wutanfall, schrie die Jungs an und schlug auf sie ein. Sie verzogen sich. An ihren Gesichtern sah ich, dass sie jetzt selbst nicht mehr so überzeugt waren von ihrer Aktion.

Wichtig ist es, dass wir aufeinander achten, aber auf der anderen Seite auch damit rechnen, dass jemand anders einsam sein könnte. Einsamkeit gibt es mitten unter Menschen, im Kollegenkreis, auf dem Heimweg. Grüßen wir einen Fremden auf der Straße. Fragen wir die Kollegin, die erschöpft wirkt, wie es ihr geht. Schicken wir einem Freund einen Morgengruß auf sein Handy. Sorgen wir gut füreinander. Während der Corona-Kontaktbeschränkungen haben viele das mehr getan als sonst. Und es hat uns allen gutgetan. Im vermeintlichen Kontaktmangel ist oft mehr Kontakt entstanden, wenn auch auf Distanz. Ich habe viele Geschichten gehört von unerwarteten Begegnungen, bereitwilliger Hilfe mit Einkäufen von Lebensmitteln und Medikamenten. Eine Freundin hat jeden Tag eine Blume vor der Wohnungstür vorgefunden. Sie können Menschen schon mit kleinen Gesten aus der Einsamkeitsspirale helfen. Oft werden Sie nicht mal ahnen, was Sie bewirkt haben.

Teil 3

GEMEINSAM

WIE BEZIEHUNGSFÜLLE GEHT

Unsere Sozialkontakte haben großartige Auswirkungen auf unsere Gesundheit und unser Lebensglück. Heißt das, dass wir nun alle in Wohngemeinschaften ziehen oder möglichst viele Freunde sammeln sollten? Nicht unbedingt. Um vielfältige Beziehungen und mehr Beziehungsfülle zu leben, ohne uns zu verausgaben oder oberflächlich zu werden, können wir ganz unterschiedliche Wege einschlagen. Wie können Sie ein reiches Sozialleben gestalten, das gut zu Ihnen passt?

Die Beziehungskreise, Orientierung im Netz

Der britische Anthropologe und Professor für Evolutionspsychologie, Robin Dunbar von der Oxford University in England, gilt als Koryphäe der Erforschung menschlicher Netzwerke. Was er entdeckt hat, hilft uns im Alltag, unsere Sozialkontakte zu ordnen. Nachdem ich seine Bücher gelesen hatte, habe ich mich mit ihm zu einem Gespräch verabredet. Gleich zu Beginn erzählt er von einem der Vorteile, die er aus der Corona-Pandemie zieht:

»Wir sind ja in unserem Alter nicht mehr so auf Kontakteknüpfen aus, sondern haben ein festes Netzwerk. Da bleibt jetzt mehr Zeit fürs Schreiben.« Er lächelt verschmitzt. »Bei dir vermutlich auch, Ulrike.«

»Ja, du hast recht«, antworte ich. »Und es ist gut, der Coronazeit immer mal wieder etwas Positives abzugewinnen. Außerdem hast du da gleich eines deiner Forschungsergebnisse erwähnt: Bei Jüngeren ist die Fluktuation in den sozialen Netzwerken höher als bei Älteren.«

»Stimmt, und ich habe außerdem, typisch als Mann, keinen BFF, keinen Best Friend Forever. Du dagegen hast vermutlich eine BFF.«

Dunbar untersucht die optimale Größe von Netzwerken. Er sammelt dazu unter anderem empirische Daten in menschlichen Gemeinschaften überall auf der Welt, so etwa Telekommunikationsdaten von Mobilfunk- und Festnetzanschlüssen. Dabei bestätigte sich eine Zahl immer wieder: 150.[121] So konnte er schließlich eine Hypothese aufstellen:

Das menschliche Gehirn ist für eine Gruppe von etwa 150 Sozialkontakten ausgelegt. Wir Menschen haben ungefähr 150 Beziehungen zu anderen, von denen wir die Namen und auch deren wesentliche Beziehungen untereinander noch kennen, also wer mit wem zu tun hat. Diese Zahl existiert in allen möglichen Kulturen, in Netzwerken, in Unternehmen. Bei manchen liegt der Schwerpunkt bei vielen Kontakten, bei anderen, etwa bei Introvertierten, bei wenigen Kontakten.

Kontakte zu mehr als 150 Personen zu pflegen kann das menschliche Gehirn nicht leisten. Auf den ersten Blick mag man meinen, die Zahl sei zu hoch. Aber wenn wir unsere Kontakte durchgehen, kommen uns erfahrungsgemäß nach und nach immer mehr in den Sinn. Diese 150 Personen sind in Form von Beziehungskreisen wie die Schichten einer Zwiebel um uns herum angeordnet, innerer, mittlerer, äußerer Kreis. Dabei nimmt die Anzahl der Kontakte mit abnehmender emotionaler Nähe zu. Oder andersherum und einfacher gesagt: Je emotional näher uns Menschen sind, desto weniger haben wir davon.

Die entscheidenden Kriterien für die Nähe oder Entfernung in den Beziehungskreisen sind Zeit und Kontakthäufigkeit, emotionale Nähe und Hilfe. Je weiter außen in den Kreisen, desto schwächer sind die Beziehungsqualität und die Bereitschaft zu Empathie und altruistischem, nichtreziprokem, also auf Gegenseitigkeit basierendem Handeln:[122] Wir sind viel weniger motiviert, in den äußeren Kreisen ab 150 zu helfen, und wenn wir es tun, dann meist auf streng reziproker Basis: »Wie du mir, so ich dir: Ich erwarte, dass du dich später revanchierst.« Bei engen Freunden erwarten wir dagegen nicht einmal, dass wir etwas zurückbekommen.

In unserem Gespräch betont Robin Dunbar, dass Menschen ihre Kontakte so organisieren, ohne sich Gedanken darüber zu machen.

»Das machen wir so, weil es uns instinktiv entspricht.«

»Vielleicht ist das ein Grund dafür, warum es uns nicht auffällt, dass wir 150 Menschen um uns herum haben?«, frage ich ihn. »Ich musste bei mir genau nachzählen. Vorher wäre ich nicht darauf gekommen.«

Von 1,5 bis 150 – jeder Kreis zählt

Robin Dunbar erzählt mir auch, wie er für dieses Ergebnis mit seinen beiden Kollegen Pádraig MacCarron und Kimmo Kaski Telekommunikationsdaten ausgewertet hat: 6 Milliarden Telefonanrufe von fast 35 Millionen Menschen in einem einjährigen Zeitraum, mit Mobilfunk- und Festnetzanschlüssen. Die Daten zeigten nur, wer wen angerufen hat, also keine privaten Details oder gar, was inhaltlich in den Gesprächen stattfand. Aus diesen Daten filterten sie die beruflichen oder Werbe-Anrufe, etwa mit 0800-Nummern, und jeder Anruf musste auch einen Gegenanruf aufweisen, um überhaupt als ein Kontakt zu gelten.[123]

Die Personen, die die Untersuchten während des Jahres anriefen, stimmten genau mit den Beziehungskreisen überein. Die 5 engen Freunde wurden mindestens wöchentlich kontaktiert, die 15 guten Freunde einmal pro Monat, das Netzwerk der 150 etwa einmal pro Jahr.

Auf der Abbildung sehen Sie, wie die Beziehungskreise aufgebaut sind. Wir bilden sie nach immer dem gleichen Skalierungsverhältnis mit einer Zahlenreihe: Jeder Beziehungskreis ist ungefähr 3 Mal so groß wie der darin liegende.[124] Die Kreise beginnen bei den 1,5 engsten Vertrauten, die mit den weiteren 3,5 den »Inneren Kreis« der engen Freunde bilden. Dazu zählen auch der Partner oder die Partnerin sowie Kinder. Multipliziert man diese Zahl mit 3, kommt man auf den nächstgrößeren Kreis, also etwa 15 gute Freunde. Es folgen rund 50 Freunde und das aktive Netzwerk der 150 entfernteren Kontakte. Schließlich folgt der Kreis der 500 Bekannten, die man schon nicht mehr direkt kontaktiert, der Kreis der 1500 namentlich Bekannten und der 5000, die man nur noch am Gesicht als »bekannt« erkennt. Jeder Kreis schließt wie gesagt die Kontakte des darin liegenden ein.

Wer gehört bei Ihnen zu welchem Kreis? Wo gibt es Fluktuation? Wer bleibt stabil? Haben Sie Ihren Schwerpunkt eher bei engen Freunden oder im größeren Netzwerk? Wo in den Kreisen fehlen Ihnen Kontakte und wie können Sie dort Ihr soziales Netz stärken?

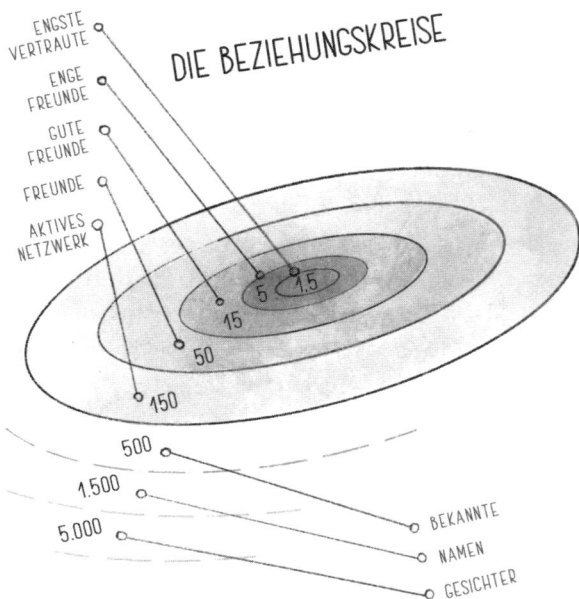

Soziales Netz in Kreisen um das Selbst, angelehnt an: Dunbar, 2018

Bloß kein schlechtes Gewissen

Ich denke oft, ich müsste mich häufiger um mehr Menschen in meinem Privatleben kümmern. Mir fällt eine Kollegin aus dem 50er-Kreis ein, die ich nach langer Zeit getroffen habe. Ich mag sie sehr und würde gerne intensiver mit ihr im Kontakt sein. Durch Robin Dunbars Erkenntnisse weiß ich jetzt: Es geht nicht. Sie ist nicht im inneren Kreis. Das geht vielen so. Sie haben die Idee, dass sie auf jede Kontaktanfrage oder Einladung, jeden Anruf oder gar jede E-Mail eingehen sollten. Wenn ich in meinen Seminaren von Dunbars Modell erzählte, atmen viele Teilnehmende auf und fühlen sich von ihrem schlechten Gewissen entlastet. Denn Dunbar hat herausgefunden, dass das schlicht nicht geht.

Aufgrund des großen kognitiven und emotionalen Aufwands, den enge persönliche Beziehungen erfordern, können wir es nicht schaffen, mehr als 5 enge und 10 weitere, schon deutlich entferntere Freundschaften zu pflegen. Obwohl die Kommunikation über Smartphones, Videomeetings und die sozialen Netzwerke heute leichter ist als je zuvor. Diese Erkenntnis der Netzwerkforschung entlastet mich sehr.

Einer der entscheidendsten Faktoren dafür, dass wir nur begrenzten Platz für andere Menschen in uns haben, ist die Zeit. Menschen, denen wir uns emotional nahe fühlen, schenken wir unsere Zeit. Und wem wir unsere Zeit schenken, dem fühlen wir uns wiederum nahe. Die Qualität einer Freundschaft hängt also direkt von der investierten Zeit ab, die wir mit jemandem verbringen. Unsere 5 engen Kontakte treffen wir mindestens wöchentlich und investieren hier etwa 40 Prozent unserer gesamten sozialen Zeit. Das wird durch die Daten des sozio-oekonomischen Panels bestätigt: In Deutschland sehen 41 Prozent ihre engen Freunde mindestens wöchentlich.[125] Unsere weiteren 10 guten Freunde sehen wir mindestens monatlich und investieren hier 20 Prozent unserer sozialen Zeit. Die weiter entfernten bekommen zusammen weniger als ein Drittel unserer sozialen Zeit für Kontaktpflege: Den Kreis der 50 kontaktieren wir halbjährlich und die aus dem 150er-Kreis in etwa jährlich. 60 Prozent unserer gesamten sozialen Zeit widmen wir somit 15 Personen.[126]

In der Abbildung sehen Sie, wie viele Stunden jemand seinen Kontakten pro Tag widmet, also zum Beispiel 0,3 bis 0,4 Stunden den engsten 5. Die Autoren nehmen eine durchschnittliche Interaktionszeit von 30 Minuten pro engem Kontakt an, also verbringen Menschen ungefähr 2 Stunden pro Tag mit ihren engsten 5.

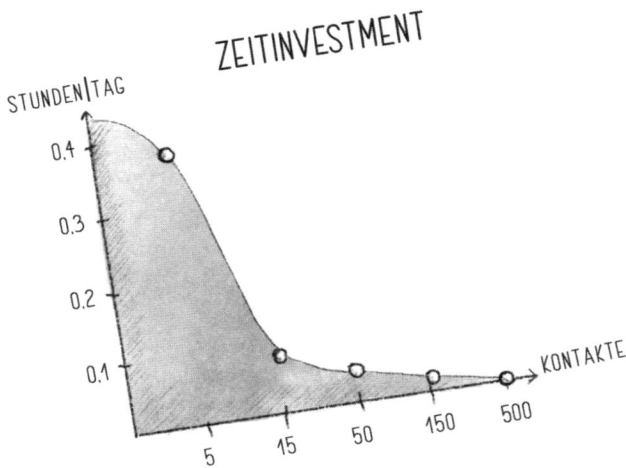

ZEITINVESTMENT

STUNDEN|TAG

KONTAKTE

0.4
0.3
0.2
0.1

5   15   50   150   500

Zeit für unsere Kontakte, angelehnt an: Sutcliffe et al., 2012

Wie helfen uns diese wissenschaftlichen Erkenntnisse mit den Zeitangaben? Ich möchte Ihnen damit keinen Druck machen. Das Resultat sollte nicht sein, dass Sie jetzt noch gestresster durch Ihr ohnehin schon stressiges Leben hetzen, weil Sie sich ausrechnen, dass Sie zum Beispiel nicht auf diese 2 Stunden für Ihre engen Kontakte kommen. Das Ergebnis sollte auch nicht sein, dass Sie nun meinen, Sie hätten nur mit diesen 2 Stunden pro Tag ein gutes Sozialleben. Jeder Mensch ist anders, und jedes soziale Netz hat eine andere Struktur, wenn aber Forschende ihre Ergebnisse vorstellen, geht es um den Durchschnitt.

Ich stelle Ihnen die Daten vor, um einen realistischen Blick auf unsere Kontakte zu erreichen, und der lautet: Nähe und insgesamt eine hohe Qualität von Beziehungen entstehen, wenn wir Zeit investieren. Zeit für etwas einzusetzen heißt in der Regel auch, dem eine hohe Priorität einzuräumen. Und da erlebe ich Menschen, die dem Geldverdienen oder der Arbeit dauerhaft die höchste Priorität und dann auch den fast ausschließlichen Zeiteinsatz geben. Hier können die

Forschungsergebnisse nachdenklich stimmen und dazu führen, dass Sie zum Beispiel bei Ihren Arbeitszeiten kürzen, um
mehr soziale Zeit zur Verfügung zu haben. Ich weiß, das geht
nicht immer. Vielleicht finden Sie aber mit einem veränderten
Blick doch Spielraum, zum Beispiel bei Absprachen mit den
Vorgesetzten und dem Team. Der Preis könnte es wert sein,
wie wir längst wissen und gleich noch erfahren. Denn auch
in Bezug auf Zufriedenheit sind häufige Treffen im engen
Freundeskreis bedeutsam.

Ein Freund pro Tag

Die Zufriedenheitsforschung fand heraus: Wer seine Freunde
schon immer mindestens monatlich getroffen hat, ist 12 Punkte auf einer Hunderterskala zufriedener, und immerhin auch
noch 6 Punkte zufriedener bei selteneren Treffen, als wenn
jemand seine Freunde nie sieht. Das ist ein sehr hoher Wert.
Und wenn Sie als einzelne Person *jetzt erst* beginnen, Ihre
Freunde mindestens monatlich zu sehen? Dann haben Sie
immer noch 3 Punkte Zufriedenheitszuwachs, was auch nicht
wenig ist.[127] Während Robin Dunbar die Kontakthäufigkeit
untersuchte, was zum Beispiel Telefonanrufe mit einschloss,
und dadurch auf eine mindestens wöchentliche Kontakthäufigkeit kam, geht es bei den Befragungen der Zufriedenheitsforschung um echte Treffen.

Ganz pragmatisch heißt das: Wenn wir nun mit 5 Freunden im inneren Kreis rechnen, so sind das bei monatlichen
Treffen etwas mehr als ein Freundestreffen pro Woche oder
bei wöchentlichen Treffen fast ein Treffen pro Tag. Wenn Sie
mit Ihrer Partnerin und vielleicht mit Kindern zusammenwohnen, ist hier natürlich schon viel abgedeckt.

Wer dagegen zu sehr vielen Leuten ständig Kontakt hält,
findet weniger Zeit für den Aufbau und die Pflege naher
Freundschaften. Dieses Problem besteht vor allem online.

Schnell sind 2, 3 Stunden mit dem Lesen und Kommentieren von weit entfernten Facebook- oder Instagram-Bekanntschaften verflossen. Es gibt dazu immer mehr Forschungsergebnisse, die sagen, dass die sozialen Medien zwar den Kontakt zu vielen Menschen erleichtern, doch auch – unpassend investierte – Zeit fressen. Der Haken ist, dass man entfernten Bekannten via Facebook alles Gute zum Geburtstag wünscht, sich aber keine Zeit für ein wichtiges Gespräch mit einem engen Freund nimmt. Im Füttern der vielen entfernten Freundschaften können unsere wenigen nahen Freunde verhungern.[128]

Robin Dunbar sagt zudem, dass es beim Einsatz von Zeit und kognitiven sowie emotionalen Ressourcen auch um Persönlichkeitseigenschaften geht.

»Es gibt Menschen, zum Beispiel introvertierte, die bevorzugen wenige, nahe Kontakte und bewegen sich überwiegend im Kreis der 3 bis 5 nächsten Personen«, erklärt er. »Sie können nicht gleichzeitig intensiv in einem Ehrenamt und einem beruflichen Netzwerk aufgehen. Entweder-oder.«

»Vieles reguliert sich aber von selbst«, fährt Robin fort. »Es hat tatsächlich mit Instinkt zu tun. Wir planen unsere Kontakte nicht akribisch nach dem Modell der Beziehungskreise. Wir machen einfach. Und da betonen die einen die inneren Kreise, die anderen die äußeren Kreise.«

Bewegliche Beziehungen – es herrscht ein Kommen und Gehen

Sind das nun immer die gleichen Personen innerhalb der Beziehungskreise? Nein. Während die Kontaktanzahl innerhalb der Kreise dem festen Muster folgt, das ich beschrieben habe, gibt es jedoch vielen Studien zufolge in diesen Beziehungskreisen viel Bewegung bei der Zusammensetzung, besonders bei jüngeren Menschen unter 30.

»Ungefähr ein Drittel der Freundschaften bewegen sich innerhalb eines Jahres zwischen den Ebenen hin und her. Viele steigen regelmäßig auf oder ab«, sagt Dunbar. »Das hat mit den Möglichkeiten zu tun, Leute zu treffen, die sich gerade in jüngeren Jahren rasch ändern. Aber auch bei Älteren gibt es diese Fluktuation, nur weniger und langsamer.«[129] Nur der innerste, sehr enge Kreis der 5 bleibt in Bezug auf die Zusammensetzung weitgehend stabil, weil diese engsten Vertrauten in besonderer Weise durch tiefgehende Beziehungen gebunden sind.

Ein Auf und Ab ist ganz normal. Es passiert, weil Beziehungen lebendig sind. Vielleicht passt es gerade nicht so gut, sich mit der Freundin zu treffen, weil man gerade mit jemand anderem für eine Prüfung lernt. Da verbringt man viel Zeit miteinander und es entsteht emotionale Nähe. Nächstes Jahr wird die frühere Freundin wieder wichtiger. Man kann eine Freundschaft jederzeit wieder aktivieren, indem man mehr Zeit investiert. Wenn die andere Person noch offen dafür ist.

In unseren Beziehungskreisen herrscht ein Kommen und Gehen. Alles ist im Fluss, und das ist normal. Auch das kann von Gewissensbissen oder festen Vorstellungen über die Beständigkeit von Beziehungen entlasten.

Lassen Sie uns den inneren Kreis der engsten Vertrauten genauer ansehen. Hier finden sich die Partnerin oder der Partner, die beste Freundin, der jugendliche Sohn. Es kann auch der Hund oder die Katze sein. Es lohnt sich, diese nahen Beziehungen zu betrachten, denn es geht nicht allein um eine Partnerschaft, sondern um die Eingebundenheit in ein ganzes Netz von vertrauten Menschen, das uns gesünder und langfristig zufrieden und damit glücklich macht.

Freundschaft, in allen Beziehungen

Riesige 91,6 Prozent der Deutschen[130] antworten auf die Frage, was aus ihrer Sicht gegen Depression hilft: »Freundschaft.«[131] Nicht Psychotherapie oder Medikamente. Nicht Sport, Konsum oder Filme wurden genannt. Aus meiner Sicht helfen Freunde und Familie zwar nicht per se, sondern dann, wenn die Beziehung gut ist. Aber diese überwiegende Antwort zeigt, dass uns der Wert von Freundschaften bewusst ist. Der Soziologe Nicholas Christakis[132] hält den Einfluss von Freunden dennoch weiterhin für unterschätzt. Ob wir Depressionen überhaupt entwickeln, übergewichtig sind, Rückenschmerzen bekommen oder Drogen nehmen, hänge vor allem von unseren Freunden ab, sagt er. Sie können uns mit Glück, Lebensfreude und Gesundheit anstecken. So schützen gute Freundschaften schon im Kindesalter vor Depression.[133] Je mehr soziale Unterstützung wir von Freunden bekommen, desto weniger Symptome von Depression gibt es auch bei Menschen im Übergang zur Rente.[134]

Ist Freundschaft viel mehr als eine Beziehungskategorie wie Partnerschaft, Eltern-Kind oder Chefin-Mitarbeiterin? Ist Freundschaft das, was alle möglichen Beziehungsformen durchzieht? Auch in einer Partnerschaft können freundschaftliche Aspekte enthalten sein, ebenso wie in der Beziehung zu Vorgesetzten, Kolleginnen, Kunden, Nachbarn, Netzwerk-Partnerinnen. Auch die Beziehung zu den eigenen Kindern, Eltern, Geschwistern oder sogar Haustieren kann freundschaftliche Seiten haben.

Mit Sonja und mit dem Hund geht man joggen, mit Peter bespricht man seine Sorgen und wird wieder aufgebaut. Mit Emanuel spielt man in der Band, mit Eric unterhält man sich über philosophische und gesellschaftliche Fragen. Der Fachbegriff für die Aufteilung von Beziehungsfunktionen auf verschiedene Menschen lautet Kompartmentierung.[135] Das negiert den Anspruch, eine Person müsste alle Bedürfnisse erfüllen und erfüllen können. Mit diesem Wunsch können beide nur verlieren. Er vergiftet Beziehungen, häufig Partnerschaften, weil die Enttäuschung und dann die Vorwürfe vorprogrammiert sind.

Freundschaft sollte der Verbindungsfaden sein, der sich durch all unsere Beziehungen zieht.

Die Kostbarkeit der Freundschaft

Freundschaft ist eine Kostbarkeit. Eines meiner großen Vorbilder beim Thema »Sozialkontakte« und Autor des Buches *Together* ist Vivek Hallagere Murthy. Er war und ist Leiter des öffentlichen Gesundheitsdienstes der Vereinigten Staaten. Murthy beschreibt Freundschaft als eine Begegnung, die etwas tief in uns entfacht und um ihrer selbst willen geschätzt wird.[136]

Schon die antiken Philosophen sahen in Freundschaften den Schlüssel zu einem guten und glückseligen Leben.[137] Aristoteles, ein ausgesprochener Fan der Freundschaft, war überzeugt davon, dass wir uns als soziale und gesellige Wesen auf den Weg in unser Leben begeben. Was hat die Freundschaft anderen sozialen Beziehungen voraus? Es ist eine wohlwollende, bereichernde Beziehung zwischen Menschen, die wir selbst wählen – mit Menschen, die wir auf eine besondere Weise anziehend finden und denen wir zugeneigt sind.

Freundschaft lebt von der Freiwilligkeit: Meinen besten Freund habe ich mir ausgesucht und er sich mich. Wir wählen Freunde als Wegbegleiter aus, die uns helfen, das Leben glücklich zu machen. Auch Seelenverwandtschaft spielt dabei eine Rolle. Aristoteles spricht von einer Seele in 2 Körpern, so zumindest berichtet uns Diogenes Laertius.[138] Es gibt eine Vertrautheit und das Wissen um den anderen. Wir haben Interesse an der Person, aber nicht aus Eigennutz, sondern weil wir sie um ihrer selbst willen lieben, mit allen Fehlern und Schwächen. So geht es auch darum, sich ganz zu zeigen und zu öffnen. Wir können uns im anderen spiegeln, Neues über uns erfahren und uns entwickeln. Wir bringen uns gegenseitig weiter.

Auch in einer Partnerschaft können 2 Freunde zusammen sein. Liebe und Freundschaft passen zusammen. Auch bei Freundschaft geht es darum, dass sich 2 Menschen in Liebe und mitfühlend, mit Interesse und Fürsorge in wechselseitiger empathischer Aufmerksamkeit zugewandt sind. So entstehen Harmonie, Vertrauen und Bindung.

Fünf Freunde für ein gutes Leben

Meine Schwester und ich spazierten in unserer Kindheit alle paar Wochen über die Ampel an der Kreuzung Heerstraße und weiter durch die breite Platanenallee mit Bäumen, an deren Stämmen die Borke abblätterte und so die hellbeige Farbe der jüngeren Rindenschicht freigab. Wir liefen bis zur Stadtbücherei. Dort holten wir im ersten Stock unsere Bücher und Schallplatten aus den Taschen. Die Bibliothekarin zog aus einer Lasche der hinteren Buchrücken die Karte, auf der das Abgabedatum stand. Manchmal war es überschritten. Dann guckten wir betroffen, und wenn sie nett war, mussten wir keine Strafgebühr bezahlen. Danach liefen wir die Regale ab und füllten unseren Korb mit neuen Büchern, Schallplatten und Kassetten. Besonders hoch standen jahrelang die Enid-Blyton-Jugendbücher im Kurs. Die britische Kinder- und Jugendbuchautorin schrieb Krimis. Unsere Lieblingsreihe war: »Fünf Freunde und …« Jedes Buch der Reihe begann mit diesem Titel.

Alle Wissenschaftlerinnen und Wissenschaftler sagen dasselbe: Wir pflegen nur 3 bis 5 enge Freundschaften. Auch wenn wir in ein neues soziales Umfeld kommen, gibt es keine zusätzlichen Freunde, sondern wir tauschen neue gegen alte aus.[139] Wir haben für enge Freundschaften einfach nur 5 Plätze frei in unserem sozialen Universum. »Leute behaupten vielleicht, dass sie mehr als 5 Freunde haben, aber bis auf wenige soziale Supertalente können wir uns ziemlich sicher sein, dass es sich dann nicht mehr um hochwertige Freundschaften aus dem Kreis der engsten Vertrauten handelt«, so Dunbar.[140]

In einer weiteren Studie wertete Robin Dunbar mit Kollegen über einen Zeitraum von 7 Monaten wieder Telefondaten aus, diesmal von 33 Millionen Personen mit ungefähr 1,9 Milliarden Telefonanrufen. Sie fanden heraus, dass emotional eng miteinander verbundene Freunde in der Regel auch geografisch nah beieinanderwohnen. Anrufe wurden nicht vorrangig mit entfernten Freunden geführt, sondern mit denen, die sie ohnehin oft sahen, bei denen sie nah dran waren.[141]

Es gibt viele Argumente dafür, dass 5 eine gute Anzahl für enge Freunde ist. In den Analysen des Zufriedenheitsforschers Martin Schröder wird deutlich, dass 5 enge Freunde auch die größte Zufriedenheit garantieren. Sie machen sehr zufrieden, vor allem, wenn man sie schon immer hatte. Er sagt dazu: »Wenn jemand bisher weniger als 5 Freunde hatte, macht ihn jeder weitere Freund zufriedener, bis zur Zahl 5, jeder weitere dann nicht mehr wirklich.«[142]

Ein oder zwei – der entscheidende Unterschied

In unserem Gespräch hake ich bei Robin Dunbar wegen der engsten Vertrauten nochmal nach: »Hast du wirklich keinen besten Freund?«

»I am a boy«, antwortet er.

Und damit sind wir bei einem interessanten Unterschied. Frauen haben 2 engste Vertraute: einen romantischen Partner oder eine Partnerin und eine beste Freundin. Normalerweise ist diese eine Frau. Männer haben meist nur einen engsten Kontakt, entweder die Partnerin oder den Partner *oder* einen Kumpel, der dann in der Regel männlich ist. Anscheinend können sie selten beides gleichzeitig haben.[143]

Den »Best friend forever« haben mehr Frauen als Männer. In einer erst kürzlich durchgeführten Befragung gaben 98 Prozent der Frauen an, einen Best Friend zu haben, 85 Prozent davon waren weiblich.[144] Obwohl 85 Prozent der Männer auch einen besten Freund nannten – 76 Prozent davon waren männlich –, schienen diese in Bezug auf emotionale Nähe nicht in der gleichen Liga zu spielen wie die besten Freundinnen von Frauen. Außerdem sank die Wahrscheinlichkeit, einen BFF zu haben, wenn sie in einer romantischen Beziehungen waren, dramatisch. Dann nannten nur noch 15 Prozent einen besten Freund. Die besten Freundinnen von Frauen sind Vertraute, denen die Frau sich anvertraut und bei denen sie Rat sucht. »Frauen reden über ›alles‹«, beobachten Männer erstaunt.[145]

Wenn man nun diese Ergebnisse liest, kann man traurig werden. »Ich habe nicht 5 engste Vertraute, ist das also zu wenig für mein Glück und meine Gesundheit?« Deshalb ist es mir wichtig zu sagen, dass Sie nicht 5 haben müssen. Was ich hier erzähle, basiert auf Studienergebnissen, und ich möchte Ihnen damit Anregungen geben, um über Ihre Sozialkontakte nachzudenken. Wenn Sie *einen* besten Freund, *eine* beste Freundin haben, so kann das für Sie genau richtig sein. Noch jemanden zusätzlich zu der einen Partnerin oder dem einen Partner zu haben, wird Ihnen dabei helfen, zufriedener zu sein. Es muss auch nicht unbedingt ein Mensch sein.

Die Beziehung zum Tier

Als ich in die dritte Klasse kam, kauften meine Eltern mir einen Wandschrank, bei dem ich in der Mitte eine Schreibtischplatte ausklappen konnte. Dahinter standen meine Lieblingsbücher, Notizhefte, Papier, Stifte. Meine Kinderbibliothek bestand viele Jahre lang auch aus Büchern über Haus- und Nutztiere: Hunde, Sittiche und Papageien, aber auch Leguane, Ziegen, Schafe. Ich kann noch heute die wesentlichen Charakterzüge der meisten Hunderassen aufzählen.

Wir wollten unsere Eltern jahrelang zu einem Hund überreden, aber wir bekamen keinen. Ich brachte es zu einem grünen Wellensittich und hatte eine innige Beziehung zu ihm. Er hieß Seppel, wurde zu meinem Kummer trotz stundenlanger Lockversuche nie zahm, landete aber manchmal versehentlich auf meinem Finger, wenn ich ihm lange genug eine leckere Rispe hingehalten hatte. Das waren meine Highlights mit ihm. Als er eines Morgens tot im Sand des Käfigbodens lag, weinte ich den ganzen Tag. Später streiften meine Schwester und ich mit dem Schäferhund der Nachbarn, manchmal auch mit Bobby, dem schwarz-weißen Mischling aus der Kurländer Allee, bis zur Dämmerung durch die Berliner Wälder und über den Teufelsberg.

Für mich war immer klar, dass Tiere wichtige Sozialkontakte sind. Für diejenigen, die keine Tiere haben, mag das merkwürdig klingen. Für die, die mit Haustieren leben und eine Beziehung zu ihnen aufgebaut haben, ist es selbstverständlich: Tiere sind Freunde. Robin Dunbar beschreibt in seinem Buch *Friends*, dass Tiere zum inneren Kreis der engsten Vertrauten zählen können, wenn sie uns emotional nah sind.[146]

Während meiner Arbeit im Berliner Krisendienst kamen wir mitunter in die oft sehr schwierige Lage, eine akute Suizidgefahr abzuklären. Dabei spielen die Bezugspersonen eine wichtige Rolle. Wenn jemand beispielsweise ein Kind hat, ist es meist bald klar, dass die Person ihre Suizidgedanken nicht in die Tat umsetzen wird, weil sie Verantwortung für das Kind trägt.

Ähnlich ist das bei Menschen mit Haustieren. Wenn ich gefragt habe, ob jemand darüber nachdenkt, sich das Leben zu nehmen, war die Antwort in etwa so: »Das würde ich nie tun. Ich habe doch meinen Hund, was sollte denn aus ihm werden? Die Vorstellung, dass er ins Tierheim käme … Nein, ich muss doch für ihn sorgen.«

Im Jahr 2020 hielten die Deutschen etwa 35 Millionen Heimtiere, das sind rund 11 Millionen mehr als vor 20 Jahren.[147] 15,7 Millionen Katzen, 10,7 Millionen Hunde, 5 Millionen Kleintiere wie Hamster, Mäuse, Kaninchen und 3,5 Millionen Ziervögel wie Wellensittiche. In fast jedem zweiten deutschen Haushalt lebt mindestens 1 Tier. Die Tiere, die in Aquarien, Terrarien und Fischteichen leben, sind da noch nicht mitgerechnet.

Man versorgt das Tier mit Futter, geht zum Tierarzt, spielt, freut sich, wenn der Hund einen anschaut, macht sich Sorgen. Gerade Hunde und Katzen werden in Deutschland als enge Freunde angesehen, mehr als in den meisten anderen europäischen Ländern.[148]

Tiere sind Partner und Verbündete, die durchs Leben begleiten, manchmal auch mit einer Aufgabe wie die Blindenhunde. Sie sind Vertraute. Oft empfinden Menschen sie als bessere Zuhörer und Begleiter, als das ein ungeduldiger und gestresster Mensch ist. Menschliche Regungen wie Rache, Nachtragen, Unehrlichkeit findet man bei Tieren nicht, sie können sich nicht verstellen oder Zuneigung heucheln.

Heute arbeiten ausgebildete Tiere auf Hospizstationen, in Pflegeheimen für Demenzkranke, in manchen Schulen oder Kindergärten, in Justizvollzugsanstalten und psychiatrischen Kliniken. Sie dürfen bei vielen Arbeitgebern mit ins Büro. Hunde retten Menschen, sie spüren etwa nach einem Lawinenunglück die Verschütteten auf. Julianne Holt-Lunstads Metastudie gilt auch für Tiere: Wenn Tiere Freunde sind, weil wir eine nahe Beziehung zu ihnen haben, dann treten dieselben gesundheitsfördernden und glücklich machenden Effekte ein.

Untersuchungen belegen, dass Tiere als Stresspuffer wirken.[149] Herzinfarktpatienten haben eine höhere Überlebenschance, wenn sie ein Tier halten. Eine Studie aus dem Jahr 2017 mit 3,4 Millionen Schweden zeigte, dass vor allem bei Alleinlebenden das Halten eines Hundes das Risiko einer Herz-Kreislauf-Erkrankung und das Risiko, früher zu sterben, verringert.[150]

Ebenso wirken Katzen: In einer Studie über einen Zeitraum von knapp 13 Jahren wurde gezeigt, dass Katzen das Risiko verringern, an einem Herzinfarkt zu versterben. Dieser Effekt steht wahrscheinlich in Verbindung mit dem spontan entspannenden Effekt von Katzen. Interessant ist hier auch, dass selbst eine vergangene Beziehung zum Tier einen schützenden Effekt auf die spätere Herzgesundheit hat, auch wenn man jetzt keine Katze mehr hat.[151] Tiere wirken außerdem ähnlich antidepressiv wie der Einsatz eines Medikamentes. Sie stärken das Selbstwertgefühl und wirken entspannend.[152]

Solche Beziehungen zum Tier gibt es schon lange. Vor allem Hunde sind seit Urzeiten Begleiter des Menschen, mit einer engen Bindung. Es gibt archäologische Hinweise darauf, dass bereits vor 14 000 Jahren domestizierte Wölfe mit Menschen zusammenlebten. Homer beschreibt in der Odyssee die Treue von Hunden. Zum Beispiel im alten Rom und Griechenland wurden Hunde als loyale Begleiter im Leben wie auch im Leben nach dem Tod betrachtet und mit bestattet.[153] Katzenstatuen in den ägyptischen Grabkammern und Bilder wie die »Madonna mit Katze« von Leonardo da Vinci belegen die Verehrung und emotionale Nähe im Zusammenhang mit Tieren.

Zusammengefasst bedeutet das, dass wir in unsere Vorstellung von Beziehungen Tiere getrost mit einbeziehen können.

Überall Freunde, selbst auf der Straße

Frankfurter Buchmesse 2012. Die Messehallen, der riesige Innenhof, die Gänge sind gefüllt mit Menschen, die reden und lesen. Ich war am Stand meines Verlages, habe meine Lektorin und die Verlagsleiterin getroffen, Interviews gegeben. Am Abend stehe ich bei einer Netzwerkveranstaltung für Sachbuchautorinnen und -autoren. Ein Mann mit weißem Hemd und Jeans stellt sich mit seinem Sektglas mit Orangensaft an meinen Tisch.

»Bei meinem letzten Schwedenurlaub mit meiner Familie habe ich gleich 3 Ihrer Bücher gelesen«, sagt er. »Die haben mir sehr bei wichtigen Fragen geholfen, wie ich mich zukünftig orientieren will.«

Ich freue mich. Aber nicht nur wegen des Feedbacks zu meinen Büchern. Ich bemerke seine Freundlichkeit und Wertschätzung, die absichtslos ist, nicht berechnend im Sinne von: »Das könnte ein wichtiger Kontakt sein, die ist bestimmt vorteilhaft für mich.« Wir reden ein Weilchen über Bücher und das Schreiben. Er will bald sein erstes Buch schreiben.

Dass dieses kurze Gespräch der Beginn einer langen Freundschaft sein würde, konnten wir damals höchstens ahnen. Ich habe inzwischen viel von Emanuel gelernt. Auch über Kontakte in den äußeren Beziehungskreisen. Ich habe einige Beispiele gesammelt, um zu zeigen, was ich meine. Im Supermarkt hat man viele Gelegenheiten für nette Kontakte mit Fremden: »Gehen Sie ruhig vor, Sie haben ja kaum etwas in Ihrem Wagen.« – »Oh, bitte entschuldigen Sie.« Die Kassiererin freut sich sicher über eine Bemerkung: »Jetzt haben Sie hoffentlich auch bald Feierabend.« Immer geht: »Danke, das ist aber nett von Ihnen.« Oder auch: »Bitte entschuldigen Sie.«

An der Bushaltestelle, in der Apotheke oder in einer Warteschlange am Bahnhof: Emanuel grüßt freundlich, wechselt ein paar Worte, auch mit fremden Menschen. Anfangs fragte ich ihn: »Kanntest du den?«

»Nein«, war meistens seine Antwort.

Mit der Zeit verstand ich: Diese kleinen Wortwechsel sind Ausdruck seiner Freundlichkeit und Verbundenheit mit den Menschen überhaupt. Auch mit Menschen, die er kennt, hat Emanuel ein weit gespanntes Netz unterschiedlichster und eigenwillig entwickelter Freundschaften, die auch dann gut halten, wenn's eine Zeit lang schwierig ist, weil ein Konflikt auftaucht, und wo manche sich zurückziehen würden. Er kehrt nichts unter den Teppich und ist zugleich ein Meister im Vergeben und Vergessen.

Wenn ich mich in etwas hineinsteigere und mir zu viele Gedanken mache, rät er: »Hak's weg!« Er hat recht: Es ist nicht möglich, mit allen entfernteren Kontakten jeden Beziehungsaspekt zu justieren. Man kann nicht jederzeit für jede und jeden ansprechbar sein. Wenn man öfter alle fünfe gerade sein lässt und von guten Beweggründen ausgeht, anstatt sich über jede nicht beantwortete Nachricht Gedanken zu machen, klappt es bessser und entspannter mit einem großen Beziehungsnetz, was uns genauso guttun kann wie die nahen Kontakte.

Gemeinschaft verbindet

Wer in der Wissenschaft zum Thema »Soziale Netzwerke« forscht, wird nicht müde zu betonen, dass wir alle Arten von Beziehungen brauchen, also jeden von Dunbars Kreisen, auch den äußeren. Es braucht starke *und* »schwächere« Bindungen.[154] Auch deshalb, weil die soziale Integration genauso zählt und uns gesund hält wie die einzelne, enge Beziehung.[155] Bei Julianne Holt-Lunstads Rangfolge steht »soziale Integration in die Gemeinschaft« sogar an erster Stelle, knapp vor der Unterstützung durch »nahe Sozialkontakte«.

Wer schon morgens beim Spaziergang mit dem Hund 7 Mal einen Gruß zu 2 Nachbarinnen, 3 anderen Hundebesitzern und ein paar Joggerinnen gelächelt hat, ist bereits gut eingebunden, und das kann den ganzen Tag halten. Vivek H. Murthy beschreibt, wie unser soziales Universum mit Fremden gefüllt ist und wie die Interaktion mit ihnen, sei sie auch noch so klein, helfen kann, Einsamkeit zu lindern und uns verbundener zu fühlen.[156] Auch vorübergehende Kontakte zahlen auf die Qualität der Verbundenheit ein. Ich denke an meine Joggingrunde.

Man grüßt sich. Ganz selten wechseln wir mal ein paar Worte, mehr, als dass der Mann in der Nähe wohnt und diese süße Hündin hat, weiß ich nicht. Er weiß genauso wenig, nur, dass ich täglich meine Runde hier laufe. Ich renne weiter, grüße später noch den älteren Herrn, der täglich um exakt dieselbe Zeit seine Walkingrunde dreht. In ungefähr 7 Jahren hat er an seinen ordentlichen Gruß glatt 3 Mal »Einen schönen Tag!« angefügt. Viele weitere Menschen werden mir im Lauf des Tages begegnen: Menschen, mit denen ich vertraut und bekannt bin, zumindest vom Sehen. Jedes Treffen ist ein Anlass für Freude und um ein paar Worte zu wechseln. Ein Lächeln oder eine Frage geht immer.

Verbindlichere Kontakte in Gruppen geben uns ein Gefühl von sozialer Identität und Vertrauen. Wir können uns zugehörig fühlen, gemeinsam etwas erleben und bewirken und daraus auch Selbstvertrauen und Stärke beziehen. Neben dem und noch viel mehr sind sie auch wichtig für Gehirnfunktionen, Gesundheit und Wohlergehen, sagt Alex Haslam von der University of Exeter.[157] Sie sind instabiler, und es gibt dort mehr Wechsel, aber auch mehr Informationsaustausch als bei den engsten Vertrauten. Somit sind sie nicht weniger relevant für uns. Hier werden wichtige Brücken zu anderen Netzwerken gebaut, es werden Infos zu Jobs, Wohnung und Hilfemöglichkeiten geteilt, die man im Kreis der engen Freunde nicht bekommt.

Für diese Kontakte spielt das Bedürfnis nach Zugehörigkeit eine Rolle. Wir wollen Teil von etwas Größerem als wir selbst sein, und dieses Bedürfnis ist so ursprünglich, dass wir unser Leben lang danach suchen. Kinder spielen in der Gruppe, Jugendliche suchen Gleichgesinnte und bauen in der Peergroup eine eigene, vom Elternhaus unabhängige Identität auf. Später bekommen wir durch die Menschen, mit denen wir zusammen arbeiten, in einem Verein, in einer politischen Partei oder in einer religiösen Gemeinschaft dieses Gruppenzugehörigkeitsgefühl. Oder in einem Freizeitzentrum, einem fortlaufenden Fitness- oder Yogakurs, der Sport- oder Wandergruppe, dem Lesezirkel. Auch ein Ehrenamt und gesellschaftliches Engagement können den Zusammenhalt in einer Gruppe bieten. Wenn es gut geht, können wir uns frei bewegen und entfalten und unsere Individualität, trotz Gruppennormen, möglichst gut leben. Man kann sich gegenseitig unterstützen und Wissen sowie Hilfeleistungen austauschen. Etwas zusammen zu tun oder zu lernen ist eine wunderbare Möglichkeit, Verbindung herzustellen.

Virtuell in Kontakt

Was ist nun bei all dem mit den virtuellen Kontakten? Wie können wir unseren eigenen Weg durch die sozialen Medien finden? Die Frage, die Sie sich bei jeder Ihrer Aktivitäten auf Instagram, Twitter, Facebook und anderen sozialen Netzwerken stellen können, lautet nicht unbedingt gleich: »Tun oder lassen?«, sondern: »Wozu?«

Nutzen Sie Instagram, um zwischen den Treffen mit guten Freunden Kontakt zu halten und informiert zu bleiben? Das trägt dazu bei, Beziehungen zu festigen. Die sozialen Medien sind großartig dafür geeignet, um die Verbindung zu Menschen zu halten und zu stärken, die uns auch im echten Leben wichtig sind. Man erhält Informationen oder kann sich zum

Beispiel auch in Gruppen Gleichgesinnter zu einem Thema zusammenfinden. Sie sind auch gut geeignet, um Empathie und Verbundenheitsgefühl auf größere Beziehungskreise auszudehnen.

Wer diese Medien jedoch nutzt, um neue Leute kennenzulernen, könnte damit weniger erfolgreich sein. Natürlich können wir auch neue Verbindungen in den sozialen Medien knüpfen, wenn wir an die Partnersuche denken. Doch oft bleiben die neuen Kontakte, die in sozialen Netzwerken bestehen, eine Illusion: Wir glauben, wir würden eine Person kennen, weil wir mit ihr gechattet haben, sie bleibt aber ein Kontakt, der störungsanfälliger ist und sich leicht wieder verflüchtigt. Likes oder Kommentare sind kein Ersatz für Umarmungen oder Gespräche, für die physische Präsenz eines Freundes. Onlinefreunde ersetzen reale nicht.[158] Im Übrigen zeigen die Studien: Wer offline Schwierigkeiten hat, Beziehungen zu knüpfen, hat dies online auch.[159]

Wir lernen Menschen über Social Media kennen, aber erst, wenn man persönlich miteinander spricht, am Telefon, oder sich dann auch trifft und gemeinsam Zeit miteinander verbringt, wird daraus eine Nähe, die anhält. Freundschaften werden im persönlichen Kontakt geschlossen und gepflegt, mit allen 5 Sinnen: Sehen, Hören, Fühlen, Schmecken, Riechen. Online fehlt genau das. Wir haben dann auch wesentlich positivere Eindrücke von Personen, denen wir tatsächlich physisch begegnet sind.[160]

Es gibt noch einen weiteren Nachteil von Online-Netzwerken: Die Kommunikation ist einfach kein Abbild der Realität. Womöglich setzen uns die Reaktionen der anderen unnötigen sozialen Schmerzen aus.

Denn Menschen verhalten sich online anders als im realen Leben. 8 von 10 Personen, die auf Online-Dating-Portalen angemeldet sind, lügen und beschönigen ihre Größe, vor allem Männer, ihr Gewicht, vor allem Frauen, ihr Alter und

Weiteres, von dem sie meinen, sie kämen dadurch besser bei anderen an.[161] In physischer Interaktion wären solche Beschönigungen kaum möglich und auch weniger wichtig, denn hier zählt der Gesamteindruck, die spontane Sympathie. Wenn wir jemandem im direkten Kontakt begegnen, wissen wir meist in Sekundenschnelle, ob wir die Person mögen. Auch am Telefon erfahren wir mehr, was zu diesem Gesamteindruck eines Menschen beiträgt. Die Hemmschwelle zur Unwahrheit ist online deutlich niedriger als bei Telefon- oder Face-to-Face-Interaktionen.[162]

In den sozialen Medien gibt es vermehrt die Neigung, etwas zu sagen, was man von Angesicht zu Angesicht nie aussprechen würde. Harte Formulierungen gibt es wesentlich öfter als im Face-to-Face-Kontakt, scheinbar verliert man hier das Gefühl für Takt, Höflichkeit, Toleranz und die Grenzen des Sagbaren. Gerade Frauen sind in den sozialen Medien oft verbaler Gewalt ausgesetzt.[163] Fremde kommentieren mit sexistischen Beleidigungen, sogar mit ihrem richtigen öffentlichen Profil, ignorieren also, dass sie eine Straftat begehen.

Das alles passiert leichter, wenn Menschen keine unmittelbaren Rückmeldungen bekommen: Das Stirnrunzeln fehlt, die hochgezogene Augenbraue, das Innehalten vor dem Antworten, das ist auch nicht vollständig durch Emojis oder schrifliche Kommentare ersetzbar. Wir erhalten auch keine direkten sozialen Sanktionen wie einen empörten Ausruf oder eine verärgerte Antwort, die vielleicht noch andere mithören, sodass es für das Gegenüber peinlich wird. So entstehen große Probleme aus der Verbindung mit anderen Menschen im virtuellen Raum, denn auf jeden negativen Kommentar und erst recht jeden Shitstorm reagiert unser Körper, als ob wir real angegriffen würden.[164] Wir empfinden Stress und Schmerz.

Werfen wir auch hier noch mal einen Blick auf die Erkenntnisse der Zufriedenheitsforschung. Machen die Erlebnisse in sozialen Netzwerken zufrieden? Einen solchen Effekt gibt es nicht. Egal ob man nur einmal pro Jahr in den sozialen Medien unterwegs ist oder täglich mehrmals und stundenlang: Es gibt keinen erkennbaren Zusammenhang mit Zufriedenheit, so der Soziologe Martin Schröder. Wir haben keinen Gewinn dadurch.[165]

Der virtuelle Kontakt in den sozialen Medien ist aber nur *ein* Merkmal des heftigen sozialen Wandels, in dem wir uns befinden. Es gibt noch viel mehr. Bei Paarbeziehungen, Freundschaft und Familie, auch beim Wohnen: Die Art, wie wir unsere sozialen Kontakte gestalten, verändert sich rasant.

Der soziale Wandel, in vollem Gange

Wir haben einen großen Vorteil: Wir leben in Deutschland in einem wohlhabenden und demokratischen Land, in dem es grundsätzlich eine große Akzeptanz der Vielfalt von Lebensformen gibt. In einer Diktatur ist das unmöglich. In weniger wohlhabenden Verhältnissen ist auch vieles nicht denkbar. Unsere soziale Freiheit ist groß, denn mehr als je zuvor haben wir es in der Hand, unsere Beziehungen individuell zu gestalten und die zu uns passenden Beziehungsformen zu leben. Mit oder ohne feste Partnerschaft, eine oder mehrere Personen lieben, heiraten oder nicht. Ob wir in einer Wohngemeinschaft abends an einer großen Tafel essen oder lieber allein die Stille genießen, ob wir mit einer Freundin täglich telefonieren oder unsere soziale Welt vor allem aus den 15 Teammitgliedern bei der Arbeit besteht – uns stehen viele Möglichkeiten offen. Schauen wir uns deshalb jetzt an, welche Lebensformen und sozialen Trends es gibt. So können Sie prüfen, ob Sie bei dem bleiben, wie Sie leben, oder ob Sie Neues ausprobieren wollen.

Soziale Trends in neue Richtungen

Wenn man Entwicklungen bei der Art, wie Partnerschaften, Familienbeziehungen und Freundschaften gelebt werden, über zwanzig oder vierzig Jahre in Längsschnittstudien verfolgt, weiß man schon recht viel über soziale Trends. Bei steigenden Scheidungszahlen und vielen Einpersonenhaushalten könnte man auf die Idee kommen, dass unsere Gesellschaft kälter wird, weil die Menschen vereinzelter leben. Aber das stimmt nicht

»Wo man auch hinschaut, einen Zusammenbruch des Soziallebens, der Familie oder zwischenmenschlicher Kontakte findet man einfach nicht«, schreibt der Sozialforscher Martin Schröder, von dem ich aus unseren persönlichen Gesprächen weiß, wie akribisch er jede seiner Aussagen mit verlässlichen Daten belegt. »Die Deutschen engagieren sich mehr, vertrauen sich mehr, verbringen mehr Zeit mit ihren Kindern und sind mit ihrem Familien- und Sozialleben zufrieden.«[166] Auch andere Forschungsergebnisse zeigen, dass unsere Beziehungen sich zwar verändern, aber ohne insgesamt abzunehmen, unsicherer oder unzuverlässiger zu werden. So gibt es generell eine hohe Zufriedenheit mit dem Freundes- und Bekanntenkreis: Die Deutschen liegen hier bei 7,6 von 10 möglichen Punkten, lediglich bei 7 Prozent waren es weniger als 5 Punkte.[167]

Beziehungen werden heute aber anders gestaltet als in der Vergangenheit. Zum Beispiel werden aus konventionellen Ehen mehr serielle Partnerschaften, bei denen die Partnerin oder der Partner immer mal wieder wechselt. Aus Kleinfamilien werden Großfamilien und Patchworkfamilien. Dabei bleibt der Umfang des Familiennetzwerks einigermaßen konstant über das ganze Leben hinweg, auch wenn sich die Zusammensetzung ändert. Freundschaftsnetzwerke schrumpfen allerdings.[168] Warum das? Sind Freunde nicht für viele die selbst ausgesuchte Familie und die Basis ihres Unterstützungsnetzwerkes?

Verwandtschaft und Freundschaft

»Family comes for free«, sagt Robin Dunbar in unserem Gespräch. Die Familie bekommen wir umsonst. »Für Freundschaften«, fährt er fort, »müssen wir viel mehr tun, damit sie halten.«

Später finde ich in wissenschaftlichen Studien mehr darüber, dass sich Freundschaften und Verwandtschafts- und Familienbeziehungen deutlich unterscheiden. Das Netzwerk der *Freunde* nimmt bis zum jungen Erwachsenenalter zu, dann nimmt es langsam ab.[169] Die Größe des *Familien*netzwerkes bleibt immer einigermaßen konstant, nur die Protagonisten ändern sich: Es gibt Trennungen und neue Beziehungen, es kommen Kinder dazu, Großeltern sterben.

Robin Dunbar hat Freundschaften mithilfe der Frequenz von Telefonanrufen im Laufe der Jahre untersucht. Bis wir ungefähr 20 sind, telefonieren wir am häufigsten mit gleichaltrigen Freunden. Freundschaftsnetzwerke spielen bei Jüngeren eine größere Rolle. Am zweithäufigsten rufen die Jüngeren jene Personen an, die ungefähr 50 Jahre alt sind, also die Eltern. Ab dem eigenen Alter von 50 Jahren ändert sich das Bild gravierend: Ab da rufen wir am häufigsten 20-Jährige an, sprich die eigenen Kinder, und nur noch an zweiter Stelle Gleichaltrige.

Diese Entwicklung beobachtet man in der Wissenschaft nicht an einer bestimmten Gruppe von Studienteilnehmenden – dann wäre es ein Kohorteneffekt, und bei einer anderen Altersgruppe beispielsweise könnte das anders aussehen –, sondern sie spiegelt tatsächlich einen soziokulturellen Trend der letzten Jahrzehnte wider, den man mithilfe von Langzeitstudien herausgefunden hat. Dieselbe Person wird über Jahrzehnte hinweg untersucht.[170] Verwandtschaftsbeziehungen sind stabiler. Vermutlich hat das auch damit zu tun, dass wir als Erwachsene mehr umziehen und damit weniger Gelegenheit zum Auffrischen einer Freundschaft haben. Eine

Freundin zieht nach Dortmund, die andere bleibt in Hamburg. Die beiden telefonieren anfangs wöchentlich, besuchen sich, doch die Nummern erscheinen seltener in den Displays, der Kontakt schläft ein, auch wenn man sich immer noch verbunden fühlt. In der Familie ist das anders: Man trifft sich zum 70. Geburtstag des Onkels, bei den Taufen, Hochzeiten, anderen Familienfesten. Aber es sind nicht nur die Umstände, die Freundschaftsbeziehungen anfälliger für ein Einschlafen des Kontaktes machen.

In einer weiteren Studie begleiteten Robin Dunbar und Sam Roberts über einen Zeitraum von 18 Monaten 25 britische Studierende beim Übergang von der Schule zur Universität.[171] Da das Studium oft einen Standortwechsel mit sich bringt und damit auch ein neues soziales Umfeld, konnten die Forscher gut beobachten, welche alten Beziehungen wie lange Bestand hatten. Dabei zeigte sich, dass Verwandtschaftsbeziehungen wesentlich weniger störanfällig durch geringeren Kontakt sind, Freundschaften dagegen schnell vergehen, wenn die Frequenz des Kontakts und die gemeinsamen Aktivitäten abnehmen. Warum die Störanfälligkeit höher ist und wie sich das abmildern lässt, sehen wir uns gleich genauer an.

In unserem Gespräch berichtet mir Robin Dunbar von einem weiteren Forschungsergebnis, über das er selbst erstaunt war:

»Egal, ob zu Fuß, mit dem Fahrrad oder Bus und Auto: Mit Kontakten außerhalb eines halbstündigen Zeitradius trifft man sich deutlich seltener, weil der Aufwand ab einer halben Stunde psychologisch viel höher erscheint.«

»Wenn jemand in der Nähe wohnt, läuft man sich sogar zufällig über den Weg«, stimme ich zu und denke an meine Kurzspaziergänge in den Arbeitspausen, bei denen ich gelegentlich auf die eine oder den anderen aus dem Bekanntenkreis treffe.

»Und schon verfallen diese räumlich entfernteren Sozialkontakte und gehören eher nicht mehr zum Kreis der engeren
Freunde«, fährt Robin fort.

Immerhin mildern hier die technischen Möglichkeiten,
Kontakt auf Distanz zu halten, vieles ab. Dass Freundschaften leichter auseinandergehen als familiäre Beziehungen, hat
grundsätzlich auch mit gegenseitiger Hilfe, oder eben Nicht-
Hilfe, zu tun: Einer hilft der anderen, sie hilft aber nie zurück.
Da sind wir in einer Freundschaft weniger nachsichtig als in
der Verwandtschaft und die Freundschaft geht leichter zu
Ende – zumindest, wenn es nicht die ganz engen, also emotional intimen und gut gepflegten Freundschaftsbeziehungen
sind. Diese sind so stabil, dass sie Phasen eines Ungleichge-
wichtes überstehen können.

Beziehungen im familiären Umfeld sind im Vergleich zu
Freundschaften durch eine stärkere Vertrautheit und emotionale Nähe charakterisiert.[172] Dabei kommt der sogenannte
verwandtschaftliche Altruismus zum Tragen: Verwandte unterstützen sich gegenseitig mehr als Nichtverwandte. In Verwandtschaftsbeziehungen und sehr engen Freundschaftsbeziehungen hilft man sich nicht nur eher altruistisch, sondern
toleriert auch die Verletzung der Gegenseitigkeit – man
spricht hier auch von Reziprozität – eher als in etwas weiter
entfernten Freundschaften.[173] Menschen sind motiviert und
gehen auch davon aus, dass es richtig ist, etwas zurückzuge-
ben, wenn sie etwas erhalten: Hilfe, Geschenke, Geld. Verwandtschaft jedoch ist relativ immun gegen Verletzungen
der Gegenseitigkeit.[174] Es kann Konflikte geben, vielleicht
sind die Beziehungen zu den Verwandten sogar stark belastet. Egal! Sie bleiben trotzdem stabil. Häufige Konflikte intensivieren diese Beziehung sogar manchmal. Oder es gibt
eine aufgeschobene Reziprozität: Eltern ziehen ihre Kinder
auf und bekommen diese Unterstützung 60 Jahre später zurück.

Wir können festhalten: Bei Verwandtschaftsbeziehungen bleibt auch mit geringer Pflege die emotionale Nähe erhalten. Freundschaften brauchen dauerhaft aktive Pflege, deshalb können wir aufgrund begrenzter Zeitressourcen auch nur eine Handvoll enger Freundinnen und Freunde haben.

Die Abnahme des Freundschaftsnetzwerkes ist zwar ein sozialer Trend der letzten Jahrzehnte, der in der Forschung beobachtet wird. Doch nicht alle von uns lieben die »lieben Verwandten«. Was, wenn man nichts mit der Verwandtschaft zu tun haben will? Gibt es eine Chance, mit Freunden eine ähnliche Stabilität zu etablieren wie mit den Verwandten? Wie wäre es also, Merkmale der Verwandtschaftsbeziehungen, die gut funktionieren, auf Freundschaften zu übertragen?

Das geht. Die Forschung nimmt an, dass emotionale Nähe der wesentliche Grund für die starke Unterstützung innerhalb einer Familie ist, ohne dass man auf Gegenseitigkeit pocht, nicht die genetische Verwandtschaft. Das *Wissen* darum, verwandt zu sein, schafft diese emotionale Nähe. Die beiden Psychologieprofessoren Franz J. Neyer und Frieder R. Lang stellten die Hypothese auf, dass, wenn man eine starke emotionale Nähe spürt und auf die Reziprozitätsregel verzichtet, 2 wichtige Kriterien erfüllt sind. So können wir unsere Freunde wie unsere Verwandten als Wahlverwandte erleben.[175]

Auch John Cacioppo sagt, dass Menschen, die sich gegenseitig helfen, die gesündesten Freundschaften aufbauen. Der Schlüssel ist die gegenseitige Hilfe. Hilfe ist *der* Verbundenheits- und Freundschaftsbooster. Vor allem dann, wenn die Hilfe ohne Aufrechnen stattfindet. Wenn wir dankbar sind für das, was wir in der Freundschaft erleben, und uns über Nähe und Verlässlichkeit freuen, kann uns das genauso viel geben wie eine direkte Gegenleistung.

Jung bleiben beim Altwerden

Sie hocken in ihrer Wohnung, starren auf die Wand mit den Familienfotos oder auf den Fernsehbildschirm und warten auf … Lange Zeit gab es in der Alterforschung eine weitverbreitete Theorie: die »Disengagement-Theorie«. Sie besagt, dass sich alte Menschen aus dem sozialen Leben zurückziehen, dass ihre emotionalen Fähigkeiten nachlassen und sie sich so auf den nahenden Tod vorbereiten. Zum Glück stimmt das nicht. Ältere Menschen müssen weder einsam sein noch bauen sie automatisch geistig oder körperlich ab.

In einer Metastudie werteten Susan Charles und Laura L. Carstensen 2010 mehr als 160 Studien zum sozialen und emotionalen Alter aus.[176] Dabei zeigte sich eindeutig, dass das Bedürfnis nach Zugehörigkeit im Alter nicht nachlässt und dass ältere Menschen genauso sozial aktiv sind wie Jüngere. Nur die Art, wie sie Kontakte gestalten, verändert sich: Während die Jüngeren lockerere Beziehungen zu mehr Menschen pflegen, konzentrieren sich Ältere auf wenigere, dafür aber engere Beziehungen, bei denen sie besonders darauf achten, wer ihnen wichtig ist und mit wem sie ihre Zeit verbringen wollen.

Das Beziehungsnetz älterer Menschen hat sich im Lauf der Jahre sogar ausgeweitet. Bessere Gesundheit als früher, mehr Geld und Bildung führen zu mehr sozialer Aktivität. Und der Familienzusammenhalt hat sich verstärkt. Das liegt nicht zuletzt an der lebhafteren Kommunikation durch bessere technische Möglichkeiten. 93-Jährige schreiben WhatsApp-Nachrichten, verschicken Bilder und freuen sich über die Fotos des Laserschwert schwingenden Urenkels.

Was mit im Trend liegt: Immer mehr Menschen, über 2 Drittel der 16- bis 29-Jährigen und fast 80 Prozent der 30- bis 40-Jährigen, pflegen Kontakte zu »deutlich Älteren«, und umgekehrt immer mehr Ältere, rund 80 Prozent, zu deutlich Jüngeren.[177] Das ist auch naheliegend, denn Ältere haben Zeit und Ruhe für konzentrierte Gespräche, was die Jüngeren schätzen. Und die Vorteile für die Älteren? Durch den Kontakt zu Jüngeren bleiben Ältere sozial aktiv, weil sie nicht mit der Zeit Freunde oder Geschwister ersatzlos verlieren. Und ein weiterer schöner Effekt: Wer Kontakt hält zu Jüngeren, fühlt sich selbst auch jünger.

Bohnenstangen und Patchwork: Familienstrukturen verändern sich

Familiennetze bleiben im Lauf des Lebens relativ stabil. Aber die Familienstrukturen verändern sich. Das hat unter anderem mit der Lebenserwartung und mit unserem hohen Lebensstandard zu tun. Nie lebten so viele Menschen auch im höheren Alter noch in ihrer Paarbeziehung. Nie zuvor hatten so viele Erwachsene noch Eltern, Großeltern und sogar Urgroßeltern wie heute. Vor 120 Jahren sah das noch anders aus.

Um 1900 hatten Zwanzigjährige oft keine Eltern mehr, denn die Lebenserwartung lag bei knapp 45 Jahren.[178] Eine Lungenentzündung, eine schwere Geburt, eine Grippe reichten, und schon fehlte wieder jemand. Die Weltkriege machten es noch schlimmer. Es gab damals bei uns – und in anderen Kulturen gibt es sie immer noch – die »Pfannkuchenfamilien«: viele Kinder, nur wenige gleichzeitig lebende Generationen. Erst nach dem Zweiten Weltkrieg, in den 1960er-Jahren, stieg die Lebenserwartung auf über 65, und heute liegt sie bei etwa 80 Jahren.[179] Damit sind heute bei uns Mehrgenerationenfamilien üblicher, mit wenigen Kindern, aber vielen gleichzeitig lebenden Generationen. »Bohnenstangenfamilie«[180] ist das neue Stichwort. Was heißt das?

Die Generationen unterstützen sich. Die Oma im Haus um die Ecke passt auf den Kleinen auf. Der Urenkel schaut vor der Arbeit kurz nach dem Rechten bei seiner Uroma. Zudem gibt es innerhalb der Familien auch noch Patchwork.

Manchmal ist der Siebenjährige der Onkel der Kinder seiner Stiefschwester. Oder die frühere Ehefrau kümmert sich um das Baby des Mannes, mit dem sie 3 große Kinder hat. Die Eindeutigkeit von Familie im Sinne von Vater-Mutter-Kind löst sich auf.

Im Zentrum der Familie steht die Partnerschaft. Aber ist sie in der Realität noch das, was wir als Idealbild von ihr im Kopf haben und wie es sich die meisten Menschen wünschen?

Paarbeziehungen, in Bewegung

Die große Liebe ist das Ziel. Das vermitteln uns nach wie vor Zeitschriften und andere Medien, die Werbeplakate der Datingportale und auch die Gespräche mit denjenigen, die auf der Suche sind. Ebenso die Eltern und Geschwister: Wie, du bist immer noch alleine? Auch heute liegt der Fokus bisher überwiegend auf der »romantischen Beziehung«, also der Beziehung zu einer mehr oder weniger festen Partnerin bzw. einem ebensolchen Partner. Um das festzustellen, reicht ein Blick auf die Ratgeberliteratur. Auch in der Forschung hat man lange Zeit vor allem Paarbeziehungen in den Blick genommen, erst neuerdings scheint es zunehmend Interesse an anderen Beziehungsformen und vor allem Freundschaftsbeziehungen zu geben, die vorher sogar traditionell in den Bereich der Philosophie fielen. Vermutlich kommen im Zuge von Corona andere Beziehungsformen mehr in den Fokus, sodass es einen Aufschwung an Forschung und Literatur zu Freundschaft geben könnte.

Mit einem Partner, einer Partnerin verbindet uns meist eine sexuelle Beziehung, eine erotische Anziehung sowie auch eine Verliebtheit oder Leidenschaft. Auch Exklusivität spielt in der Regel eine wichtige Rolle: Viele Menschen verbinden mit einer Paarbeziehung, dass man füreinander die wichtigste Person ist. Schauen wir uns an, wie die Realität aussieht, denn so eröffnen sich auch hier neue Möglichkeitsräume, um zu fragen: Wie will *ich* denn leben?

Paare sind nicht dauerhaft zufriedener

Selbst wenn wir uns das noch so sehr wünschen und auch wenn bei den meisten noch »zusammen alt werden« und der »Bund fürs Leben mit der einen Person« im Kopf ist: Immer seltener ist *die* eine Person ein ganzes Leben lang an unserer Seite. Wie bei Familie, Verwandtschaft und Freundschaft zeigen sich auch bei der Paarbeziehung starke Veränderungen: Die festen Strukturen einer Partnerschaft »bis dass der Tod uns scheidet« lösen sich auf. Wenn ich darüber schreibe, möchte ich auch hier zeigen, wie viele Wahlmöglichkeiten es gibt, die intimste Beziehung zu gestalten, die wir im Erwachsenenleben haben.

Die Fokussierung auf die eine Traumpartnerschaft ist oft eher kontraproduktiv. Es gibt eine Schere zwischen Erwartungen, Hoffnungen und Wünschen auf der einen Seite und der Realität auf der anderen Seite. Ich erlebe viele, die sich entweder Vorwürfe machen, weil es immer noch nicht geklappt hat. Oder die enttäuscht sind, weil der Traumprinz sich als normaler Mensch mit Schwächen entpuppt. Die Erwartungen sind zu hoch. Andere fühlen sich unzulänglich, nur weil sie nicht als Paar zu einem Treffen mit Familie oder Freunden gehen können oder nicht an der Seite eines anderen Menschen durch die Straßen spazieren.

Doch sind die Wünsche an eine Partnerschaft realistisch? Ist das Leben mit einer Partnerin oder einem Partner wirklich so viel besser? Glücklicher, zufriedener? Martin Schröder hat auf Grundlage der Daten der SOEP-Langzeitstudie interessante Antworten. Erstens: Eine Partnerschaft macht zwar zufriedener, allerdings nur, wenn sie gut ist.[181] Und zweitens: Auch wenn sie gut ist, macht sie lange nicht so zufrieden, wie es der Hype in unserer Gesellschaft um den Traumpartner oder die Traumpartnerin nahelegt.

Der Höhepunkt der Zufriedenheit liegt auf jeden Fall am Beginn einer festen Paarbeziehung oder Ehe. Bei einer bevorstehenden Heirat steigt die Lebenszufriedenheit schon vorher an. Hier wirkt der Erwartungseffekt:[182] Vorfreude ist die schönste Freude. Im Heiratsjahr sind Heiratswillige fast 5 Punkte zufriedener als 7 Jahre davor. Das kann man sich gut vorstellen. Ein Paar ist noch nicht allzu lange zusammen, verliebt, es gibt die vorfreudige Aussicht auf ein gemeinsam verbrachtes Leben, vielleicht eine Familiengründung.

Danach aber fällt diese Zufriedenheit im Verlauf von 15 Jahren wieder in Richtung des Zufriedenheitsniveaus ab, das die Person vorher hatte. Schließlich sind Verheiratete sogar etwas unzufriedener als vorher. Die durchschnittliche Dauer einer Ehe bis zur Scheidung dauert auch tatsächlich 15 Jahre.

Es gibt hier einen feinen Unterschied zwischen fester Beziehung und Ehe. In einer festen Beziehung ist man auch nach 15 Jahren noch rund 1,3 Punkte zufriedener als vor der Beziehung, während bei einer Heirat nach 15 Jahren wohl eine gewisse Ernüchterung eintritt und man etwas unzufriedener ist als vorher. So ist eine feste Partnerschaft der Ehe in Bezug auf Zufriedenheit sogar leicht überlegen.

Den Verlauf der Zufriedenheit in einer Paarbeziehung kann man in einer Langzeitstudie besonders gut betrachten: Man sieht sich an, wie eine einzelne Person von einem Beziehungsstatus mehrmals zu einem anderen wechselt und wie zufrieden sie in den verschiedenen Beziehungszuständen jeweils ist. Zum Beispiel ist eine Person erst ohne feste Partnerschaft, dann mit Partnerin, dann verheiratet, irgendwann geschieden, verwitwet, wieder neu verheiratet. Das Ergebnis dieses Blicks auf eine Person: Sie ist verheiratet oder in einer festen Paarbeziehung insgesamt mindestens 2,5 Punkte zufriedener im Vergleich zu ihrer Zeit als Alleinlebende. Alleinlebende sind also etwas unzufriedener, Geschiedene noch mehr, Verwitwete nochmals mehr.

Das Fazit: Feste Beziehungen und Ehe tun uns grundsätzlich gut, und man ist zufriedener, aber nicht allzu sehr. 2,5 von 100 Punkten ist kein allzu starker Zufriedenheitseffekt, und er nimmt im Laufe der Jahre deutlich ab, wenn auch über einen recht langen Zeitraum von 15 Jahren.[183]

Dieses Ergebnis kann entlasten und die Trauer darum, keinen Partner, keine Partnerin zu haben, beruhigen. Nehmen Sie es sich nicht übel, wenn Sie die Traumpartnerin nicht finden, der Traummann nach ein paar Monaten wieder verschwindet oder sich eine feste Paarbeziehung noch nie passend angefühlt hat. Sehen wir uns an, welche Alternativen Menschen inzwischen zunehmend leben.

Die Grenzen verschwimmen

Es gibt viele Beziehungsmerkmale, die wir der romantischen Paarbeziehung zuschreiben, die aber nicht nur für diese Beziehungsform gelten. Exklusivität zum Beispiel. Wenn 2 Personen »beste Freunde« sind, ist das exklusiv. Das bedeutet emotionale Intensität und mitfühlende Empathie, gegenseitige Hilfe, füreinander da sein, wenn es darauf ankommt, voneinander lernen, viel entspannte Zeit miteinander verbringen, innige Nähe und Vertrautheit. Selbst bei weiteren Kriterien, die einer Partnerschaft zugeschrieben werden, wie Verliebtheit, Zärtlichkeit, Erotik und Sexualität, gibt es verschwimmende Grenzen. Auch das kann in Freundschaften vorkommen, ohne dass sich die beiden als Paar empfinden würden.

Die große Hamburg-Leipziger Dreigenerationen-Studie zeigt, wie fortgeschritten der Wandel partnerschaftlicher

Lebensformen ist, zumindest in deutschen Großstädten. Es heiraten seit 1950 heute deutlich weniger Menschen jemals in ihrem Leben, und wenn, dann tun sie es außerdem später. Sie haben weniger Kinder und lassen sich häufiger scheiden als in den zurückliegenden Jahrzehnten.[184] Partnerschaften werden insgesamt in ihrer Form vielfältiger, weil die Menschen mehr den individuellen Bedürfnissen folgen und sich durch gemeinsames Aushandeln daran anpassen.[185] Menschen wechseln heute viel häufiger als früher den Partner, die Partnerin, und es gibt mehr serielle Partnerschaften, also mit aufeinander folgenden Lebensabschnittspartnerschaften, mit teils langen Singlephasen dazwischen und mit mehr Auswahl aufgrund von Online-Dating.[186]

Nicht nur bei der Frage »Partnerschaft oder nicht?«, sondern auch bei der Art, wie Paare zusammenleben, ändert sich gerade viel. Wenn man in der Forschung soziale Trends abbilden will, schaut man meist auf die Haushalte und zählt: Wer lebt allein? Wie viele Personen gibt es pro Haushalt? Gibt es eine feste Partnerschaft im Haushalt? Dabei übersah man lange die Lebensform der Intimität auf Distanz: »Living Apart Together.«

2006 lebten 29 Prozent aller Alleinwohnenden in Deutschland »apart together«. Sie leben also in einer festen Paarbeziehung, wohnen aber getrennt. Der Professor für Persönlichkeitspsychologie Jens Asendorpf zeigte mit Daten des sozio-oekonomischen Panels: Der Anteil der Living-Apart-Together-Partnerschaften hat schon in einem Zeitraum von 14 Jahren seit 1992 um über 3 Prozent zugenommen. Das ist eine recht starke Zunahme. Diese Beziehungen sind in allen Altersgruppen instabiler als beim Zusammenwohnen oder in einer Ehe, man legt sich wohl weniger stark fest und hat schlicht mehr räumliche Gelegenheiten, auch andere Beziehungen auf- und auszubauen.[187]

Manche moderne Formen von Paarbeziehung sind auch einfach praktisch leichter umsetzbar, wenn man allein wohnt.

Womit wir bei einem weiteren Thema des sozialen Wandels von Partnerschaften sind.

Eine neue Definition von Exklusivität

Jede dritte Ehe wird geschieden, und Untreue kommt in jeder dritten Beziehung vor, Tendenz rapide steigend.[188] Ausrutscher, One-Night-Stands, Seitensprünge, kürzere Affären und längere Nebenbeziehungen werden zwar immer noch weitgehend als Fehltritt und Entgleisung angesehen, aber die Zahlen sprechen eine andere Sprache. Ist es noch richtig, der Partnerin, dem Partner Treue zu versprechen zu einer Zeit, zu der man die dritte Person, in die man sich später womöglich verlieben wird, noch nicht kennt? Heißt das alles zusammengefasst, dass wir die Exklusivität in Paarbeziehungen neu definieren müssen?

Der Journalist Friedemann Karig sucht nach Antworten und beschreibt in seinem Buch *Wie wir heute lieben*[189] eine Welt ohne Treueversprechen und Heimlichkeiten und ein Verständnis von einer Liebesbeziehung, das sich nicht zwangsläufig auf eine Person beschränkt. Wir wissen nicht, ob das ein Beziehungsmodell mit Zukunft ist. Ich erlebe auf jeden Fall in meiner psychologischen Praxis, dass es Menschen in einer unübersichtlichen Beziehungskonstellation vor hohe psychische, zeitliche und alltagspraktische Herausforderungen stellt. Auch in der Gesellschaft sind die Vorbehalte stark. Schließlich bildet die monogame Partnerschaft den Kern unserer westlichen Gesellschaften. Der renommierte Psychiater Christopher Ryan und seine ebenso angesehene Kollegin Cacilda Jethá blicken in ihrem Buch *Sex – Die wahre Geschichte*[190] auf die Wurzeln unserer Sexualität und das natürliche Sexual- und Paarungsverhalten in verschiedensten Kulturen. Sie belegen mit Ergebnissen aus der Anthropologie, Primatologie, Physiologie und Vorgeschichte, dass die monogame

Paarbeziehung von der Natur genetisch nicht vorgesehen und eine Fehlinterpretation von Evolutionsbiologen sei. Vielmehr habe eine Vielfalt der Liebes- und Sexbeziehungen das Sozialleben der Menschen selbstverständlich geprägt, bis sie irgendwann sesshaft wurden, sich damit auch Besitzdenken entwickelte und wirtschaftliche Strukturen die Bindung an eine Person nötig machten. Die Veranlagung zur Monogamie, die Darwin und nach ihm viele Evolutionsbiologen konstatierten, sei eine krasse Fehlinterpretation.

Auch wenn das in der Forschung noch etwas umstritten ist, ist man sich einig, dass der Mensch eine Art Zwischenstellung einnimmt und die Monogamie als das biologisch einzig richtige Beziehungsmodell nicht mehr haltbar ist.[191]

Single auf Dauer

Die einen wünschen sich ein festes Beziehungsversprechen, andere fühlen sich wohler, wenn sie alleine leben, die Nächsten empfinden ihr Singledasein als Defizit, weil sie es mit mangelnden Beziehungskompetenzen gleichsetzen. Das schwächt das Selbstwertgefühl und ist belastend. Ihnen kann die Idee helfen, dass dauerhaftes Singlesein eine gute und gleichwertige Art zu leben ist. Allein sind die freiwillig allein Lebenden jedenfalls längst nicht mehr. Es werden immer mehr, und sie werden immer weniger stigmatisiert.

Die freiwillig allein Lebenden machen 59 Prozent der Singles in Deutschland aus.[192] Früher galten sie noch als die bemitleidenswerten Übriggebliebenen. Doch welcher Jugendliche weiß heute noch, was eine alte Jungfer ist? Nach und nach verliert Alleinleben ohne Partnerschaft den Anstrich des Unfreiwilligen. Es muss kein Mangelzustand oder nur eine Übergangsphase sein, bis bald die nächste Partnerin kommt. Stattdessen genießen Alleinlebende ihre Unabhängigkeit und treffen die unterschiedlichsten Menschen, wann sie wollen.

Mit dem eigenen Rhythmus als Taktgeber durchs Leben zu gehen kann sehr zufrieden machen. In Bezug auf Zufriedenheit gibt es dementsprechend auch kaum einen Unterschied, insbesondere, wenn Menschen auch alleinlebend schon zufrieden sind.

Die Zufriedenheitsforschung sagt aus, dass denjenigen, die glücklich allein leben, eine feste Beziehung wenig zusätzliche Zufriedenheit bringt. Es war vorher schon genug Zufriedenheit da. Menschen profitieren erst umso stärker von einer festen Beziehung, je unzufriedener sie vorher waren.[193]

Wohnen, anders als gewohnt

Es gibt einen Trend, der zu einem eigenen Lebensstil wird: das Alleinwohnen. Die Alleinwohnenden werden immer mehr.

Der Trend zum Alleinwohnen

Allein zu wohnen ist ein soziologisches Massenphänomen, das alle Industriegesellschaften, alle Altersgruppen, alle Geschlechter betrifft. Die Zahl der Ein-Personen-Haushalte steigt kontinuierlich.[194] In Deutschland gab es im Jahr 2019 rund 17,6 Millionen Haushalte, in denen nur eine Person lebte. Damit stieg der Anteil der Ein-Personen-Haushalte zwischen 1991 und 2019 von 34 Prozent auf 42 Prozent. In Großstädten sind die Hälfte aller Haushalte Einpersonenhaushalte.[195]

Nicht nur bei uns, sondern weltweit taucht das Phänomen des Alleinwohnens auf, und die Tendenz ist auch in diesem Fall überall steigend.[196] Erich Klinenberg, Professor für Soziologie an der New York University, beschreibt den weltweiten

Trend zum Alleinwohnen als zukünftig »dauerhaftes Merkmal der modernen Welt«.[197]

Interessant finde ich auf der Grundlage dessen, was wir über mögliche Folgen gefühlter Einsamkeit wissen, vor allem die Frage: Sind die Alleinwohnenden einsam? Das scheint jedoch eher ein Vorurteil zu sein. So wie allgemein sozialer Wandel nicht mit psychologischen Beeinträchtigungen einhergehen muss, wie Jens Asendorpf schreibt, ist alleine zu wohnen oft äußerst sozial, mitunter sogar sozialer, als in einer Paarbeziehung zu leben und dabei zu vereinsamen.[198]

Für die eine sind mehrere aktive Vereinsmitgliedschaften, eine beste Freundin und Sexfreundschaften ohne verbindliche Partnerschaft die passende Art, ein reiches Sozialleben zu gestalten. Ein anderer hat ein randvoll mit Terminen durchgetaktetes Arbeitsleben mit vielen Auslandsreisen und wird deshalb allein wohnen.

Die steigende Scheidungsrate, die oft zum Alleinwohnen führt, ist jedenfalls kein Beweis für wachsende Einsamkeit. Im Gegenteil. Oft ist eine Trennung sogar die Folge einer überwundenen Einsamkeit. Ich habe im ersten Teil die 3 Einsamkeiten beschrieben: die intime, die Freundschafts- und die kollektive Einsamkeit. Wer neben seiner Paarbeziehung keine Freunde, Kolleginnen oder sonstige Außenkontakte hat, traut sich oft keine Trennung zu. Viel leichter kann man sich trennen und ins Alleinwohnen wechseln, wenn das soziale Umfeld jenseits der einen Beziehung mit Familie, Freundesnetzwerk und Job unterstützt. Die Einsamkeit nimmt dann ab.

Auch die Forschung zeigt: Personen, die nicht verheiratet oder in einer festen Beziehung sind, können die fehlende partnerschaftliche Nähe im Zusammensein mit vielen engen Freunden und vertrauten Familienmitgliedern in ähnlicher Weise finden. So haben sie in Hinblick auf Gesundheit und ein langes Leben eine ähnliche Überlebenswahrscheinlichkeit wie Verheiratete mit wenigen engen Freunden und Angehörigen.[199] Zudem kann die Phase des Alleinwohnens und Alleinseins auch ein wichtiger zweiter Zustand sein. Viele Menschen sind heute zwischendurch allein, verarbeiten das Vergangene, besinnen sich auf sich selbst, um nicht von einer Beziehung in die nächste zu stolpern.

Immer mehr Menschen entscheiden sich also bewusst dafür, allein zu wohnen. Sie führen ein selbstbestimmtes, finanziell unabhängiges, sozial aktives Leben, in dem sie die Fülle von Gemeinschaft und die Stille des Alleinseins gleichermaßen schätzen.

Und wenn Sie nicht allein wohnen: Es muss nicht immer das Wohnen zu zweit mit dem Partner oder der Partnerin oder »Living Apart Together« mit einem festen Partner, aber in verschiedenen Haushalten sein. Neue Wohnformen tauchen überall auf, und sie finden zunehmend Anhänger.

Wohngemeinschaft light

Mit 23 Jahren beschloss ich, in Berlin in eine WG zu ziehen. Als ich den Eingangsbereich der Berlin-Neuköllner Fabriketage betrete, staune ich nicht schlecht: Vor mir rekelt sich eine nackte Frau in einer Badewanne. Ist es ihr egal, dass ich als Wildfremde jetzt an ihr vorbeilaufe? Findet sie es gut? Gibt es hier keinen anderen Platz für die Badewanne? Aber man könnte einen Vorhang anbringen.

»Da, durch die Tür, Jens ist da.«

Ich drücke eine Tür auf und stehe in einem Raum mit riesigen Fenstern, einem breiten Esstisch und einem kleinen Mann, der am hinteren Tischende sitzt und die TAZ liest. Jens führt mich durch die anderen Räume der 10er-WG. Die Zimmer gehen alle vom Wohnbereich ab, und in den meisten ist ein Hochbett eingebaut, damit man daneben etwas Platz hat für einen Tisch und einen Schrank.

Als Jens mich am nächsten Tag anruft und absagt, atme ich auf, obwohl ich mich im Vorstellungsgespräch tapfer geschlagen habe. Ja, ich war zu jung und WG-unerfahren, und aufs Baden hätte ich wohl verzichten müssen.

Man muss nicht gleich in eine Wohngemeinschaft mit 10 anderen auf 10 Quadratmetern Privatwohnfläche wie in Studienzeiten ziehen. Mit vielen Menschen gemeinsam zu wohnen kann auch anders aussehen. In Zeiten von Hochleistungsarbeit und Zeitknappheit, mit unübersichtlichen Patchwork- und Bohnenstangenfamilien mit vielen Generationen wird gemeinschaftliches Wohnen oder einfach nur Tür-an-Tür-Wohnen immer beliebter. So lässt sich mehr Leben und auch mehr Last auf mehr als 1 oder 2 Paar Schultern zu verteilen. Warum also nicht mit Gleichgesinnten mehr oder weniger nah zusammenwohnen?

Man kann zum Beispiel mit den Nachbarn eine »Wohngemeinschaft light« etablieren. Gerade in Pandemiezeiten hat sich das bewährt. Man hilft sich bei der Kinderbetreuung, kocht mal zusammen, bringt sich etwas vom Einkaufen mit, setzt sich am Abend zusammen in die Abendsonne und plaudert ein Viertelstündchen. Es gibt auch die Variante einer Hausgemeinschaft mit eigenständigen Wohneinheiten. Mit Freunden, Verwandten oder Wohnnachbarn bewältigt man Einkaufen, Kochen, Waschen, Kinderbetreuung, Gästebeherbergung, Transporte mit geteilten Autos oder auch Betreuung von älteren oder kranken Mitbewohnenden gemeinsam. Auch ans Alter sollten wir denken: Wie wollen wir später wohnen? Hier können innovative Haus- oder Wohngemeinschaften eine Alternative zum Alten- oder Pflegeheim sein.

Eine Teilnehmerin von mir sagte kürzlich nach der Trennung von ihrem Mann mit einem gemeinsamen Sohn: »Wenn ich die Zeit wieder auf Anfang stellen könnte, würde ich das Wohnen anders angehen. Zum Beispiel mit mehreren Familien zusammen in einem Wohnprojekt zu wohnen hätte uns allen mehr Freiheiten und Möglichkeiten zur Entfaltung gegeben.«

Doch die besten Wohnbedingungen oder die ideale Anzahl unserer Sozialkontakte sind es nicht allein, die uns gesund, langfristig glücklich und aufgehoben fühlen lassen. Was wir bei alldem brauchen, ist echte Verbundenheit.

Teil 4

EINS

WIE VERBUNDENHEIT GESUND
UND GLÜCKLICH MACHT

»Wenn Sie mit einem Freund über Dinge reden, die Ihnen
Sorgen machen, dann beruhigt das buchstäblich Ihren Kör-
per – Ihr Blutdruck sinkt, Ihr Stresshormonspiegel sinkt«, sagt
Professor Robert Waldinger über die heilende Qualität von
Freundschaften.[200] Als Studienleiter der über 80 Jahre laufen-
den Harvard-Langzeitstudie über Glück und Wohlbefinden
lautet sein Resümee, von dem ich schon eingangs erzählte:
»Ein gutes Leben besteht aus guten Beziehungen.«

Soziale Heilung durch gesunde Beziehungen

Wissen über ein gutes soziales Miteinander hilft Ihnen, sich
sicher unter Menschen zu bewegen. Vorteilhaft ist dafür, dass
wir Menschen ein tief verwurzeltes Bedürfnis nach Verbindung haben. Es zieht uns zu anderen Menschen hin. Von Vorteil für ein stabiles und zu Ihnen passendes soziales Netz ist es
außerdem, dass wir in unserer Gesellschaft viele Möglichkeiten finden, um unsere Beziehungen nach unseren Wünschen
zu gestalten. In den wenigsten Ländern gibt es so viel gesellschaftliche Anerkennung in Bezug auf unterschiedliche Le-
bens- und Beziehungsformen wie bei uns. Es ist zum Beispiel
inzwischen weitgehend akzeptiert und wird als normal angesehen, sich zu trennen. Frauen dürfen untreu sein, ohne

gesteinigt zu werden. Es ist auch in der Ehe verboten, die Partnerin oder den Partner zum Geschlechtsverkehr zu zwingen. Männer halten nach einer Trennung den Kontakt zu ihren Kindern. Homosexuelle Paare geben sich das Jawort. Jemand sagte kürzlich zu mir: »Entscheide selbst, ob du mich für Mann oder Frau hältst«, und wir lachten darüber.

Vieles ist inzwischen möglich, um selbstbestimmt glücklich zu leben. Allerdings können wir gerade bei Beziehungen nur einen Teil selbst beeinflussen. Das ist wichtig zu wissen, um nicht zu viel zu erwarten. Die Erkenntnisse der neueren Forschung sprechen dafür, dass man kurzfristig ungefähr ein Drittel, langfristig ungefähr ein zweites Drittel seiner Lebenszufriedenheit selbst in der Hand hat.[201] Kurzfristig können zum Beispiel ein Umzug oder mehr Freunde die Zufriedenheit steigern, ein weiteres Drittel kann man langfristig beeinflussen, zum Beispiel durch einen höheren Bildungsstand, sozialen Status und Beruf, bessere Gesundheit und bessere Beziehungskompetenzen – die man lernen kann. Das dritte Drittel liegt nicht in unserer Hand. So etwa die gesellschaftlichen Werte, unser Alter, auch fest verankerte Persönlichkeitseigenschaften wie Intro- oder Extravertiertheit, unsere soziale Herkunft, die bereits stattgefundene Bildungsbiografie, die richtige oder falsche Zeit für etwas, Talent, Erbe, Schicksalsschläge, Glück und Pech. Das sollten wir im Kopf behalten. Wir sind nie ganz allein unseres Glückes Schmied.

Machen wir also das Beste aus den beiden Dritteln, die wir beeinflussen können: Entwickeln wir unsere Beziehungskompetenzen und stärken wir das Netz unserer Sozialkontakte, bis es so tragfähig ist, dass wir auch durch Lebenskrisen, Unglück, Schicksalsschläge sowie den alltäglichen Stress möglichst gelassen und damit gesund hindurchnavigieren können, und bis es mit einzigartigen Beziehungen so erfüllend ist, dass es als Quelle von Liebe und Freude durchs Leben trägt.

Das ist soziale Heilung. Gesund werden und gesund bleiben, glücklicher werden und zufrieden sein mithilfe sozialer Beziehungen.

Die Beziehung wirkt

Es gibt in der Psychotherapie und im Coaching nicht die *eine* beste Methode, sondern eine Vielfalt. Die Psychotherapieforschung beschäftigt sich seit Jahrzehnten mit der Frage: »Was hilft in der Psychotherapie?« Alle Studien kommen zu demselben Ergebnis: Die Beziehung wirkt. Die sogenannte therapeutische Allianz ist bei allen gängigen Psychotherapien der entscheidende, machtvolle Hauptwirkfaktor. Gemeint ist damit das Bindungs- und Vertrauensverhältnis zwischen Psychotherapeutin oder Coach und Klientin. Diese Allianz hat einen starken Effekt auf das Behandlungsergebnis. Je nach Qualität der Beziehung kann die therapeutische Allianz 30 bis 70 Prozent der Wirkung aller Therapieverfahren erklären. Die Qualität der Beziehung selbst ist ausschlaggebend für den Therapieerfolg. Gebrochene oder unausgewogene Allianzen hingegen führen zu deutlich schwächeren Therapieergebnissen.[202]

Diese besondere Art von Beziehung aufzubauen habe ich als Psychologin gründlich gelernt und sozusagen als Extremtraining in 10 Jahren Krisenberatung täglich geübt. Wenn die Verbindung und das Vertrauen da sind, bemerkt man das zum Beispiel an der aufmerksameren Mimik und Gestik des Gegenübers, am gegenseitigen Blickkontakt-Halten, an einem sogar körperlichen Gefühl des Verbundenseins. Dann kann man beginnen, mit Methoden zu arbeiten.

So ist es auch in anderen Situationen: Eine tragfähige Beziehung zwischen Menschen spielt die entscheidende Rolle. Gute Beziehungen wirken *an sich* heilend. Dabei sind überall die gleichen Beziehungskompetenzen wichtig: Empathie, gegenseitiges Verständnis und Zuhören, Öffnungsbereitschaft, Respekt, Hilfe. So kann auch in unseren Freundschaften, Partnerschaften, Bekanntschaften und Beziehungen bei der Arbeit Heilung und Persönlichkeitsentwicklung stattfinden. Ich nenne es soziale Heilung. Ob das möglich wird, hängt immer von der Qualität der Beziehung ab. Und diese Qualität können wir grundlegend verbessern und weiterentwickeln. Da ist bei uns allen viel Entwicklungsspielraum.

Die Möglichkeiten erweitern

Was die Wissenschaft heute über die Entwicklungsfähigkeit des Menschen weiß, passt zu meiner persönlichen Erfahrung: Persönlichkeitseigenschaften oder familiäre Erfahrungen sind ein Teil dessen, womit wir Beziehungen gestalten. Der andere Teil ist das, was wir im Laufe des Lebens weiterentwickeln. Für mich galt es zum Beispiel zu lernen, meine größeren Beziehungskreise entspannter zu gestalten. Wer sich dagegen wie ein Fisch im Wasser in großen Gruppen bewegt, muss vielleicht lernen, nahe Kontakte tiefergehend zu gestalten. Unser ganzes Leben lang kommen neue Erfahrungen mit neuen Menschen dazu, die uns verändern können. Egal, wo Sie beziehungsmäßig stehen: Es gibt viele Möglichkeiten, sein Repertoire der Beziehungsgestaltung zu erweitern.

Wir lesen und hören jedoch oft, wir seien den prägenden Erfahrungen unserer ersten Lebensjahre quasi ausgeliefert, indem wir sie später automatisch wiederholen. So bleibe beispielsweise die Art der Beziehungsgestaltung zwischen Eltern und Kind bis ins Erwachsenenalter stabil und wir übertrügen diese Muster auf aktuelle Beziehungen. Im Sinne einer sich selbst erfüllenden Prophezeiung gerieten wir so immer wieder an ähnliche Personen und wiederholten die Beziehungsmuster der Kindheit.

Der einflussreichen Bindungstheorie, die zu Beginn des 20. Jahrhunderts entwickelt wurde, liegt diese Idee zugrunde, dass es früh geprägte »Bindungsstile« gibt, die ins Erwachsenenalter mitgenommen werden.[203] Man ging davon aus, dass diese Bindungsstile in erster Linie durch das Verhalten der Bezugsperson entstehen. Einfühlsamkeit der Mutter führe zu einem sicheren Bindungsstil. Die Theorie entstand in einer Zeit, in der man der Mutter eine immense Bedeutung für die Entwicklung des Kindes zuschrieb. Noch heute prägt das den Perfektheitsanspruch von Müttern und auch Vätern: Sie fühlen sich weitgehend verantwortlich dafür, ob und wie sich ihr Kind entwickelt. Heute gibt es Entlastung, auch für Eltern, die durch den hohen Anspruch ständiger emotionaler Verfügbarkeit oft überfordert sind.[204]

Neuere Studien, darunter eine umfassende Metaanalyse von 2013, zeigen aber, dass der Bindungsstil im frühen Kindesalter und im Erwachsenenalter eben nicht stabil ist. Vielmehr nimmt die Stabilität mit zunehmendem Alter ab und verflüchtigt sich. Bereits bei Jugendlichen ist in Bezug auf die Qualität der Beziehung zu Gleichaltrigen kaum noch ein Zusammenhang mit dem frühen Bindungsstil zu erkennen.[205]

Andere Faktoren spielen neben den Eltern eine wichtige Rolle: Position in der Geschwisterreihe, Einflüsse des sozialen Umfeldes und auch das von Beginn an vom Kind eingebrachte Temperament, das die Eltern-Kind-Beziehung wesentlich prägt. Ein Baby, das ständig schreit, belastet die Beziehung und die Nerven der Eltern aufs Äußerste, sodass einfühlsames Verhalten rapide abnimmt. Eltern neigen dann dazu, die Signale des Kindes zu überhören, um nicht restlos überfordert zu sein.

Neu- und Überlernen früherer Beziehungserfahrungen ist also in großem Ausmaß möglich. Wir können unsere Beziehungen grundlegend anders gestalten, als wir es von klein auf gelernt haben, ob in einer Partnerschaft, im Kreis der nahen Freundschaften oder im größeren Beziehungskreis. Die aktuellen Beziehungen sind dafür ganz entscheidend. Wir lernen voneinander.[206] Das bedeutet für Sie, dass Sie sich neu ausrichten können: weg von dem, was in Ihren aktuellen Beziehungen ähnlich ist wie früher. Hin zu dem, was neu, anders, eine Lernchance ist, mit dem Gedanken: »So etwas habe ich ja noch nie erlebt, bei uns zu Hause war das ganz anders.«

Die 6 Beziehungsprinzipien

Ich habe aus der aktuellen Forschung 6 Beziehungsprinzipien identifiziert, die ich auf die Gestaltung von sozialen Beziehungen anwende. »Freundschaft« ist auch hier das Hauptwort: Es steht für alle möglichen Sozialkontakte – von der besten Freundin und dem Partner über die Verwandten bis hin zum Business-Kontakt.

Die 6 Prinzipien sollen Ihnen dabei helfen, *alle* Ihre Beziehungen tiefer, erfüllender und vielfältiger zu gestalten. Das Ganze stelle ich unter die Überschrift H.E.I.L.E.N. Das steht für Hilfe, Empathie, Intensität, Lernen, entspannte Zeit und Nähe.

Beziehungsprinzip 1: Hilfe – helfen hilft

Als unser Sohn noch klein war, bekam ich eine schwere Lungenentzündung. Ich war mit meinen Kräften am Ende, auch durch den langfristig unterbrochenen Schlaf, den ein kleines Kind so mit sich bringt. Doch seit der Krankheit konnte ich durchschlafen. Warum? Ganz einfach, weil mein Mann übernahm und sich jede Nacht um unseren Sohn kümmerte.

Mein Mann ist einer von denen, die da sind, wenn es darauf ankommt. Für seine 3 Kinder, seine Eltern und Schwester, seine Freundinnen und Freunde, und für mich.

Dass er damit anderen und sich selbst sogar noch mehr als nur die konkrete Unterstützung in der Situation gibt, liegt daran, dass Hilfe eine Art Universalgenie ist.

Hilfe macht gesund

Es gibt viele Gründe, warum soziale Kontakte so gesundheitsfördernd und lebenserhaltend sind. Einer davon ist, dass Hilfe ein wahrer Alleskönner ist. Gegenseitige Hilfe wirkt extrem positiv, und zwar, wenn uns geholfen wird *und* wenn wir helfen; zum einen indirekt, indem Hilfe die negativen Effekte von Stress abfedert. Wir erleben weniger Stress oder bewältigen ihn besser, und der Emotionshaushalt ist ausgeglichener, wenn gegenseitige Hilfe stattfindet. Zum anderen wirkt gegenseitige Hilfe ganz direkt: Wenn man hilft und sich helfen lässt, ernährt man sich zum Beispiel besser und fühlt sich weniger einsam.[207]

Der Psychologe Bert N. Uchino stellt fest, dass Menschen, die wenig soziale Unterstützung bekommen, im Durchschnitt ein 2- bis 3-fach so hohes Sterberisiko haben wie Menschen mit viel Unterstützung. Es gibt Studien, die deutliche Zusammenhänge zwischen der sozialen Unterstützung und dem Verlauf von Krebs und HIV gefunden haben.[208] Ähnlich bei Depression: Wenn man chronisch Depressiven Freiwillige zur Seite stellt, die sie wöchentlich treffen, die ihnen zuhören und Unterstützung anbieten, so liegt bei dieser Gruppe die Rückgangsrate der depressiven Symptome fast doppelt so hoch wie bei der Vergleichsgruppe, die auf diese Art von sozialer Unterstützung verzichten muss. In der Studie wussten die chronisch Depressiven, dass es sich bei den Freiwilligen nicht um echte und enge Freunde handelt, sondern eben um Teilnehmende einer Studie. Der Effekt war trotzdem da.[209]

Wir können zusammenfassen: Menschen mit guter sozialer Unterstützung leben sowohl länger als auch glücklicher.[210]

Nun könnte man meinen: Hauptsache, ich bekomme Hilfe. Aber die entgegengesetzte Richtung zum Helfenlassen, nämlich das Helfen, ist genauso bedeutsam.

Helfen hilft allen

Ich sehe von oben die Helme meines Krisendienstteams bunt in der Frühlingssonne leuchten, während ich mit dem Feuerwehrmann neben mir auf einer Drehleiter der Berliner Feuerwehr in die Höhe schwebe. Im dritten Stock des Hauses sehe ich am Fenster den suizidgefährdeten jungen Mann stehen, der in Wirklichkeit mein Teamkollege Uli ist, der für diese Übung die Rolle eines Mannes mit akuter Selbstmordabsicht übernommen hat. Er steht vorgebeugt am offenen Fenster und blickt starr nach unten. Als ich auf Augenhöhe bei ihm angekommen bin, spreche ich ihn an. Er reagiert nicht. Ich rede auf ihn ein, merke aber, dass ich keinen Kontakt zu ihm bekomme.

Ein physischer Kontakt würde helfen, das weiß ich. Aber wie komme ich an ihn heran? Ich stehe in dem kleinen Rettungskorb noch zu weit entfernt, um ihn einfach am Arm zu berühren. Also brauche ich Hilfe. Der Mann könnte mir herüberhelfen. Ohne weiter nachzudenken, entscheide ich mich für eine ungewöhnliche, aber in dieser Situation genau richtige Intervention.

»Können Sie mir rüberhelfen?«

Der Mann guckt weiter nach unten. Aber irgendetwas von meiner Frage ist bei ihm angekommen. Ich schicke mich an, aus dem Rettungskorb herauszuklettern. Jetzt huscht sein Blick zu mir, er beobachtet meine Aktion.

Ein Bein habe ich schon über die Stange des Rettungskorbs geklemmt. Jetzt strecke ich die Hand zu ihm aus.

»Wie heißen Sie denn?«

»Uli.«

»Ach, ich heiße so ähnlich, Ulrike.«

Ich nehme die Hand zurück, um mich an den Stangen der Drehleiter festzuhalten, und gesichert von dem Feuerwehrmann mit einem Gurt und ohne Lücke zwischen Drehleiter und Fensterbrett, klettere ich bereits. Ich tue dabei etwas ungelenker, als ich es bin, und betone das Hilfsbedürftige.

Als ich ein zweites Mal meine Hand ausstrecke, nimmt er sie. Er hält sie fest, und ich spüre, wie er zittert. Nachdem ich bei ihm angekommen bin, sacken seine Schultern nach vorn. Er weint. Wir reden. Das Fenster habe ich nebenbei geschlossen.

Ich habe mir helfen lassen. Uli hat mir geholfen. Ich habe Uli geholfen. Uli hat sich helfen lassen. Helfenlassen und Helfen gehören zusammen. Während Corona ist es deutlicher denn je geworden. Füreinander da zu sein ist eine der wichtigsten beziehungsfördernden Qualitäten, besonders in Krisen. Wie sich in vielen Studien zeigt, ist Hilfe eben auch für die helfende Person sogar ein euphorisierendes Geschehen, denn bei ihr werden ebenso Endorphine und das Bindungshormon Oxytocin im Gehirn freigesetzt.[211] Diese Substanzen haben zudem einen schmerzlindernden Effekt, und sie fördern unser Wohlgefühl. Wenn Sie gerade denken: »Niemand ist da, keiner hilft mir, alles muss ich allein machen«, könnten Sie überlegen, wem und wie Sie gerade jetzt helfen könnten. Wir wäre es, jemanden anzurufen und zu fragen: »Kann ich dir helfen?«

Ihre Stimmung wird sich aufhellen. Wenn man gebraucht wird, merkt man auch, dass es dem Gegenüber ebenfalls nicht so gut geht. Das relativiert automatisch das eigene Leid, nicht nur gedanklich, sondern man *fühlt* sich plötzlich stärker. Hilfe ist ein kostenloses und nebenwirkungsfreies Antidepressivum.

In einer Studie besuchten Jugendliche ein Semester lang einen Kurs, in dem es um die Entwicklung von Freundschaften und allgemein von positiven Beziehungen ging. Dabei lernten sie, wie man um Hilfe bittet und soziale Unterstützung anbietet. Die Resultate sind beeindruckend: Verglichen mit anderen Jugendlichen, die den Kurs nicht besucht hatten, zeigte sich bei den Teilnehmenden ein Trend zu weniger Drogenkonsum und damit einhergehenden Problemen, ein Anstieg an guten Noten sowie des Selbstwertgefühls, und es entwickelten sich mehr Freundschaften.[212]

Die Sozialpsychologin Elizabeth Dunn weist mit ihren Forschungsarbeiten über Großzügigkeit und Freude nach, dass es uns glücklich macht, wenn wir anderen helfen. Es kommt jeoch darauf an, *wie* wir helfen. Eine größere Wirkung erleben wir, wenn wir mit der richtigen Haltung helfen. Wenn wir das Helfen und Geben nur als moralische Verpflichtung sehen, verpassen wir eine der besten Seiten des Menschseins. Wenn wir uns darauf und darüber freuen, indem wir uns vorstellen oder erleben können, wie genau unsere Hilfe ankommt und einen Unterschied macht, kann Helfen eine Quelle tiefer Freude sein.[213]

Ich denke an die Übung des Krisendienstes auf der Drehleiter. Uli musste mir notgedrungen helfen, weil ich seine Hilfe brauchte. Damit war er aus der Rolle des Schwachen heraus, und damit ließ er auch die akute Suizidalität hinter sich. Er erlebte meine Erleichterung, als ich auf seiner Seite des Fensters ankam. Je mehr Hilfe angefragt wird, desto mehr können andere helfen. Je direkter man die Wirkung der Hilfe erlebt, desto größer die eigene Freude und Zufriedenheit. Und desto mehr kann sich dadurch Bindung festigen, wie ich an einem weiteren Beispiel zeige.

Gegenseitige Hilfe stärkt die Beziehung

Januar 2021, an einem Freitagabend. Es gibt im zweiten Corona-Lockdown wieder Homeschooling, die Kinder sind zu Hause. Mein Sohn hat gerade eine Hausaufgabe digital eingereicht. Sein Lehrer antwortet im Chat: »Sehe ich mir später an. Habe aber im Moment noch ganz andere Baustellen, sorry. Da brauche ich mal deine Hilfe: Weißt du noch, wann wir den ersten Test in diesem Schuljahr geschrieben haben?«

Mein Sohn wühlt in seinen Zetteln, findet den Test, aber ohne Datum darauf. Per WhatsApp schreibt er einen Mitschüler an, der das Datum findet. In ziemlicher Geschwindigkeit ist die Antwort bei dem Lehrer. »Super, vielen Dank!!«, textet der zurück.

Er hat gezeigt, dass er Hilfe braucht. Mit einem Mal ist er nicht mehr derjenige, der immer nur prüft, bewertet und alles weiß. Die Jungs konnten ihn als Menschen erleben, der jenseits der klassischen Lehrerrolle mit den Verwaltungsmühen kämpft. Das hat die Beziehung gestärkt. »Der ist cool«, hatten die Jungs auch schon vorher über ihn gesagt, doch jetzt gewann er noch mehr Respekt: in einer Beziehung auf Augenhöhe. Außerdem hat der coole Lehrer bei den beiden das Gefühl gefördert, für ihn – und damit überhaupt – wichtig zu sein.

Alle Menschen helfen gern. Das Wohlergehen anderer vor allem in engen vertrauten Beziehungen gehört zu unseren tiefsten Bedürfnissen. Für andere zu sorgen macht uns glücklicher und erfolgreicher und schützt uns vor Einsamkeit und Depression. Menschen bewerten auch Menschen, die anderen helfen, höher als solche mit rein egoistischen Motiven. Das lässt sich sogar schon bei Babys nachweisen.[214] Und Hunde: Sie verhalten sich bei Menschen, die ihnen von ihrem Essen abgeben, kooperativer als bei solchen, die sie als egoistisch wahrnehmen.

Einer der sichersten Wege, die eigene Stimmung aufzuhellen, ist es, einem Menschen, der etwas braucht, etwas zu geben. Gegenseitige Hilfe hält uns gesund, in beide Richtungen und mit einem heftigen Effekt. Wo helfen Sie gerne und bemerken, wie es Ihnen selbst hilft?

Hilfe ist also eine gute Sache. Aber von wem und für wen? Wir können nicht allen und überall helfen und uns helfen lassen. Müssen wir auch nicht. Es gibt nämlich ein einfaches Auswahlkriterium: emotionale Nähe.

Je näher, desto hilfreicher

Die Welt stürzte mit Corona in eine globale Krise, und viele benötigten Hilfe. Wem haben Sie geholfen? Ihrer Mutter, Ihren Freundinnen, dem Nachbarn? Wer hat Ihnen geholfen? Es gibt zahlreiche Belege dafür, dass sich Hilfe in Krisenzeiten am stärksten zwischen nahen Verwandten und engen Freunden abspielt. Wir neigen dazu, ihnen bereitwilliger zu helfen. Wir nehmen auch eher an, dass sie uns helfen, wenn wir etwas brauchen. In einer Studie mit 540 Teilnehmenden hat Robin Dunbar zusammen mit Max Burton-Chellew belegt: Der Grad der Verwandtschaft und die emotionale Nähe der Beziehung stehen in direktem Zusammenhang mit der Hilfe und Unterstützung, die man gewillt ist zu geben und die man von seinen sozialen Kontakten erwartet.[215] Sogar unser Körper kann die Art der Unterstützung fühlen und weiß zu unterscheiden, ob uns Menschen helfen, die wir gut kennen und zu denen wir ein enges Verhältnis haben.[216]

Richten Sie sich also auf Ihren engsten Kreis aus, wenn Sie in Krisen Hilfe brauchen oder geben wollen. Entferntere Kontakte sind vermutlich längst in anderen Hilfenetzen involviert und Sie würden vergeblich Hilfe von ihnen erwarten. Und wir wissen, dass in emotional näheren Beziehungen weniger aufgerechnet wird. Das entlastet. Außerdem ist es wichtig, sich nicht beim Helfen zu erschöpfen, indem man zu vielen zu weit entfernten Menschen hilft. Dennoch können entferntere Kontakte für eine bestimmte Art der gegenseitigen Hilfe von großem Nutzen sein. Für den Austausch von Informationen.

Informationen im großen Kreis

Entferntere und oberflächlichere Kontakte helfen zwar nicht, sich nach einem Herzinfarkt schnell zu erholen, und man sollte mit der Hilfe bei seinen nahen Kontakten bleiben. Aber die anderen sind aus einem anderen Grund doch wichtig und unverzichtbar in Bezug auf Hilfe: Informative Unterstützung gelingt meist besser über diese Art von Kontakten. Wir teilen bereits so viel von unserer Geschichte, von unseren Interessen und Kontakten mit unseren engsten Freunden und unserer Familie, dass innerhalb dieses Netzwerkes kaum noch weitere Neuigkeiten und Informationen aus anderen Netzwerken zu uns dringen.[217]

Entferntere Beziehungen bauen daher eine Brücke zu ganz anderen Informationen. Oft findet man die neue Wohnung, den Job oder die gebrauchte Nähmaschine über die Freunde von Freundinnen von Freunden oder deren Bekannte. Oder ein paar Klicks reichen schon, um viele Menschen um eine Information zu bitten. Es entstehen gerade dann Informationsbrücken zwischen den Netzwerken, wenn wir in die größeren Beziehungskreise eintreten.[218] Das heißt, dass auch Ihre entfernten Kontakte wichtig sind für Ihre Integration in die Gemeinschaft.

Bleiben Sie doch auf dem Treppenabsatz kurz mal stehen, um den Sohn der Nachbarin nach seinem Studiengang fragen, weil Ihr Neffe gerade anfängt zu studieren. Nutzen Sie die Wartezeit vor der Kasse und fragen Sie kurz die Kundin vor sich, woher sie ihre praktische Falttasche hat. So haben Sie neben dem kleinen Kontakt, der für sich genommen schon ein Stimmungsbooster ist, neue Infos, die Sie von Ihren engsten Freunden vielleicht nicht bekommen hätten.

Welche Hilfe passt

Hilfe trotz Zeitknappheit, wie geht das? Und wie helfen Sie auf eine Art, die Ihnen entspricht? Wie erkennen Sie, dass Hilfe gerade wichtig wäre? Es ist nicht so, dass wir das alle im Blut hätten. Unsere Gesellschaft baut nicht durch und durch auf gegenseitiger Hilfe auf. Sprüche wie »Hilf dir selbst, sonst hilft dir keiner«, »Jeder ist seines Glückes Schmied« oder auch »Wir haben doch einen Sozialstaat« halten davon ab, mit einer helfenden Haltung durch das Leben zu gehen.

Es gibt in der Literatur 3 Arten der Unterstützung in Beziehungen: Erstens, die Hilfe durch Informationen, siehe oben. Zweitens, die materielle Hilfe, das ist zum Beispiel, tatkräftig beim Umzug zu helfen, jemanden zu bekochen oder im Krankenhaus zu besuchen. Und drittens, die emotionale Hilfe: zuhören, präsent sein, bestärken; Verständnis, Rat und Trost geben. Diese emotionale Hilfe ist oft ein guter Einstieg ins Hilfe-Beziehungsprinzip. Dadurch können wir auch andere Arten von Unterstützung und Hilfe leichter geben und annehmen.[219]

Wie helfen Sie am liebsten, was macht Ihnen Freude? Was können Sie am besten? Und wem helfen Sie gerne? Welche Art von Hilfe brauchen Sie? Von wem?

Sie könnten ein Programm planen, so etwas wie: »Jeden Tag mindestens einmal jemandem helfen.« Egal, ob Sie einem Bekannten die Kontaktdaten einer Rechtsanwältin heraussuchen, aufmerksam zuhören, wenn Ihr Freund traurig ist, für die überlastete Kollegin einspringen oder die Katze der Nachbarin füttern, es wird auch Sie positiv stimmen. Auch gut ist es, eine Art Tagebuch zu führen, mit einem Rückblick: »Wem habe ich heute geholfen?«

Dankbarkeit, die Alleskönnerin

Es gibt noch einen Hilfe- und Verbindungsbooster, der perfekt ins Hilfe-Beziehungsprinzip passt: Dankbarkeit. Ihre große Bedeutung und starke Wirkung ist vielfach wissenschaftlich belegt. Wer Dankbarkeit ausdrückt, wirkt vertrauenswürdiger, sympathischer und freundlicher. Auch lässt es die Person weniger formell erscheinen. Diese Wirkung tritt sogar ein, wenn die Personen sich fremd sind. In einer Studie konnte nachgewiesen werden, dass selbst schriftliche Ausdrücke von Dankbarkeit und Höflichkeit die Wahrnehmung von Personen in formellen Situationen, in denen sich die Personen nicht kennen, positiv beeinflussen. Die Versuchspersonen streuten bei ihrer schriftlichen Bewerbung 9 kurze Sätze mit Ausdrücken der Höflichkeit und Dankbarkeit ein, die große Auswirkungen darauf hatten, wie positiv der Eindruck auf die Lesenden war: Die Personen, die die dankbaren Formulierungen notiert hatten, wirkten deutlich sympathischer und wesentlich vertrauenswürdiger als die anderen. Das waren Sätze wie »Vielen Dank für Ihre Zeit«, »Ich freue mich darauf, von Ihnen zu hören«, »Ich bin froh über die Gelegenheit«.[220] Solche Sätze würden uns auch im mündlichen Gespräch leicht über die Lippen gehen.

Es geht außerdem um das *Gefühl* von Dankbarkeit: Wenn wir fühlen, dass wir in einer Beziehung mit unseren Bedürfnissen gesehen werden, weckt das unsere Dankbarkeit, was wiederum dazu motiviert, sich für die Beziehung mehr einzusetzen und diese zu pflegen.[221]

Zudem ist Dankbarkeit genauso wie Hilfe für *beide* in einer Beziehung wichtig. Wenn jemand bemerkt, dass Sie ihm helfen, und sich Ihnen gegenüber dankbar zeigt, setzen Sie sich für diese Person auch in Zukunft gern ein. Durch Dankbarkeit fühlen sich beide Seiten gesehen und wertgeschätzt. Dankbarkeit bewirkt nämlich 2 Dinge: Sie fungiert als Detektor für die Pflege einer Beziehung. Zugleich motiviert sie auch zu dieser Beziehungspflege. Dankbarkeit führt also zu einem positiven Rückkoppelungseffekt, der die Gegenseitigkeit in einer Beziehung immer weiter verstärkt.[222] Wenn wir uns bedanken und damit ausdrücken, dass der andere uns helfen konnte, wertschätzen wir die Tat und jemanden. »Danke« zu sagen stellt immer eine Beziehung her oder vertieft sie.

Deshalb ist Dankbarkeit ein wichtiger Faktor bei der Bildung von neuen und der Pflege bereits vorhandener Beziehungen. Sara B. Algoe beschreibt in ihren Forschungsarbeiten eindrücklich, wie sich Freude und Glück beim Empfinden und Äußern von Dankbarkeit bei den Beteiligten in einer Aufwärtsspirale verstärken. Regelmäßige Dankbarkeit und Wertschätzung gegenüber anderen dienen der Verbesserung und Verschönerung von Beziehungen. Und das unabhängig davon, wie nah diese Beziehungen sind.[223] Sie können also auch Dankbarkeit zeigen, wenn jemand über 5 Ecken etwas für Sie getan hat: eine Info über eine freie Wohnung weitergereicht, ein Buch verschenkt, einen Gruß vermittelt, ein Feedback gegeben. Eigentlich kann fast alles Anlass zur Dankbarkeit bieten.

Dankbarkeit fördert ebenso wie Hilfe ganz allgemein soziales Verhalten. Wenn Sie sich also mehr Integration in einer Gruppe wünschen, seien Sie dankbar und zeigen Sie es. Es wirkt auch auf die eigene Zufriedenheit. Durch Dankbarkeit sind wir zufriedener in unseren Beziehungen, fühlen uns einander näher und zugehörig, was wiederum zu einer erhöhten Resilienz und zu größerem Wohlbefinden führt.[224]

Sie können Dankbarkeit auch immer dann äußern, wenn Sie das Gefühl haben, für eine Hilfe nicht so recht etwas zurückgeben zu können. Anstatt sich schlecht zu fühlen, geben Sie Ihren Dank zurück. Für geleistete Hilfe einen Dank zu empfangen, ist sehr befriedigend. Probieren Sie's aus – gerne in beide Richtungen.

Beziehungsprinzip 2:
Empathie – mitfühlend antworten

Ich habe in einem Artikel einen Witz gelesen: »Wie viele Empathiedefinitionen gibt es, wenn 10 Wissenschaftlerinnen und Wissenschaftler über Empathie schreiben? – 10.« Da ist etwas dran. Generell herrscht in der Wissenschaft eine Uneinigkeit darüber, was der Begriff Empathie bedeutet und beinhaltet. Das hat damit zu tun, dass Empathie sehr viele Facetten hat und positive wie negative Auswirkungen haben kann. Sich verstanden, gesehen und akzeptiert zu fühlen sind grundlegende Bedürfnisse des Menschen, ebenso wie der Wunsch, andere zu verstehen, und beides führt zu mehr Vertrauen und Verbundenheit. Empathie stärkt damit die Bindung und ist so etwas wie eine Schlüsselingredienz für den Aufbau von innigen Beziehungen. Allerdings nur unter bestimmten Voraussetzungen, denn falsch verstandene Empathie kann zu Stress und Erschöpfung führen. Empathie ist also nicht in jedem Fall gut für den Kontakt mit anderen Menschen, sie *kann* es aber sein. Das sehen wir uns gleich genauer an.

Aus evolutionärer Sicht hat sich Empathie entwickelt, um den Umgang mit anderen zu erleichtern und zu stärken, denn sie ist die emotionale Antwort auf die Gefühlslage des Gegenübers.[225] Diese Antwort entspricht dem, was das Gegenüber fühlt, ob nun mit positiver Empathie bei positiven Gefühlen wie Freude oder Glücklichsein oder bei negativen Gefühlen wie Ärger, Traurigkeit und Angst.[226] Es ist für unser soziales Miteinander hilfreich, 3 Arten von Empathie zu unterscheiden.

Die kognitive Empathie beschreibt das Verstehen, was der andere fühlt. Damit ist man in der Lage, die andere Perspektive einzunehmen. Es ist eine emotional distanzierte Anteilnahme, ohne gleichgültig zu sein. Zweitens gibt es die emotionale Empathie, bei der man fühlt, was der andere fühlt.

Diese Art von Empathie birgt Gefahren, denn es gibt die Möglichkeit der Überflutung mit den Gefühlen anderer, was zu einer emotionalen Überforderung führen kann. Drittens, in der Mischung aus kognitiver und emotionaler Empathie findet man zu einer mitfühlenden Antwort, bei der man versteht und fühlt, was das Gegenüber fühlt, und zugleich angetrieben ist, passend zu reagieren, also zum Beispiel zu helfen, als Antwort auf das Leiden einer anderen Person.[227]

Wie Empathie hilft und heilt

Kranke, die von Personen gepflegt werden, die mitfühlend und empathisch sind, werden viel schneller gesund als andere mit einer Pflegeperson, die zwar die gleiche Arbeit verrichtet, aber weniger empathisch ist.[228] Die empathische Interaktion hat Konsequenzen für beide Seiten: Wem Empathie entgegengebracht wird, der fühlt sich verstanden und wertgeschätzt. Und wer empathisch reagiert, ist zufrieden, weil er oder sie helfen kann.

Auch in der Psychotherapie untersucht man, ob und wie Empathie hilft. Ausgehend davon, dass die therapeutische Beziehung der zentrale Wirkfaktor in der Psychotherapie und im Coaching ist, ist Empathie ein Teil dieser guten Beziehung. In einer Metastudie kam heraus, dass Empathie der Begleitperson ein robuster Wirkfaktor für den Erfolg der Psychotherapie ist, ungeachtet der theoretischen Orientierung, des Behandlungsformats oder der Probleme der Klienten.[229] Empathie hilft dabei besonders gut, Vertrauen aufzubauen. Bei Ärztinnen und Ärzten zum Beispiel ist das Wichtigste für den Vertrauensaufbau zu ihren Patientinnen und Patienten – neben fachlicher Kompetenz, Erklären und Eingehen auf Fragen – die Empathie. Anderes, was auch Vertrauen fördert, wie Blickkontakt, Sanftmut und den anderen auf Augenhöhe zu behandeln, ist dagegen weniger wichtig.[230]

Wenn Empathie für Beziehungen allgemein und für Vertrauen so wichtig ist, dann lohnt es sich, Empathie im Kontakt mit anderen zu betonen. Laut Theresa Wiseman, die lange in der Pflege gearbeitet hat und sich heute als Psychologin wissenschaftlich mit Empathie beschäftigt, kommt mit einigen speziellen Eigenschaften und Fähigkeiten Empathie zustande:

Zuhören. Die Perspektive wechseln und damit die Welt durch die Augen des anderen sehen, um zu verstehen, was der andere fühlt. Den Werterahmen eines anderen übernehmen und dafür Verständnis haben, ohne zu urteilen und zu werten. Dieses Verständnis kommunizieren.[231]

Empathie setzt eine innere Haltung voraus. Insbesondere Selbstmitgefühl fördert die Empathie.[232] Außerdem ist bei mehr Selbstmitgefühl und damit auch Empathie die Bereitschaft, sich zu öffnen, größer, in beide Richtungen: Wenn man sich anderen öffnet, können diese überhaupt erst empathisch mit uns sein. Weiter heißt das, wenn man sich öffnet, öffnen sich auch die anderen eher, und so haben wir die Chance, empathisch mit ihnen zu sein. Je sozial isolierter dagegen jemand ist, desto weniger ist die Person bereit, Persönliches preiszugeben.

Kristin Neff, eine bekannte Forscherin zum Thema Selbstmitgefühl, fand heraus, dass ein höheres Level an Selbstmitgefühl signifikant mit einem höheren Level an Perspektivwechsel sowie weniger persönlichem Stress und einer größeren Bereitschaft zu verzeihen einhergeht.[233] Andere Forschende fanden Ähnliches heraus: Selbstberuhigung und Selbstmitgefühl aktivieren Gehirnareale, die auch beim Ausdrücken von Empathie und Mitgefühl anderen gegenüber aktiviert sind. Im Gehirn finden bei Mitgefühl und Selbstmitgefühl dieselben Prozesse statt.[234]

Dieses Ergebnis nimmt gleich noch den Druck aus einer These, der gegenüber ich schon immer skeptisch war: »Erst wenn du dich selbst liebst und gut für dich sorgst, kannst du andere lieben und gut auf sie achten.« Die Forschung zeigt dagegen: Es ist egal, an welchem Ende wir anfangen mit dem Mitgefühl.

Empathie hilft nicht immer

Aber fördert Empathie auch prosoziales, also helfendes Verhalten? Der Gedanke ist naheliegend: Wenn wir besser verstehen und spüren, wie andere sich fühlen, sind wir eher motiviert, das Leid von anderen zu reduzieren. Unzählige Studien bestätigen das: Positive Empathie kann soziale Kompetenz fördern.[235] Aber auch umgekehrt kann soziale Kompetenz positive Empathie fördern, denn mit jeder erfolgreichen sozialen Interaktion entstehen positive Gefühle, die ihrerseits die Empfänglichkeit für positive Empathie erhöhen.

Jedoch: Empathie kann zum Handeln motivieren, aber dieses Verhalten muss nicht unbedingt moralisch gut und fair sein.[236] Daher geben Hilfsorganisationen beispielsweise ihren Kampagnen Gesichter. Damit ist das Ganze nicht mehr anonym und so wird das Einfühlen für uns leichter. Es ist einfacher, mit jemandem zu »empathisieren«, den wir persönlich kennen, der für uns ein Gesicht oder zumindest einen Namen hat. Die Hilfebedürftigen sollten für uns identifizierbar sein. Man nennt das den »identifiable victim effect«, den Identifizierbares-Opfer-Effekt.

Wenn jemand nur bereit ist, einem süßen kleinen Mädchen zu helfen, dessen Geschichte publik gemacht wird, weil es eine Nierentransplantation braucht, es aber hundert weitere Kinder gibt, die ebenfalls eine Transplantation benötigen, von denen wir aber keine anrührende Geschichte kennen und deshalb auch nicht empathisch reagieren, so hat diese Form von Empathie nichts mit Fairness zu tun. Auch ein anderes Beispiel kann nachdenklich machen: Fans eines Fußballteams fühlen mit, wenn einer der ihren einen Stromschlag bekommt, aber nicht, wenn sie gesagt bekommen, dass es ein Fußballfan des gegnerischen Teams ist.[237]

Fazit: Prüfen Sie, wo Ihre Empathie anfängt und aufhört und ob Sie diese Grenzen womöglich verschieben möchten.

Vorsicht, ansteckend

Schon über das Gähnen zu lesen, kann zu demselben anregen. Gähnen wirkt sogar ansteckender als Lächeln. Wir neigen dazu, den Ausdruck der Menschen in unserer Umgebung zu imitieren. Das ist eine angeborene Reaktion, die sich evolutionär entwickelt hat, deshalb lässt sich gegen Mitgähnen und Mitlachen wenig unternehmen. Gesichtsmimikry, das Nachahmen von Gesichtsausdrücken, scheint in unseren Genen angelegt zu sein, und es ist schwierig, nicht übereinstimmend zu fühlen und zu handeln. Wenn wir die Augenbrauen zusammenziehen und die Gebissmuskulatur aktivieren, also alle Zeichen eines ärgerlichen Gesichtsausdrucks hervorbringen, ist es kaum möglich, sich nicht ebenso ärgerlich zu fühlen, wie man guckt. Auch das ist ein Teil von Empathie: Wir fühlen uns denjenigen viel eher verbunden, die unser Verhalten imitieren, und wir imitieren eher das Verhalten von Menschen, denen wir nahestehen und verbunden sind.[238]

Das kann auch zum Problem werden. Gefühle können ansteckend sein, und diese Gefühlsansteckung aktiviert das Gehirn so, als ob wir das Leid einer anderen Person selbst ertragen würden. Es entsteht empathischer Stress, und dieser aktiviert als Vermeidungsreaktion sozialen Rückzug. In helfenden Berufen besteht die Gefahr des Ausbrennens – Burnout durch Sich-selbst-Verlieren im Dienste des anderen.[239]

Empathie, die verbunden ist mit dem Sorgen um das Wohlergehen anderer, motiviert somit stärker zum Helfen. Man fühlt mit – und antwortet, indem man helfen will und hilft.

Das reine Fühlen und möglicherweise Überflutetsein von den Gefühlen anderer oder distanziertes Verstehen reichen für einen Hilfeimpuls nicht aus. Man kann diese Unterschiede im Gehirn anhand unterschiedlicher Muster emotionaler Erfahrung nachweisen.[240] Die mitfühlende Antwort wirkt sich vorteilhaft für alle Beteiligten aus. Sie hat auch für die mitfühlende Person positive Effekte, unter anderem ein verringertes Burn-out-Risiko und mehr Resilienz, also psychische Widerstandskraft.

Vielleicht kennen Sie bei sich die Tendenz, stark mit anderen mitzufühlen und sich dabei zu erschöpfen. Probieren Sie, was passiert, wenn Sie weniger mit den Gefühlen des Gegenübers mitgehen, sondern zwar sehen und verstehen, was die andere Person fühlt, und sich auch überlegen, wie Sie sich selbst in der Situation des Gegenübers fühlen würden, ohne es aber mitzuerleben. Die Emotionen nähern sich eher durch einen kognitiven Prozess an, durch Einschätzen, Beurteilen und Bewerten der anderen Position.[241] Das ist kräftesparend und ressourcenschonend. Dann können Sie darüber nachdenken, was Sie tun und wie Sie helfen können.

Es kann Sie entlasten, wenn Sie sich Folgendes vergegenwärtigen: Die Gefühle von anderen zu fühlen ist weder moralisch hochwertiger noch kräfteschonend. Es muss nicht sein, und es hilft dem Gegenüber nicht zwingend.

Empathie ausdehnen

Es fällt uns leichter, mit unseren Freunden und unserer Familie oder Einzelschicksalen mitzufühlen. Je größer und unpersönlicher dagegen eine Gruppe wird, desto weniger Empathie empfinden wir.[242] Evolutionär gesehen ist Empathie entstanden, um bestimmte, enge Beziehungen zu vereinfachen, wie beispielsweise die zwischen Eltern und ihren Kindern oder anderen intimen Beziehungen. Beziehungen, die von gegenseitiger Sorge und Verständnis geprägt sind, helfen, sich zugehörig zu fühlen.²⁴³ Nun könnten wir diese engen Grenzen aber erweitern, schlägt der Evolutionspsychologe Steven Pinker vor. Denn durch Empathie werden wir auch friedlicher.

In seinem Buch *Gewalt. Eine neue Geschichte der Menschheit* belegt er, dass neben Selbstbeherrschung und Vernunft auch Empathie die Gewalt einschränken kann. So ist in den letzten Jahrhunderten die Gewaltrate gesunken. Pinker beschreibt, dass sich Empathie über die letzten Jahrzehnte immer weiter ausgedehnt hat: Der enge Kreis ist demzufolge doch erweiterbar, auch aufgrund der modernen Technologie, der Literatur und des Journalismus. Diese führen dazu, dass wir mehr reisen können, mit anderen Kulturen interagieren und viel häufiger einen Perspektivwechsel üben als früher – was wiederum Empathie, Sympathie und Verständnis für diese Gruppen erhöht.²⁴⁴

Wenn Sie sich auch mit Ihren größeren Beziehungskreisen verbinden, tragen Sie damit sogar weltweit zu mehr Verständnis, Austausch, Verbundenheit und überdies zu mehr Frieden bei.

Beziehungsprinzip 3:
Intensität – rein in die Emotionen

Eine gebrochene Nase kann mehr mit Liebeskummer zu tun haben, als man meint. Denn in einigen westafrikanischen Kulturen fühlen Menschen die Liebe in der Nase, wie auch immer das gehen mag. Dagegen sitzt in Papua-Neuguinea auf den Trobriand-Inseln die Liebe in den Eingeweiden.²⁴⁵ Bei uns in der westlichen Kultur ist der Sitz der Liebe gemeinhin im Herzen.

So unterschiedlich die Liebe in verschiedenen Kulturen auch an Stellen im Körper lokalisiert wird, so universell ist sie doch auf der ganzen Welt der tiefste emotionale Ausdruck von Verbundenheit mit anderen Menschen. Sie ist eine intensive Emotion, die uns mit Kraft zueinander hinzieht und die uns vieles tun lässt, was Verbindungen stärkt, vertieft und uns zum Erblühen bringt. Auch der Liebe verwandte Emotionen sind die Werkzeuge für soziale Verbindungen, besonders unter einer Voraussetzung: Die Emotionen sind intensiv.

Nervenzellenwachstum – je intensiver, desto mehr

Damit sich die volle heilende und gesunde Wirkung unserer Sozialkontakte entfaltet, brauchen wir unsere Emotionen. Sie haben sich im Laufe der Evolution als wichtiger Mechanismus entwickelt, um uns in sozialen Interaktionen zu leiten.[246] Emotionen sind unser Kompass. Es geht dabei um mehr, als einen Hauch von Freude, eine Ahnung von Zuneigung zu empfinden. »Je emotionaler, desto besser« ist in vielen Fällen die richtige Devise. Das hat mit der Neurogenese zu tun.

Was Hänschen nicht lernt, lernt Hans nimmermehr – dieser pessimistische Spruch ist inzwischen überholt, und das Umdenken bedeutete in der Neurowissenschaft eine Revolution. Vor einem Jahrhundert dachte man noch, ab dem Erwachsenenalter würden sich keine neuen Nervenzellen im Gehirn mehr bilden. Mittlerweile aber ist bewiesen, dass auch Erwachsene etwa 700 neue Nervenzellen pro Tag ausbilden. Dieses Wachstum können wir durch Verhaltensweisen wie Schlafen, Lernen, vollwertige Ernährung, Sport und Sex fördern. Dagegen verhindern Alkohol, ungesundes, fettiges Essen und übermäßiger Stress die Neurogenese.[247]

Vor allem aber hat soziale Interaktion einen wesentlichen Einfluss auf die Ausbildung neuer Gehirnzellen. Besonders positive soziale Anregung mit intensiven Emotionen fördert das Überleben und die Vermehrung von Gehirnzellen, während negative soziale Interaktion zu psychosozialem Stress führt und dadurch die Bildung neuer Gehirnzellen beeinträchtigt.[248]

Intensiver fühlen, besser erinnern

Emotionale Ereignisse haben gegenüber neutralen Ereignissen einen Gedächtnisvorteil. Das kann man zum Beispiel beim Anschauen von Filmen nachweisen. Vor allem der Amygdala kommt dabei eine besondere Rolle zu. Sie ist ein Kerngebiet im Gehirn und hat wichtige Aufgaben beim Wahrnehmen von gefühls- und lustbetonten Empfindungen und beim emotionalen Bewerten von Situationen. Je mehr Amygdala-Aktivierung beim Anschauen eines Filmes stattfindet, desto besser bleiben die Filmszenen in Erinnerung. Versuchspersonen sahen Dutzende kurzer Filmclips und mussten nach jedem Clip bewerten, wie emotional sie ihn empfanden. 3 Wochen später sollten sie sich an die Filmclips erinnern. Das Resultat: Sie konnten sich wesentlich besser und lebendiger an die als emotional eingestuften Filmclips erinnern als an die neutralen.[249]

Ereignisse, die hoch emotional sind, bleiben nicht nur länger im Gedächtnis, sondern werden auch mit größerer Lebendigkeit und mehr Detailreichtum erinnert, unabhängig davon, ob positive oder negative Emotionen im Vordergrund stehen.[250] Wenn Menschen sich an Situationen erinnern, in denen sie mit einer wichtigen Person am wütendsten und am glücklichsten waren, so ist genau diese emotionale Intensität ausschlaggebend dafür, wie gut sie sich an ein Ereignis erinnern. Erschreckendes, Schmerzliches, Freudiges. Liebe, Verliebtheit, Begeisterung verankern sich tief und plastisch in unserem Gedächtnis. Es lohnt sich also, viele positive, emotional intensive Erlebnisse mit anderen Menschen zu sammeln, um einen reichen Erinnerungsschatz erfüllender Momente immer wieder abrufen zu können.

Alles, was wir mit intensiven Emotionen verbinden, hält unser Gehirn außerdem jung. Denn dabei entstehen die vielen neuen Nervenzellen und neuronalen Netzwerke. Das geht bis ins hohe Alter. Deshalb sind auch ältere oder alte Menschen, die viele soziale Kontakte mit hoher emotionaler Intensität pflegen, am besten geschützt gegen Vergesslichkeit, Demenz, Alzheimer sowie alle möglichen anderen degenerativen Erkrankungen des Gehirns und auch des Körpers.[251]

Werfen Sie sich ins soziale Leben mit all den aufregenden, wilden und durchschüttelnden Emotionen, die der Kontakt zu anderen Menschen so mit sich bringt – wie große Freude, innige Liebe, Begeisterung, Mitgefühl, tiefe Zuneigung. Auch die schwierigen Gefühle wie Enttäuschung, Schmerz, Bitterkeit werden Sie erleben. Sie alle gehören zu einem intensiv gelebten, lebendigen und erfüllten Leben dazu. Sie sind gesund, heilsam und Neurogenese-fördernd.

Lebe wild und emotional, ist eine gute Leitlinie. Dabei kann uns ein bestimmter Dreh helfen.

Intensität – heute statt gestern

Warum erscheint uns ein Ereignis in der Erinnerung manchmal ganz weit weg und manchmal ganz nah? Der Abschlussball? War doch gerade erst gestern! Die Lernphase vor dem Abi? Mindestens zwanzig Jahre her. Emotionale Intensität beeinflusst unser Zeitempfinden. Je emotionaler wir uns an ein Ereignis erinnern, desto zeitlich näher erscheint es uns.[252]

Wir können ebenso ein Ereignis zeitlich nah heranholen, *um* uns emotional intensiv berühren zu lassen. Vielleicht fällt Ihnen ein, wie Sie Ihre Partnerin das erste Mal in den Arm genommen haben. Gehen Sie in die Situation und erleben Sie

sie neu, als ob es gerade jetzt passiert. Wie fühlen Sie ihren Rücken, während Sie vor dem Kino stehen? Wo spüren Sie ihre warme Hand? Was empfinden Sie dabei im Körper? Welche Emotionen sind da?

In Ihren aktivierten Erinnerungen ruht der Schlüssel zu intensiv gelebten Emotionen und damit zu intensiven und innigen Beziehungen. Doch manchmal geht es genau um das Gegenteil: schmerzliche Emotionen bewältigen.

Wenn's zu viel wird – Emotionen regulieren

Wenn wir uns emotional auf die Beziehung zu einer anderen Person einlassen, kann der Schmerz umso heftiger sein. Zum Beispiel, wenn eine Beziehung zu Ende geht, bei einem Verlust oder bei Konflikten. Wir kommen um schmerzhafte Gefühle nicht herum und können sie nicht überspringen. Wenn dann jemand ausweglos in seinem Trauerschmerz festhängt oder wenn aus Liebe Hass wird, dann sind diese Emotionen übermäßig stark.

Um das zu regulieren, gibt es verschiedene Möglichkeiten: Der Schlaf ist als allnächtliche Emotionstherapie hochwirksam. Wir verarbeiten schmerzliche Emotionen im Traum, und am nächsten Tag haben wir uns von den belastenden oder aufwühlenden Ereignissen des Vortages erholt. Nicht die Zeit heilt viele Wunden, sondern der Schlaf.[253] Außerdem gibt es heute verschiedene moderne Coaching- und Therapiemethoden zur Emotionsregulierung, also zum Abschwächen von übermäßig starken negativen Emotionen, deren Wirkung sich hirnphysiologisch anhand der aktuellen Forschungsergebnisse erklären lässt.[254] Daraus kann man Herangehensweisen ableiten, die Sie auch im Alltag nutzen können.

Bei starken Emotionen wie Angst oder anderen schmerzlichen Emotionen sind 2 wichtige Netzwerke im Gehirn aktiv: das zentrale Steuerungsnetzwerk, das eine Rolle beim bewussten Erleben und Regulieren von Emotionen spielt; und das Stressnetzwerk im limbischen System, das vor allem als Alarmzentrum bei Gefahr fungiert. Diese beiden Netzwerke konkurrieren miteinander um Ressourcen, das heißt, im Gehirn erhält entweder das eine oder das andere Netzwerk mehr Energie und kann dadurch aktiver sein. Bei einer übermäßig starken Emotion gewinnt sozusagen das Stressnetzwerk, es ist aktiver, und wir erleben übermäßig starke Emotionen. Dagegen nimmt die Aktivität im zentralen Steuerungsnetzwerk ab.

Um starke schmerzhafte Emotionen abzuschwächen, kann man ausdrücklich das zentrale Steuerungsnetzwerk aktivieren. Dafür aktiviert man in einem ersten Schritt eine schmerzliche Emotion. Ich arbeite in meiner psychologischen Praxis so: »Geh mal in diese Situation. Welche Emotionen sind jetzt da?« Meine Klientin oder mein Klient erlebt die Emotionen durch die Aktivierung noch einmal. Dann aktivieren wir das zentrale Steuerungsnetzwerk durch weitere methodische Schritte. Dadurch wird das Stressnetzwerk herunterreguliert, sodass die schwierigen Emotionen oft rasch abklingen. Bei diesem Vorgehen mit einer sogenannten dualen Aufmerksamkeitsfokussierung findet nach derzeitiger Forschungslage die wirksamste Möglichkeit der Emotionsregulation statt.[255]

Bei den Ausatmen-Übungen hinten im Buch finden Sie Hinweise, wie Sie alleine Ihre Emotionen regulieren können.

Schenken ist eine gute Sache, meistens

Auch Geschenke können intensive positive Emotionen hervorrufen. Der Anthropologe Daniel J. Hruschka forscht zur Bedeutung von Freundschaften und beschreibt sie als eine besondere Form der Beziehung, die nicht auf Aufrechnen und Gegenseitigkeit beruht, sondern auf Wohlwollen, das die Beteiligten im Laufe der Zeit aufbauen. Geschenke spielen dabei eine wichtige Rolle. Er bezeichnet sie als das Markenzeichen von Freundschaften, das in 60 Prozent aller Gesellschaften vorkommt.

Die Geschenke dienen der Langzeitpflege, um eine Freundschaft oder eine andere Beziehung zu kultivieren. Man drückt darüber Zuneigung und den guten Willen aus, die Beziehung mit der beschenkten Person zu entwickeln und zu vertiefen.

Am Beginn einer Freundschaft dienen Geschenke in einer Art Balzzeit dazu, die Spreu vom Weizen zu trennen und zu erkennen, ob hier wirklich eine gegenseitige Beziehung entsteht und ob man zueinanderpasst.[256]

Es geht beim Schenken nicht um den ökonomischen, sondern um den symbolischen Wert. Als unpassend oder nicht persönlich wertvoll empfundene Geschenke können die Weiterentwicklung einer Beziehung beenden. Geschenke sind quasi ein Marker, mit dem Menschen die Ähnlichkeit einschätzen. Diesen Effekt hat die Sozialpsychologin Elizabeth Dunn entdeckt. Sie wollte herausfinden, welche Auswirkung »gute« oder »schlechte« Geschenke auf die Beziehung haben. In verschiedenen Studien gaukelten die Forschenden den Versuchspersonen vor, dass die andere Person ein Geschenk für sie ausgesucht habe. In einer der Studien, in der die Versuchspersonen nur flüchtig miteinander bekannt waren, werteten sie die Geschenke, die ihnen nicht gefielen, als Zeichen, dass aus der Bekanntschaft lieber nicht mehr werden sollte, weil man zu unterschiedlich sei. Auch Paare schätzten anhand solcher guten oder schlechten Geschenke ein, wie ähnlich die andere Person ihnen sei und ob die Beziehung eine Zukunft habe. Geschenke haben Macht über den Fortgang der Beziehung.[257] Deshalb ist auch die Art des Geschenks keine banale Entscheidung.

Welches Geschenk stärkt die Beziehung mehr, ein materielles Geschenk wie eine teure Blumenvase oder eher ein Erlebnisgeschenk wie eine Einladung zu einem Konzertbesuch oder ein selbst gekochtes Abendessen? Erlebnisgeschenke verbessern und stärken die Beziehung wirkungsvoller, und zwar aufgrund der höheren emotionalen Intensität durch das gemeinsame Erlebnis.[258]

Gerade in nahen Beziehungen sollten Geschenke besser klein, lieber originell, kreativ und selbst gemacht als teuer, großartig und für viel Geld gekauft sein. Darin drückt sich mehr Intimität und Einzigartigkeit aus – mit der wir uns der Besonderheit unserer Freundschaft versichern können. Besonders gut kommen Geschenke ohne einen Anlass an, weil sie unerwartet sind und damit jenseits der Erwartung stehen, etwas geschenkt zu bekommen, wie beispielweise zum Geburtstag.

Wichtig ist, dass man sich nicht verpflichtet fühlt, etwas zurückzuschenken. Das erzeugt ein Gefühl, in der Schuld zu stehen, und dadurch entsteht Stress. Deshalb ist das Schenken auch eine zweischneidige Sache.

Es lohnt sich, bevor man ein Geschenk macht, sich selbst zu prüfen: Was ist mein ehrliches Motiv dahinter? Warum will ich dieser Person gerade ein Geschenk machen? Wenn Sie immer mehr Liebe in Ihrem Leben etablieren wollen, können Sie sich außerdem fragen: Wofür bin ich der anderen Person dankbar? Wenn Ihnen vieles in den Sinn kommt, stärkt das ein Gefühl von Fülle. Sie müssen nicht hadern, wenn vom anderen nichts zurückkommt. Das ist wie bei bedingungsloser Liebe.

Beziehungsprinzip 4:
Lernen – sich miteinander entwickeln

In der zehnten Klasse fragte mich meine Deutschlehrerin: »Na, Ulrike, welche Leistungskurse willst du wählen?«

»Bio und Mathe«, antwortete ich.

»Wie wäre es denn mit Deutsch?«

»Ich und Deutsch? Aber das kann ich nicht, ich bin doch der naturwissenschaftliche Typ!«

Ich habe dann Bio und Deutsch gewählt. Das war mein großes Glück, denn ich hatte im Weiteren große Freude an dem Fach. Heute schreibe ich Bücher. Mit der einen Frage hatte sie mir etwas zugetraut, was ich nicht geglaubt hatte. So geht Lernen und Entwicklung.

Sich weiterentwickeln

Von meinem Mann habe ich Kochen gelernt und noch viel mehr: liebevoll für andere zu sorgen, den Sinn dafür, in Ruhe und gemütlich mit anderen zusammen zu sein, viel zu schlafen und einen sicheren Blick dafür, wann man Verantwortung für etwas übernehmen sollte. Von meinem Sohn habe ich gelernt, dass weniger mehr ist und dass es einen Wert hat, über kräftesparende Strategien nachzudenken und auch über die ständigen Anlässe zum Lachen. Von Sabrina habe ich viel über Netzwerkfähigkeiten gelernt, manchmal spricht sie mit 30 Menschen an einem Tag – Journalisten, Fernsehredakteurinnen, Autoren. Mit Christin habe ich eine bestimmte Art von Beziehungstiefe, Beständigkeit und Spiritualität gelernt. Von Emanuel habe ich gelernt, verträglich und verzeihend zu sein. Von Philipp habe ich gelernt, auf Zeitsouveränität zu achten, und damit auf Freiheit. Von Stefanie und Uli habe ich gelernt, wie viele Menschen in großen Herzen Platz haben können. Meine Lernliste von Freunden ist noch sehr lang. Das ist ein riesiges, andauerndes Geschenk, und es geht dabei um Selbstentwicklung im Zusammenwirken mit anderen.

Der Spiegel zur Selbsterkenntnis

In Freundschaften geht es darum, was beide in der Gegenwart der anderen Person werden können. Für den griechischen

Philosophen Aristoteles war Freundschaft vor allem dafür da, die besten Seiten des anderen zu stärken und so die Tugendhaftigkeit beider zu fördern. Es ist leichter, den anderen und dessen Handlungen zu sehen und zu beurteilen, als die eigenen. Wir erkennen Tugend, indem wir tugendhaftes Verhalten bei anderen beobachten und einander sozusagen zum Modell nehmen. Deshalb dient Freundschaft als eine Art Spiegel zur Selbsterkenntnis und der gegenseitigen Vervollkommnung.[259] In dem »Widerspiegeln« kommt ein lebenslanger Prozess der Selbstbildung in Gang. Durch unsere Freunde werden wir uns unserer selbst mehr bewusst. Der wichtigste Effekt, den insbesondere Freundschaften haben, ist die Gelegenheit zum beständigen Perspektivwechsel und damit zur Entwicklung des Selbst. Freunde können auch in Zeiten, in denen wir unsicher sind, als Leitsterne dienen und uns helfen, uns zu orientieren.[260]

Es gibt aber auch Projektionen, die dem Zusammensein schaden und unsere Entwicklung bremsen. Wenn wir diese Projektionen erkennen, wird auch hier Entwicklung möglich. Diese Entwicklung geschieht mithilfe von Menschen, mit denen wir erst einmal Schwierigkeiten haben. Es kann passieren, dass wir unsere ungeliebten Seiten auf andere Menschen projizieren. Projektion bedeutet, wir wehren unsere unperfekten, ungeliebten oder angst- und schmerzvollen Seiten ab und entdecken sie dann vermeintlich bei anderen Menschen. Da bekämpfen wir sie dann, indem wir andere unsympathisch oder nervig finden, uns über sie empören, tratschen, intrigieren. Eine Bekannte von mir regte sich einmal sehr über die Großspurigkeit eines Kunden auf. Je mehr sie sich hineinsteigerte, desto weniger konnte sie auf sich selbst sehen und ihre eigenen Verhaltensweisen erkennen, mit denen sie sich großartig darstellte. Alles Negative blieb bei dem Kunden, sie selbst hielt sich frei von Selbstkritik.

Dieser psychologische Abwehrmechanismus, die Projektion, beraubt uns der Möglichkeiten zur persönlichen Entwicklung. Denn wir setzen uns mit unseren ungeliebten Seiten nicht mehr auseinander, um sie als Teil unserer selbst anzunehmen, sondern wir sind damit beschäftigt, sie im Außen zu bekämpfen. Wenn Sie um den Mechanismus wissen, können Sie Ihre Schattenseiten auffinden. Hilfreich ist die Frage: »Was von dieser Eigenschaft dieser Person finde ich in mir selbst?« Der nächste Schritt ist, die Projektionen zurückzunehmen und dadurch andere Menschen eher anzunehmen, wie sie sind. Die Erkenntnisse über sich selbst können Sie nutzen, um sich weiterzuentwickeln. So nehmen Sie nach und nach Ihre gesamte Persönlichkeit an, ohne Teile davon abzuwerten.[261]

Stellen Sie sich 3 Fragen: Erstens, wer regt mich auf, bei wem bin ich genervt, empfinde Ärger, Stress oder andere negative Emotionen? Zweitens, welche Eigenschaft an dieser Person regt mich auf? Und drittens, was hat das mit mir zu tun, und wie kann ich es als Teil von mir annehmen? Wenn Sie das hinbekommen, entspannt sich der Kontakt: Sie akzeptieren die Beziehungssituation als Lernerfahrung. Diese Haltung wird vieles in Ihren Beziehungen entspannen.

Mit anderen Menschen, unseren Freunden, lernen wir, uns selbst zu entwickeln.

Lernen ist wie Atmen

Klaus W. Döring, ein Pionier auf dem Gebiet der Weiterbildung und Professor an der TU Berlin, vergleicht das Lernen mit dem Atmen. Es gibt 3 wichtige Lernphasen, die wir uns mit dem Atmen als Methapher wie einen Atemzyklus vorstellen können.[262] Anfangs erschließen wir uns etwas Neues. Sie lesen zum Beispiel ein Sachbuch. Sie atmen dabei im übertragenen Sinne ein: neues Wissen, Meinungen, Geschichten. Danach verarbeiten Sie es geistig, indem Sie es überdenken. Beim Überdenken drücken Sie es im besten Fall schon in eigenen Worten aus: für sich allein, im Gespräch mit anderen, beim Schreiben. Dabei atmen Sie im übertragenen Sinne das vorher neu Aufgenommene aus. In der letzten Phase sichern Sie das neue Wissen, indem Sie es praktisch anwenden, ausprobieren, wiederholen und auf diese Weise einüben. Im besten Fall bis zur Gewohnheit. Dann hat sich Ihr Gehirn bleibend verändert und entwickelt – und damit Sie.

Meist atmen wir beim Lernen mehr ein als aus. Wir reden mit jemandem und haben Neues erfahren. Wir lesen, wir surfen im Internet, wir hören Podcasts, Vorträge und Vorlesungen, wir schauen Videos und Fernsehen, und unser Kopf wird immer voller. Und dann? Mit all dem Wissen sitzen wir da, und das Gehirn lässt die vielen Informationen durchrauschen, weil kein Platz mehr ist, um sie zu verarbeiten. Das meiste vergessen wir dann wieder. Vor 20 Jahren sah man Menschen aus dem Fenster oder vor sich hin schauen. Sie haben währenddessen ihre Gedanken wandern lassen, etwas überdacht, Erlebtes verarbeitet. Das meine ich mit Ausatmen im Lernprozess. Heute ist dieser kostbare Leerlauf bei vielen weitgehend abhandengekommen.

Deshalb ist es so wichtig, sich nach jedem Einatmen im Lernprozess, ob es ein inniges Gespräch mit einem Freund ist oder eine flüchtige Begegnung mit einer Kollegin, eine Gelegenheit zum Ausatmen und Sackenlassen zu nehmen. Sie können dafür kurz die Augen schließen oder um den Häuserblock spazieren. Lassen Sie wichtige Dinge aus dem vorherigen Gespräch Revue passieren, anstatt sofort das Handy aus der Tasche zu ziehen. Oft genügen Minuten, sogar Sekunden, um so einen Lernprozess abzuschließen. So werden wir auch leichter bereit, uns danach wieder voll einzulassen auf das Nächste.

Einatmen, ausatmen, einatmen, ausatmen. Rhythmus statt Overload.

Öffnungsbereit werden

Erst wenn wir uns in Beziehungen öffnen, können wir von- und miteinander lernen. Dabei vertrauen wir uns unsere Erfahrungen authentisch, feinfühlig und verständnisvoll an. Wir teilen bereitwillig Persönliches. Das wiederum bedeutet, verletzlich zu sein, und es erfordert Mut. Öffnungsbereitschaft ist ein Zauberwort in Beziehungen. Sie dient sowohl der Bildung als auch der Aufrechterhaltung von Beziehungen.[263] Sie ist also die Grundlage für die gesamte Entwicklung einer Beziehung und für unsere eigene Entwicklung.

Öffnungsbereitschaft heißt auch: Verletzlichkeit zu zeigen und zuzulassen. Dazu braucht es Vertrauen. Ich erinnere mich an Teilnehmende in meinen Seminaren, die erst nur zuhören und so bemerken, dass sie mit ihren Problemen und Gedanken nicht allein sind. Sie beobachten, dass alle vertrauensvoll, empathisch und freundlich miteinander umgehen. Dann beginnen sie, sich gleichfalls zu öffnen und verletzlich zu zeigen.

Öffnungsbereitschaft hat reichlich positive Effekte auf unsere Beziehungen, aber auch auf unser persönliches Wohlbefinden. Sie steigert Intimität, Vertrauen, Empathie, was insgesamt dazu führt, dass wir uns zugehörig fühlen; sie baut Vorurteile ab und hilft bei Depression.[264] Studienergebnisse zeigen, dass zumindest in Liebesbeziehungen die Länge und Zufriedenheit von der Öffnungsbereitschaft der Partner abhängt: Je offener in der Beziehung diskutiert wird und persönliche Erfahrungen geteilt werden, desto langlebiger ist die Beziehung und desto zufriedener sind die Beteiligten. Das können wir auch für andere Arten von Beziehungen annehmen. Hier spielt auch das Geschlecht eine Rolle: Viele Studien zeigen, dass wir in gleichgeschlechtlichen Freundschaften wesentlich offener sind als in andersgeschlechtlichen Freundschaften.[265]

Durch weitere Studien lässt sich ein direkter Einfluss der Öffnungsbereitschaft auf die Intimität in Beziehungen nachweisen. Es geht hier erst mal nicht um sexuelle Intimität, sondern um innige Nähe und Vertrautheit, also um die Frage, wie aus Bekannten Freunde werden. Und da wird deutlich, dass Öffnungsbereitschaft ein wichtiger Katalysator für zunehmende Nähe ist. Je mehr wir in einer Beziehung offenbaren, desto mehr Intimität entsteht.

Es ist eine Positivspirale: Mit fortschreitender Zeit baut sich in Beziehungen über mehrere Stationen von kleinen Geschenken über Hilfsaktionen und Verhaltensweisen wie Öffnungsbereitschaft immer mehr Vertrauen auf. Durch diese Dinge bekommen wir über einen gewissen Zeitraum hinweg Informationen über den anderen, die uns einschätzen lassen, wie verlässlich und vertrauensvoll derjenige ist. Dadurch wiederum öffnen wir uns mehr.[266]

Wer sich öffnet, wirkt sympathisch. Wir mögen solche Menschen lieber. Wer freimütig von seinen Schwächen erzählt, vielleicht sogar darüber lachen kann, gewinnt unsere Sympathie und Zuneigung. Außerdem geben wir Menschen mehr preis, wenn wir sie von Beginn an sympathisch finden. Und Menschen mögen auch noch diejenigen zunehmend lieber, denen sie sich geöffnet haben.[267]

Biologisch hängt all das davon ab, was in unserem Körper und Gehirn passiert, wenn wir uns anderen öffnen oder andere sich uns öffnen.[268] Im Gehirn werden, wenn man sich jemandem öffnet, Areale aktiviert, die für Belohnung zuständig sind, und es wird Oxytocin ausgeschüttet. Der Blutdruck sinkt, und das Immunsystem wird gestärkt. Dagegen hat das Verheimlichen von Traumata vor einem intakten sozialen Netzwerk negative Gesundheitseffekte und ist ungesünder, als überhaupt kein soziales Netzwerk zu haben. Andersherum haben das Teilen von traumatischen Erfahrungen und das Darüber-Reden oder -Schreiben einen positiven Effekt auf die Gesundheit.[269]

Sie sehen, wie die Beziehungsprinzipien ineinandergreifen. Wenn wir uns verstanden fühlen, wird im Gehirn die Region

aktiviert, die mit Belohnung und sozialer Verbundenheit assoziiert ist; während bei dem Gefühl, nicht verstanden zu werden, die Region aktiviert wird, die mit sozialem Schmerz,
Ausgrenzung und Unverbundenheit assoziiert ist.

»Sich-verstanden-Fühlen« führt also zu einem veränderten
Erleben und Fühlen: Wir empfinden uns als wertgeschätzt,
respektiert und anerkannt, was sowohl unser persönliches als
auch unser soziales Wohlergehen steigert, also als eine Art soziale Belohnung zu fungieren scheint, die wiederum die soziale
Beziehung und Verbundenheit stärkt.[270] Öffnungsbereitschaft
als Voraussetzung für Voneinander-Lernen in Beziehungen
hat dann wiederum auch mit einem hohen Selbstwert zu tun.

Den Selbstwert stärken

Alle wünschen es sich, gar nicht so viele haben ihn: einen hohen und stabilen Selbstwert. Wenn wir kein sicheres Gefühl
für unseren eigenen Wert haben, scheint es naheliegend, ihn
über Anerkennung und Bestätigung von außen stärken zu
wollen, mit verschiedensten Strategien. Viele schlagen einen
wenig Erfolg versprechenden Weg ein: Sie versuchen, einen
Selbstwert aufzubauen, der an Bedingungen geknüpft und
von äußeren Faktoren abhängig ist. In der Psychologie wird
diese Art des Selbstwerts »Kontingenter Selbstwert« genannt.[271] Dann denkt man sich den Zusammenhang so: »Ich
bin wertvoll, *wenn* ich …« Also zum Beispiel: »Ich bin erst
wertvoll, wenn ich diese Leistung vollbracht habe« oder »Ich
bin nur wertvoll, wenn ich schlank bin«. Diese Bedingungen
können alles Mögliche beinhalten: gute Leistungen bringen,
Erfolge haben, toll aussehen, glatte Haut und bloß kein Hüft-
gold haben, Chef sein, eine teure Uhr tragen.

Ein kontingenter Selbstwert ist jedoch keine Erfolg versprechende Möglichkeit, um einen stabilen und hohen Selbstwert zu erleben, er ist dadurch sogar niedriger und instabiler,

geht mit höherem Stress einher, und Personen mit kontingentem Selbstwert nehmen Situationen stärker als potenzielle Selbstwertbedrohung wahr.[272] Außerdem gibt es immer wieder Einbrüche, denn der Selbstwert ist nicht aus einem inneren Gefühl für den eigenen Wert gespeist, das sich eher aus einem Annehmen aller Seiten der eigenen Person und aus dem Selbstgefühl im Zusammensein mit anderen Menschen speist. Der kontingente Selbstwert mag mit einer hohen Leistungsmotivation einhergehen, kann aber auf Dauer mühevoll und erschöpfend sein, oft bis zum Burn-out. Er führt uns von uns selbst weg. Wir verzehren unsere Kräfte. Was können wir tun, um mehr innere Fülle und Stärke zu entwickeln?

Erfolg versprechender für einen stabilen und hohen Selbstwert ist das innenorientierte Selbstwertgefühl. Dies integriert alles, was zu uns gehört, und es ist nicht an Bedingungen geknüpft. Dann lautet der Satz nicht mehr: »Ich bin wertvoll, weil ich dieses und jenes geleistet habe«, sondern anders: »Ich bin wertvoll, weil ich existiere.« Punkt. Keine Bedingungen.[273]

Wenn wir in Kontakt mit den ungeliebten Seiten unserer Person kommen, also dem, wovor wir Angst haben, wofür wir uns schämen, was wir an uns nicht mögen, können wir innehalten, durch Schwieriges hindurch- und darüber hinausgehen. Auch in der Akzeptanz- und Commitmenttherapie, einer neueren Form der Psychotherapie, bei der man verhaltenstherapeutische Techniken mit achtsamkeits- und akzeptanzbasierten Strategien kombiniert, ist radikale Akzeptanz die Grundlage, ebenso im Buddhismus.[274]

Über diesen Weg der Selbstakzeptanz hinaus gibt es glücklicherweise eine weitere Möglichkeit für die Stärkung Ihres Selbstwerts: Ihre Sozialkontakte.

Selbstwert entsteht nicht nur aus »eigener Kraft«, sondern in Interaktion mit anderen Menschen. Das haben die Psychologen Michelle A. Harris und Ulrich Orth in ihrer Metastudie von 2020 analysiert.[275] Sie fragten: Gibt es einen Zusammenhang zwischen Selbstwertgefühl und sozialen Beziehungen? Und wie sieht er aus? Dafür haben sie 52 Studien mit mehr als 47 000 Teilnehmenden von früher Kindheit bis ins hohe Erwachsenenalter ausgewertet. Das Ergebnis: Ja, es gibt einen Zusammenhang von Selbstwertgefühl und sozialen Kontakten. Beides wirkt aufeinander und verstärkt beziehungsweise schwächt sich gegenseitig. Interessant ist, dass vor allem indirektes Feedback wirkt, wie, sich Zeit für den anderen zu nehmen oder Interesse an den Aktivitäten des anderen zu zeigen. Es geht also nicht darum, dem Gegenüber zu sagen: Du bist toll. Sondern es geht darum, die Beziehung so zu gestalten, dass die andere Person sich so *fühlt*. Das ist mehr als Worte und Beteuerungen.

Für eine Selbstwertstärkung brauchen wir Erfahrungen. Ein guter Ansatz ist es, Zeit miteinander zu verbringen, Genuss und Interesse zu fühlen. Das stärkt das Selbstwertgefühl. Mit positiver Rückkoppelung können wir uns zudem in diesen stärkenden Beziehungen immer weiter nach oben schrauben: Der Einfluss von heilenden Sozialkontakten auf unser Selbstwertgefühl nimmt über die Zeit zu und andersherum. Je besser unsere Beziehungen, desto besser der Selbstwert; je besser der Selbstwert, desto besser unsere Beziehungen.

Beziehungsprinzip 5: Entspannte Zeit

»Die Vorstellung, nichts anderes zu tun, als Zeit in der Gesellschaft des anderen zu verbringen, ist in gewisser Weise zu einer verlorenen Kunst geworden, ersetzt durch Salven von Texten und Tweets. Die Menschen sind so erpicht darauf, die Effizienz ihrer Beziehungen zu maximieren, dass sie das Gefühl dafür verloren haben, was es heißt, ein Freund zu sein«, sagt der britische Professor Ronald Sharp.[276]

Es ist eines meiner Lieblingsthemen im Zusammenhang mit Sozialkontakten: gemeinsame Zeit entspannt verbringen. Aber nicht, weil ich darin sonderlich gut wäre. Nicht, weil ich so locker umschalte auf absichtslos verbrachte Zeit. Nicht, weil ich die Ruhe in Person wäre, die im Zusammensein mit anderen automatisch entspannt. Es ist ein Lieblingsthema, weil ich viel lernen kann. Von anderen, aus der Fachliteratur und dadurch, wie ich mir unsere Vorfahren vorstelle:

Eine Gruppe von Steinzeitmenschen hockt um das Feuer. Mit der Abenddämmerung kühlt die Luft ab, die Flammen wärmen. Manche der Versammelten sind still in Gedanken versunken. Andere unterhalten sich, immer wieder brandet Lachen auf. Eine Frau mit vielen Runzeln im Gesicht erzählt eine Geschichte, und Kinder und Erwachsene lauschen. Manche essen noch, greifen nach Wurzeln, Blättern und Beeren. Mit der Dunkelheit verstummen die Gespräche. Manche sind bereits eingeschlafen, allein oder aneinandergekuschelt. Einer wacht am Höhleneingang, schaut in die Nacht, die vom Mond schwach erleuchtet ist.

Ich nutze solche Vorstellungen manchmal, um mein eigenes Leben damit zu vergleichen: Lebe ich artgerecht?

Gemeinsam ist der Normalzustand

Die Evolutionspsychologie tut etwas Ähnliches. Sie erforscht unsere Stammes- und Evolutionsgeschichte und rekonstruiert den Lebensstil und die Psyche der frühen Menschen, als das menschliche Gehirn einen Großteil seiner Evolution durchlief, und leitet daraus ab, was bis heute in uns verankert ist. Sie erklärt daraus, warum wir uns auf eine bestimmte Art verhalten, warum unser Körper, unsere Psyche und Emotionen so oder so reagieren. Meist kommt dabei heraus, dass es jahrmillionenlang für die Menschen vorteilhaft so war und dass wir nicht in ein paar Jahrhunderten der Moderne ein so altes Erbe ablegen können. Deshalb leistet diese Forschungsrichtung einen wichtigen Beitrag, um zu verstehen, warum wir so sind, wie wir sind – und was uns auch heute noch von damals guttun würde.

Nicht nur der Blick auf die menschliche Evolution, auch viele andere wissenschaftliche Erkenntnisse zeigen uns, dass im ganzen Sozialleben 2 Dinge eine herausragende Rolle spielen: die Qualität und die Quantität der Beziehungen. Beides stärkt die Beziehungen. Qualität? Dabei geht es um die emotionale Intensität, das 3. Beziehungsprinzip, und die Nähe, das 6. Beziehungsprinzip. Und Quantität ist der Rahmen, in dem diese emotionale Intensität und Nähe entstehen kann. Da gilt: je mehr Zeit und je häufiger, desto näher.[277]

Dass gemeinsam verbrachte Zeit einen dermaßen wichtigen Effekt auf die Nähe einer Beziehung hat, beeindruckt mich. Früher dachte ich, man könne gemeinsam verbrachte Zeit durch innere Verbundenheit ersetzen, mich mit einer Freundin verbunden fühlen, auch wenn ich sie in den letzten Jahren nur ein paar Mal gesprochen habe. Doch alle Studien zur emotionalen Nähe in Netzwerken sagen etwas anderes. Und je mehr ich darauf achte, desto mehr kann ich dem aus meinen Erfahrungen zustimmen. Beziehungen werden inniger, je mehr Zeit wir in sie investieren. Und diese gemeinsam verbrachte Zeit dient nicht nur der Beziehungspflege, sondern sie ist mehr als das: ein Normalzustand.

Bei allen Menschen, überall auf der Erde, verbessert sich jeder Messwert von Gesundheit und Wohlergehen, wenn sie in nahen Beziehungen und reichhaltigen sozialen Netzwerken eingebunden sind. Einer der wichtigsten Gründe, warum das so ist: Soziale Nähe, inniger Kontakt und Interaktion sind nach der *Social Baseline*-Theorie[278] unser natürlicher Zustand, zu dem wir durch soziale Interaktion immer wieder zurückkehren. Wir kommen zur Ruhe, wenn wir in einem entspannten Zusammensein Zeit miteinander verbringen.

Die Vorteile des Zusammenseins resultieren aus der Verringerung der Stressreaktion des Körpers. Durch prosoziales Verhalten, wie anderen zu helfen, fühlen sich Menschen sicherer, weniger ängstlich und bedroht. Wir sind biologisch nicht nur darauf vorbereitet, uns gemeinsam besser zu fühlen, sondern auch darauf, uns gemeinsam *normal* zu fühlen.[279] Dieser Mechanismus wird durch Hormone und Neurotransmitter unterstützt und vermittelt – Oxytocin, Dopamin und Endorphine. Sie fördern die Bindung zwischen Menschen und innerhalb einer Gruppe. Teil einer Gruppe oder überhaupt mit Menschen zu sein, mit denen wir uns aufgehoben und angenommen fühlen, reduziert Angst und Stress, wirkt als körpereigenes Schmerzmittel und löst Wohlgefühle und Glück aus. Gegenüber denen, die nicht zur Gruppe gehören, macht Oxytocin dagegen abwehrend; es macht starke Bindungen stärker und schwache Bindungen schwächer. Und die Opioide Dopamin und Endorphin tragen neben einer reduzierten Schmerzwahrnehmung zu einem Gefühl der Euphorie und Freude bei und werden wie Oxytocin freigesetzt, wenn wir uns zum Beispiel körperlich berühren oder synchron mit anderen bewegen, wie beim gemeinsamen Tanzen.[280]

Auch aus den Forschungen von John T. Cacioppo über Einsamkeit wissen wir: Der Mensch ist nicht dafür geschaffen, allein zu sein. Die gesamte Menschheitsgeschichte lang haben wir unser Leben in großen, unterstützenden Gruppen gelebt. Gemeinsam jagen, essen, um ein Feuer sitzen, Geschichten und Lieder austauschen, lachen, schweigen. All das können wir heute auch tun. Natürlich nur, wenn auch andere mitmachen, was wiederum nicht so leicht ist, denn »einfach nur Zeit zusammen zu verbringen«, auch ohne Gespräche, Zeitdruck oder ein Ziel, sind die meisten von uns nicht mehr gewöhnt.[281] Unser Standardzustand heute ist selten dieses natürliche, entspannte Zusammensein. Aber wir können dem

Zusammensein wieder einen hohen Stellenwert geben. Auf eine neue Art, die zu unserem heutigen Leben passt.

Soziale Zeit – wie oft und wie lange?

Paviane, die uns in vielen Aspekten des sozialen Lebens sehr ähnlich sind, verbringen 45 Prozent ihrer Wachzeit mit sozialer Interaktion, zum Teil in Form von Körperkontakt mit Fellpflege, meistens in 1-zu-1-Interaktion.[282] Wir Menschen verbringen nur ungefähr 20 Prozent unserer Wachzeit am Tag damit. Ob nun der Kaffeeklatsch bei der Arbeit oder das abendliche Telefonat mit der Freundin, gemeinsames Essen oder sich auf andere Art unterhalten – das ist soziale Zeit. Nicht aber gehört dazu die Party-Zeit, betont Dunbar,[283] wenn man dabei keine direkte Beziehungspflege betreibt, sondern für sich allein trinkt oder tanzt.

Wir betreiben zwar keine gegenseitige Fellpflege, aber auch für uns ist die Menge der Zeit wichtig, die wir für unsere Sozialkontakte aufbringen. Verschiedene Studien weisen es nach: Je mehr die Versuchspersonen miteinander interagierten, desto attraktiver, vertrauenerweckender und sympathischer werden sie füreinander.[284] Hier haben wir auch die Erklärung dafür, warum wir viel Zeit brauchen, damit aus Bekannten Freunde werden:[285] Wenn man positive soziale Erfahrungen macht, ergeben sich mit zunehmender Interaktion natürlich immer mehr positive Erfahrungen. Auch evolutionär kann man erklären, warum wir selten gleich nach den ersten Begegnungen Freundschaft schließen: Neues war für die frühen Menschen potenziell gefährlich, erst mit steigender Vertrautheit sinkt die potenzielle Gefahr.

Was passiert, wenn wir zu wenig Zeit in unsere Beziehungen investieren? Robin Dunbar hat herausgefunden, dass dann nicht nur flüchtige Bekanntschaften niemals Freunde werden. Sondern auch, dass bei Freunden bereits nach wenigen

Monaten mit wenig Zeitinvestment die emotionale Nähe nachlässt und die Kontakte in äußere Kreise wandern.[286] Wenig Zeit für Kontaktpflege zu haben ist keine Seltenheit, etwa bei viel beschäftigten Selbstständigen, da sind 14-Stunden-Tage an 7 Tagen pro Woche über Jahre hinweg normal. Mit einem Mal ist im innersten Kreis nur noch die Partnerin, und im Kreis der 15 sind nur noch 2 oder 3 Freunde, die einem nicht allzu nahestehen.

Räumliche Nähe und persönliche Treffen sind zwar ebenfalls vorteilhaft für die Pflege der Beziehungen, aber nicht so zwingend notwendig wie das große Zeitinvestment. Ich merke es mit einer Freundin, die 800 Kilometer entfernt lebt. Wir haben uns in unserer 10-jährigen Freundschaft erst 5 Mal getroffen. Auch weitere Freunde leben in anderen Städten und sind zu weit weg, um sich öfter zu treffen. Aber zeitintensive Telefonate und viele Text- und Sprachnachrichten ermöglichen trotzdem emotionale Nähe.

Dunbars Forschungsergebnisse zeigen, wie kostbar jede Minute ist, die wir in das Zusammensein mit unseren Sozialkontakten investieren. Wenn Sie jetzt sagen: »Dafür habe ich einfach keine Zeit«, dann lohnt es sich umso mehr für Sie, ein großes Zeitleck zu prüfen, das die meisten von uns heute haben: das Internet.

Das Internet klaut Zeit

Es gibt Studien über den Zusammenhang von privater Internetnutzung und Qualitätszeit mit Freunden und Familie.[287] Es zeigte sich, dass für jede persönliche E-Mail oder Nachricht, die man bekommt oder verschickt, etwa eine Minute von der gemeinsamen Zeit mit Familie und Freunden abgeht. Mit einem Durchschnitt von etwa 13 Nachrichten pro Tag bedeutet das einen Rückgang von täglich 13 Minuten Qualitätszeit, das sind 1,5 Stunden pro Woche. Im Internet oder mit Nachrichten verbrachte Zeit ist allein verbrachte Zeit, selbst wenn man dabei E-Mails an Freunde verschickt. Es ist Zeit, die auf Kosten von gemeinsamer, geteilter Zeit in direkten Face-to-Face-Interaktionen geht. Mit dem Internet stehlen Menschen sich unauffällig und oft unbewusst die kostbare Zeit für qualitativ hochwertige Interaktionen mit Menschen, die ihnen eigentlich wichtiger und näher sind als ein weit entfernter Kontakt, der zufällig gerade einen Kommentar oder eine Nachricht in einem der sozialen Netzwerke geschrieben hat.

Sparen Sie diese 13 privaten Internetminuten pro Tag, dann haben Sie jede Woche 1,5 Stunden mehr Zeit dafür, mit Ihren Freunden zusammen zu sein. Der Renner für hochwertige Interaktionen ist das Face-to-Face-Treffen.

Gemeinsam essen verbindet

Gemeinsames Essen ist ein absoluter Bindungsbooster, der in allen Beziehungskreisen möglich ist, ob das Dinner for two mit der Partnerin, das Familienmittagessen mit den Kindern oder den Großeltern oder das Geschäftsessen: Das gemeinsame Essen ist sozialer Klebstoff. Jetzt, nach der Corona-Pandemie, sollten wir diesen Klebstoff wieder einsetzen. Gemeinsam zu essen ist aber auch ein starker Gesundheitsfaktor. Forscherinnen fanden bei Jugendlichen einen deutlichen Zusammenhang zwischen der Frequenz von gemeinsamen Familienessen und geringeren Leveln an Depressionen, Suchterscheinungen und kriminellen Handlungen. Zusammen zu essen schützte die jungen Menschen, indem es einen regelmäßigen und wohltuenden Rahmen schuf, um vom Alltag zu erzählen und auf unkomplizierte Weise in Kontakt zu kommen. Gemeinsames Essen fördert Gefühle von Nähe und Zugehörigkeit, schlussfolgern die beiden Forscherinnen. Allerdings nur, wenn gemeinsames Essen freiwillig stattfindet und wenn die Qualität der Beziehung stimmt.[288]

Auch Robin Dunbar hat die positiven Effekte gemeinsamer Mahlzeiten erforscht. In unserem Gespräch erzählt er mir, dass gemeinsames Essen evolutionär als Mechanismus entstanden ist, um soziales Anknüpfen und Beziehungsaufnahme zu erleichtern. Seine erste Erkenntnis klingt dabei noch weniger erstaunlich als die zweite und erst recht die dritte:

»Erstens«, erzählt er, »Menschen, die mit anderen zusammen essen, sind glücklicher und zufriedener im Leben, vertrauen anderen mehr und sind engagierter in lokalen Gemeinschaften.«

»Und zweitens«, fährt er fort, »fördert zusammen zu essen nicht nur das Gefühl von emotionaler Nähe und Zugehörigkeit zu dem, mit dem man gerade isst, sondern auch zur Gemeinschaft insgesamt, selbst wenn diese gar nicht anwesend ist.«

In seinen Büchern schreibt er darüber: Menschen, die miteinander essen, sind zufriedener mit sich und haben meist ein größeres Unterstützungsnetzwerk. Es gibt dabei klar einen kausalen Zusammenhang: Das gemeinsame Essen ist tatsächlich die Ursache für die positiven Effekte.[289]

Und dann erzählt er den dritten Punkt, der mich besonders überrascht hat: »Menschen, die *abends* gemeinsam essen, mit Lachen und Erzählen von Erinnerungen, fühlen sich emotional näher als Menschen, die mittags zusammen essen.«

Die meisten sozialen Aktivitäten, so schreibt Dunbar, finden ohnehin abends statt, und generell sind abendliche Unternehmungen eher für enge Beziehungen reserviert. Es scheint, dass das gemeinsame Essen am Abend noch eine Prise »magic« hinzufügt.[290]

Was bedeutet das für unseren sozialen Alltag? Sie können öfter mal Freunde und andere zum Essen einladen oder sich jedenfalls zum Essen verabreden. Wenn Sie zu sich nach Hause einladen, ist es übrigens auch entlastend für die Gäste, wenn sie beim Kochen mithelfen können. So entsteht schon vor dem Essen eine gemeinschaftliche Atmosphäre. Niemand muss untätig herumstehen oder sich unnütz oder in der Schuld des Gastgebers fühlen. Bringen Sie alle auf Augenhöhe und gut in Kontakt, indem jede, jeder etwas beiträgt.

Und wie und worüber redet man beim Essen?

Tratschen erlaubt – der soziale Kitt

Ich kann Sie entlasten, wenn Sie sich Klatschen, Tratschen und Lästern bisher übel genommen haben sollten, weil Tratschen bei uns ein schlechtes Image hat. Doch dieses Image hat es zu Unrecht, denn es hat wichtige Funktionen in unserer Gesellschaft, es geht dabei selten um das Schlechtmachen von anderen, und es findet überall auf der Welt und sehr häufig statt. Jede zehnte Person in Deutschland gibt an, an jedem Tag zu lästern. Im Durchschnitt tratschen wir 52 Minuten am Tag.[291]

Unter Wissenschaftlern ist Tratsch erst einmal nichts anderes als der Austausch von sozialen Informationen, Beobachtungen und Bewertungen über nicht anwesende Personen. Sie können positiv oder negativ ausfallen. Jemand hat ein Verhalten bei jemand anderem beobachtet, und nun wird darüber geredet. Man erzählt sich lustige, beeindruckende, schöne oder auch alberne, empörende oder peinliche Anekdoten. Wie die 5-jährige Tochter mit ihrem kleinen Freund in der Kita die Chefin gespielt hat, oder wie ein Kollege schon wieder alles auf seine Mitarbeiterin abgeschoben hat. Es geht um die persönlichen und beruflichen Beziehungen, Erlebnisse, Vorlieben und Abneigungen.

Dieser Austausch hat soziale Funktionen. Dahinter steht die Frage, was zwischenmenschlich normal, richtig und erlaubt und was vielleicht sozial verpönt, falsch und anrüchig ist. Damit verhandeln die Beteiligten soziale Normen, und uns darüber immer wieder neu auszutauschen brauchen wir, um weiterhin einen guten Stand in der Gemeinschaft zu haben. Wir wollen gut angesehen sein und das auch bleiben. Beim Tratschen helfen wir uns gegenseitig dabei, uns richtig zu verhalten, entsprechend den Regeln der Gruppe, der wir uns zugehörig fühlen. Wir vergleichen unsere Weltbilder miteinander. Oder wir helfen uns, indem wir uns zum Beispiel warnen, etwa vor einer Person, die betrügt oder sich unfair verhält. Schon Kinder lästern, indem sie andere vor unfairen Spielkameraden warnen, also zum Schutz von anderen. Tratsch ist ein sozialer Kompass.

Deshalb ist Tratschen auch ein Mittel, um kooperatives soziales Handeln zu stärken. Wenn jemand damit rechnen muss, dass sein Verhalten von anderen beobachtet und weitererzählt werden könnte, verhält die Person sich sofort sozial angepasster, was meist bedeutet: kooperativer, freundlicher, weniger egoistisch. Das erklärt, warum Tratschen insgesamt auch Vertrauen zueinander fördert.[292]

Eine weitere Funktion ist die Stärkung der Bindung. Ähnlich wie bei den Primaten die Fellpflege körperliche Nähe und darüber Bindung und Zusammenhalt schafft, übernimmt bei den Menschen der Austausch über andere diese Funktion. Wir reden dabei häufig über Personen, die auch die anderen kennen, das stärkt zusätzlich die Bindung. Tratschen macht schließlich auch Spaß, im Gehirn wirkt es belohnend. Vieles geschieht hier zum Amüsement und Zeitvertreib. Tratschen ist ein soziales Vergnügen.[293]

Tratschen ist somit eine Art sozialer Kitt, der größere Gruppen und Gesellschaften schon immer zusammengehalten hat. Es verbindet und formt das Miteinander.[294]

Das geschieht nicht nur im persönlichen Kontakt, sondern ganz besonders auch in den sozialen und journalistischen Medien. Da wird in Kommentaren, Kolumnen oder Berichten über Fehlverhalten geschrieben und gesprochen, was wiederum Anlass dafür ist, darüber zu sprechen.

Halten wir fest: Wir können ruhig weiter klatschen, solange wir dabei nicht fies sind und jemandem schaden. Wir schaffen damit eine gute Verbindung mit denen, mit denen wir es tun, und wir finden dabei heraus, wie wir uns im sozialen Miteinander richtig verhalten.

Das Gemeinsamsein genießen

Auch die bloße physische Anwesenheit anderer zu genießen, ohne Worte oder Aktivität, kann wohltuend sein. Wir nehmen auch passiv Einfluss aufeinander.[295] Wie dieses bloße Genießen des Zusammenseins aussehen und sich auf das Lebensglück auswirken kann, zeigen uns die Länder, die regelmäßig die Ranglisten der glücklichsten Länder anführen. Zum Beispiel die Dänen, jährlich fast gleichauf mit Norwegen, der Schweiz und Finnland. Zum Vergleich: Deutschland landete bisher immer ungefähr auf Platz 15 von 156 Ländern.[296] Im World Happiness Report 2021 ist Deutschland jedoch für das Jahr 2020 auf Platz 7 gestiegen.

Das dänische Glücksrezept jedenfalls heißt »Hygge« und lässt sich ungefähr mit gemütlich, geborgen übersetzen. Dabei geht es vor allem um ein behagliches Lebensgefühl im geselligen Zusammensein mit Freunden oder Familie, das auch ein Ausgleich zum hektischen sonstigen Alltag sein kann. Eigentlich ist es nichts anderes als das, was meine romantische Steinzeitvision beschreibt.

Ich saß einmal mit dem Botschafter des Königreichs Dänemark zusammen, Friis Arne Petersen. Das war auf dem Podium einer Glückskonferenz in der dänischen Botschaft. Er erzählte, wie er trotz seiner anspruchsvollen beruflichen Aufgaben am Freitagabend mit seiner Familie in einer gemütlichen Hygge-Stimmung beim Essen zusammensitzt. Alle erzählen, was bei ihnen gerade los ist, sie lachen, schweigen, sinnen nach und genießen das Zusammensein.

Natürlich hat jede, jeder seine eigene Art, die Zeit mit anderen zu gestalten, sozusagen seine eigene soziale Signatur.[297] Es gibt jedoch ein paar absolute Highlights für das entspannte Zusammensein mit anderen. Gemeinsam essen und tratschen haben wir schon kennengelernt. Aber mit wie vielen Leuten denn? Besonders zu empfehlen sind Robin Dunbar zufolge Treffen, bei denen mindestens 4 Freunde anwesend sind. Warum? Weil dann mehr gelacht wird! Lachen ist der entscheidende Faktor für die Entspannung und Gesundheitsförderung dieser Treffen. Es stärkt das Immunsystem, unter anderem, weil dadurch die Aktivität der Killerzellen und Antikörper im Blut rapide steigt.[298]

Bei der Art, wie man sich begegnet, gibt es einen Unterschied. Man kann sich gezielt treffen, um sich von Angesicht zu Angesicht, also Face-to-Face, im Gespräch auszutauschen, oder man kann Seite an Seite, Side-by-Side, etwas gemeinsam unternehmen und erleben. Lange Zeit hielt sich in der Literatur ein Vorurteil, dass Frauen eher Face-to-Face- und Männer eher Side-by-Side-Freundschaften pflegen. Männer würden die gemeinsamen Unternehmungen bevorzugen, weil sie sich dort einfacher annähern können, ohne zugeben zu müssen, dass sie einsam sind. Denn in unserer individualistischen Gesellschaft gelte immer noch das Bild des »lonesome cowboy«, und es passe nicht zu richtigen Männern,[299] Gesellschaft aufgrund von Einsamkeit zu suchen. Das stimmt nicht. Seit Paul Wright 1982 Männer- und Frauenfreundschaften verglichen hat, weiß man, dass tiefe und langlebige Freundschaften bei Männern und Frauen sowohl Face-to-Face als auch Side-by-Side geschehen.[300]

Egal, ob bei einem gemütlichen Treffen zu Hause oder bei einem nachmittäglichen Picknick im Park. Egal, ob im perfekt gestylten Einfamilienhaus, mitten in einer unübersichtlichen Wohngemeinschaft oder in einer winzigen Essküche mit einem wackeligen Tisch. Egal, ob man wortlos zusammen mit der Angel vor sich auf einen See blickt und wartet, dass ein Fisch anbeißt, oder ob man sich mit seinen krimibegeisterten Freunden über den neuesten Thriller unterhält. Es geht vor allem um ein entspanntes Zusammensein, ohne Leistungsanspruch und Stress, im gemeinsamen Tun oder im Gespräch. Entscheidend ist, dass Sie die gemeinsam verbrachte Zeit und das Zusammensein *genießen und ohne Zeitdruck im gegenwärtigen Moment* sind. Mit dem Gefühl von Verbundenheit fällt Trennendes wie Konkurrenz, Perfektion und Angeberei weg. Dann fühlen sich alle sicher, zufrieden und aufgehoben.

Zusammen jung bleiben – die Uhr zurückdrehen

»Du bist so alt, wie du dich fühlst.« Das klingt nach einem dieser optimistischen, aber auch wissenschaftlich haltlosen Sprüche à la »Du kannst alles schaffen, wenn du es nur willst«. In diesem Fall ist aber mehr dran. Die Harvard-Psychologin Ellen J. Langer hat dafür den Beweis erbracht.[301] Es ist ein legendäres und irgendwie verrücktes, auch anrührendes Experiment mit Menschen aus einem Altenheim: das Counterclockwise-Experiment, übersetzt »Gegen-den-Uhrzeigersinn«-Experiment, aus dem Jahr 1979. Die Forscherin wollte herausfinden, wie stark das gefühlte Alter von dem abhängt, was wir uns zutrauen und wie wir von anderen gesehen und behandelt werden. Die Protagonisten waren über 70-Jährige aus einem Altersheim. Langer lud 17 von ihnen zu einem einwöchigen Ausflug ein. 9 von ihnen, die Kontrollgruppe, lebten hier weitgehend wie sonst im Altersheim. Die Versuchsgruppe mit 8 Personen wurde in der Zeit um 20 Jahre zurückversetzt: Sie lasen Zeitungen, hörten Radiosendungen und sahen Fernsehshows aus der Zeit. Auch die Möbel und Kleidung stammten aus den 1950ern. Sie wurden außerdem gebeten, sich in der Gegenwartsform über Ereignisse aus dem Jahr

1959 zu unterhalten. Allen in dieser Gruppe wurde mehr Eigenverantwortung übertragen. Schon bei ihrer Ankunft mussten sie ihre Koffer selbst tragen, wie sie das vor 20 Jahren auch getan hatten. Für einige war das nicht leicht, ungewohnt war es allemal.

Das Ergebnis zeigte sich bereits nach wenigen Tagen im Vergleich mit der Kontrollgruppe: Alle Teilnehmenden der Versuchsgruppe fühlten sich jünger, fitter, waren aktiver und kamen fast ohne fremde Hilfe zurecht. Hör- und Sehkraft, Gedächtnis, Gehfähigkeit, Körperhaltung und Intelligenz verbesserten sich, die Arthritis in den Gelenken nahm ab und die Greiffähigkeit der Finger zu.[302] Sie saßen aufrechter. Ellen J. Langer verschwieg später in Interviews und Artikeln oft sogar einige farbenfrohe Details dieses Verjüngungseffekts, weil sie zu unglaubwürdig klangen: So begannen die alten Herren, spontan Football zu spielen, während sie auf den Bus warteten, der sie zurück ins Altenheim fahren sollte.[303]

Zwar war Langers Experiment eine Einzelstudie, die es nicht bis in geprüfte wissenschaftliche Fachzeitschriften schaffte,[304] doch bekommt das Ergebnis heute durch viele andere Studien zum sozialen Alter und durch praktische Erfahrungen Rückendeckung. So etwa von jemandem, den ich als Revolutionär der Altenpflege bezeichnen möchte: Kaspar Pfister. Mit seinen bundesweit inzwischen 124 Hausgemeinschaften für Pflegebedürftige mit alternativen Modellen, in denen Menschen mit Sinn und Lebensfreude lange aktiv und mit Verantwortung leben, eröffnet er eine neue Aussicht auf das Altwerden.[305] Es geht auch im hohen Alter anders, als tagein, tagaus resigniert in die Luft oder den Fernseher zu starren und das fertig servierte Großküchenessen als trauriges Highlight des Tages zu erwarten. In seinem Buch *Wer gebraucht wird, lebt länger* beschreibt Pfister, wie die Menschen in seinen Wohngemeinschaften ihr Essen gemeinsam selbst kochen und für den Tagesablauf Verwantwortung übernehmen, wie sie Entscheidungen über das Zusammenwohnen gemeinsam treffen, streiten, lachen, feiern und abends am Kamin zusammensitzen.

Wichtig für uns ist die Erkenntnis, dass wir uns gemeinsam jung fühlen können, wenn alle sich als selbstwirksam erfahren, Verantwortung für das Zusammenleben übernehmen und mit den anderen im Austausch auf Augenhöhe sind.

Beziehungsprinzip 6:
Nähe – all das Zwischenkörperliche

Soziale Nähe, inniger Kontakt und Interaktion stellen den Normalzustand des Menschen dar, zu dem wir immer wieder zurückkehren möchten. Diese emotionale Nähe in allen Arten von Freundschaften – zum Partner, zur Partnerin, zu den Kindern, zu Freundinnen und Freunden, zu Familie, Verwandtschaft und Arbeitskontakten – sagt etwas aus über die Tiefe und Schönheit einer Beziehung.

Vor allem die gemeinsam verbrachte Zeit und die Nähe stärken Beziehungen. Mit der investierten Zeit haben wir uns beim vorherigen Beziehungsprinzip 5 beschäftigt. Wie Nähe in Beziehungen entsteht, haben wir uns auch bereits angesehen, nämlich durch gegenseitige Hilfe – Beziehungsprinzip 1, Empathie – Beziehungsprinzip 2, emotionale Intensität – Beziehungsprinzip 3 und Öffnungsbereitschaft im Beziehungsprinzip 4.

Der Sozialpsychologe Arthur Aron und sein Team haben mit der *Skala zur Einbeziehung von Anderen in das Selbst* eine Hilfe zur Selbsteinschätzung entwickelt, um die Nähe zu einzelnen Kontakten intuitiv visuell einzuschätzen[306].

Dabei zeichnet man für sich selbst einen Kreis und platziert einen zweiten Kreis, der für eine andere Person steht, unterschiedlich nah am eigenen Kreis. Das Kriterium für den Abstand ist die subjektiv eingeschätzte Nähe zur anderen Person. Die Kreise können sich mehr oder weniger überschneiden. Sie können sich aber auch mit mehr oder weniger Distanz gar nicht berühren. Fühlt man sich zum Beispiel quasi symbiotisch mit einer anderen Person verbunden, würden sich die Kreise maximal überschneiden und fast wie ein einziger Kreis wirken.

Ich finde das eine gute und anschauliche, auch pragmatische Möglichkeit der Einschätzung eigener Sozialkontakte in Bezug auf Nähe.

Bei den Übungen am Ende des Buches finden Sie eine Vorlage, um die emotionale Nähe zu einzelnen Kontakten in dieser Weise visuell einzuschätzen.

Einen wichtigen Aspekt von Nähe sehen wir uns jetzt genauer an: die körperliche Nähe.

Berührungen unter Freunden und Fremden

Durch die Kontaktbeschränkungen der Jahre 2020 und 2021 ist vielen bewusster als jemals zuvor geworden, dass körperliche Berührungen mehr sind als eine nette Zugabe, die zufällig bei einem Treffen entsteht oder die einer körperlich intimen Beziehung oder einem professionellen Körperkontakt wie Physiotherapie oder Massage vorbehalten ist. Zuerst unauffällig, aber dann deutlich wurden nach Monaten der physischen Kontaktbeschränkungen die Auswirkungen des Berührungsmangels spürbar. Kein Wunder: Berührungen sind eine biologische Notwendigkeit für eine gesunde Entwicklung des Gehirns und für unser Wohlbefinden. Der Tastsinn ist der erste unserer 5 Sinne, der sich bei einem Ungeborenen im Mutterleib entwickelt. Berührungen vermitteln uns, ob es uns in unserer sozialen Welt gut – oder eben nicht gut – geht. Sie beruhigen und schaffen gegenseitiges Vertrauen. Berührungsmangel hingegen stresst und kann sogar krank machen. Kontaktbeschränkungen wie in Pandemiezeiten, die die Möglichkeiten, berührt zu werden, für viele Menschen deutlich einschränken, sind ein starker Stressor.

Es ist vielfach wissenschaftlich nachgewiesen: Liebevolle Berührungen machen gesund und glücklich.[307] Wir erleben sie über die Haut, unser größtes Sinnesorgan. Wir reagieren mit Freude und Beruhigung auf stimmige Berührungen, und das muss nicht immer Kuscheln, Streicheln oder gar Sex sein: Wenn die Kollegin kurz freundlich die Hand auf unseren Arm legt, wenn wir uns unter Freunden bei einer Begrüßung umarmen, wenn ein Vater seinem Sohn übers Haar streicht, wenn die Ärztin dem Patienten die Hand auf die Schulter legt: Berührungen berühren Körper und Seele und drücken Liebe, Freundschaft, Zuneigung, Vertrauen, Freude, Trost, Anerkennung aus. Sie führen zu niedrigeren Stressleveln, weniger Cortisol im Blut sowie ruhigerem Herzschlag aufgrund von erhöhter Aktivität des Parasympathikus, der uns in einen ruhigen, entspannten Zustand versetzt. Die Immunabwehr und Schmerztoleranz werden gestärkt. Wir fühlen uns sicherer, vertrauensvoller, verbundener und kooperationsbereiter. Berührt ein Kellner den Gast an der Schulter oder an der Hand, erhält er im Schnitt 14 oder 17 Prozent Trinkgeld und damit bis zu 5 Prozent mehr, als wenn er den Gast nicht berührt.[308]

Auch steigern Berührungen die Leistungsfähigkeit von Einzelnen und Gruppen, indem sie den Zusammenhalt und die Kooperationsbereitschaft der Gruppe fördern. In Basketballteams sagen viele kleine Berührungen am Anfang der Saison den späteren Erfolg des Teams vorher: Je mehr der im Sport üblichen High-Fives, Po-Klapse, Schulterboxer und Umarmungen, desto größer war später der Spielerfolg, fanden Sozialpsychologen heraus, die das Berührungsverhalten von

Spielern verschiedener Teams analysiert hatten.[309] Auf den ersten Blick kleine Berührungen beruhigen also nicht nur, sondern sagen auch viel über die Kooperationsfähigkeit und Performance einer Gruppe aus.

Liebevolle Berührungen verringern das Gefühl der sozialen Ausgrenzung oder Einsamkeit, was eine der seelisch schmerzhaftesten und stressintensivsten Erfahrungen ist, die ein Mensch machen kann. Und all das gilt sowohl für die Person, die die Berührungen empfängt, als auch für die Berührungen gebende Person. Wir sollten jedoch an der richtigen Stelle und auf die richtige Weise berühren, um weder übergriffig zu werden noch am falschen Ort zu landen. Und da gibt es feste Normen.

Wer berührt wo?

Im Gespräch mit Robin Dunbar kommen wir auch auf den Vergleich der berührungsfreundlichsten Nationen.[310]

»Was meinen Sie«, fragt mich Robin. »Wo in Europa legt man jemand anderem am häufigsten die Hand auf den Arm, die Schulter oder den Rücken?«

»In Italien oder Spanien?«, rate ich.

Er lacht. »So in etwa hatten wir auch gedacht. Aber nein, wir waren alle erstaunt. Die Finnen lassen sich am liebsten anfassen.«

Wer hätte das gedacht? Wir lachen. Das ist ganz in Dunbars Sinn, denn so stärken wir gerade unsere Beziehung.

Dass es Unterschiede zwischen den Ländern gibt, wie oft sich Menschen gegenseitig anfassen, ist naheliegend. Es kommt darauf an, was üblich, erlaubt und gewünscht ist. Auch bei uns ist das im Wandel, nicht erst seit Corona. Doch von wem lassen wir uns wo berühren, und wen dürfen wir wo berühren? Juulia Suvilehto hat mit ihrem Team in der bisher umfassendsten Studie zum Thema Berührungen rund

1300 Menschen aus England, Finnland, Frankreich, Italien und Russland befragt, wer sie an welchen Körperteilen anfassen darf und an welchen nicht. Sie sehen eine Körperzonen-Karte, die zeigt, wo Berührungen von wem erlaubt und üblich sind. Das ist genau geregelt, und wer sich darüber hinwegsetzt, überschreitet eine Grenze.

Die Karte kann dazu anregen zu überlegen, wie und von wem man selbst berührt werden möchte, und sie gibt auch Hinweise, was sozial erlaubt ist. Die meisten Menschen haben dafür einen Sinn. Es ist sinnvoll, dass zum Beispiel in der Schule unterrichtet wird, wo die Grenze überschritten ist, sodass Kinder und Jugendliche bestärkt werden, sich übergriffige Berührungen nicht gefallen zu lassen. Mit der Karte möchte ich auch dazu ermutigen, im Rahmen des Erlaubten zu berühren. Als angenehm empfundene Berührungen bewirken viel Positives, dazu erzähle ich gleich noch mehr.

WER DARF WO BERÜHREN?

PARTNER*IN   FREUND*IN   ELTERN   VERWANDTE   BEKANNTE   FREMDE

Wo wir uns berühren lassen, angelehnt an: Suvilehto et al., 2015
Hell: erlaubt, dunkel: nicht erlaubt

Die hellen Körperbereiche dürfen angefasst werden, die grauen schon nicht mehr unbedingt, die dunklen Bereiche sind tabu. In einer Partnerschaft oder Sexfreundschaft darf man sich in der Regel überall berühren. Bei anderen Freunden sind es nur der Kopf, die Schultern, die Arme und der Rücken. Mit Onkels und Tanten berührt man nur die Arme und Schultern, während man bei Fremden lediglich die Hände beim Handschlag berührt. Diese Berührungs-Topografie scheint in allen Kulturen ungefähr gleich auszusehen.[311]

Wer wo berühren darf, hängt von der emotionalen Nähe und dem Beziehungsstatus zur jeweiligen Person ab, nicht allerdings von der Häufigkeit des Kontaktes. Eine Freundin, die wir längere Zeit nicht gesehen haben, darf uns an Stellen berühren, die zum Beispiel für Arbeitskollegen, obwohl wir sie täglich sehen, tabu sind. Natürlich hängt das, was man als angenehm empfindet, zusätzlich von der persönlichen Empfindung ab. Manche Menschen lassen sich generell lieber berühren als andere, auch aufgrund ihrer bisherigen Erfahrungen. Gegenseitiges Einverständnis steht immer an erster Stelle.

Und was passiert im Körper, wenn wir berührt werden? Viel.

Das Streicheln der Haut

Wenn uns jemand berührt, werden unsere Empfindungen von der Haut über Nervenverbindungen ins Gehirn vermittelt. Wir verfügen über 2 verschiedene Hautsysteme, um Berührungen zu erfassen und zu verarbeiten, und ein Teil davon ist noch gar nicht so lange bekannt. Schon länger wissen wir von den verschiedenen Sinneszellen in der Haut, die äußerst fein auf Berührungen wie Druck, Zug oder Dehnung reagieren. Sie zeigen uns, wo und wie wir berührt werden, und reagieren schnell, ähnlich wie bei einem Schmerzreiz: Wir bemerken beispielsweise sofort, wenn wir die heiße Herdplatte angefasst haben.

Schwedische Neurowissenschaftler um Håkan Olausson von der Universität Göteborg entdeckten Anfang der 2000er-Jahre, dass es für die emotionale Bewertung von Berührungen in der menschlichen Haut ein System aus langsamen Nervenfasern gibt: die sogenannten C-taktilen Nervenfasern. Sie bilden ein ganz eigenes System, sie verarbeiten Berührungen emotional und leiten das Berührungssignal von der Haut zum limbischen System des Gehirns weiter, das bei der Reiz- und Emotionsverarbeitung hilft. Sie teilen dem Gehirn mit, ob eine Berührung angenehm ist.

Diese C-taktilen Nervenfasern nehmen also angenehme Berührungen wahr und reagieren vor allem auf eine bestimmte, genau festgelegte Art des Streichelns: bei leichter, streichender Berührung in dem sanften Rhythmus, den zum Beispiel Eltern benutzen, um ihr Kind zu beruhigen, und bei einer handwarmen Temperatur von ungefähr 32 Grad Celsius. Die Streichelgeschwindigkeit von etwa 3 bis 5 Zentimetern pro Sekunde ist dabei recht genau festgelegt.

Alle Eltern streicheln ihre Kinder intuitiv auf diese Weise, und ebenso alle anderen Menschen, die sich zärtlich streicheln. Das müssen wir nicht lernen. Streicheln Versuchspersonen hingegen einen hölzernen Arm, variieren Tempo und Tiefe des Strichs stark. Streichelt dieselbe Person einen menschlichen Arm, stellt sie automatisch auf das langsame Tempo um. Sofort sinkt die Herzfrequenz der Babys und genauso auch älterer Menschen, die gestreichelt werden. Stresshormone werden abgebaut, und Atmung und Herzschlag verlangsamen sich. Der ganze Körper entspannt sich, und wir fühlen uns wohl, ruhig, glücklich. Berührungen formen unsere Gefühle. Das angenehme Gefühl von Berührungen und auch die Beurteilung und Empathie von Berührungen hängen also von diesen Nervenfasern ab.[312]

Der Liverpooler Neurowissenschaftler und Experte für Berührungen Francis McGlone geht davon aus, dass der Mangel an Berührung durch andere Menschen einige der größten Probleme der Gesellschaft bedingen könnte: Erhält das Gehirn keine Nahrung über die Nervenbahnen, die über Millionen von Jahren Berührungen vermittelt haben, so sucht es sich einen Ersatz.[313]

Augenkontakt, Winken oder manchmal noch ein Ellbogencheck dienten in Pandemiezeiten als Überbrückung, denn wir haben die Wirkung von Berührungen so tief verinnerlicht, dass berührungsferne Kontakte wie die eben beschriebenen eine Weile als Ersatz taugen können. Diese Wirkung schwächt sich allerdings mit der Zeit ab, wenn wir nicht den ursprünglichen Stimulus wieder auffrischen. Die Kommunikation unserer Körper einzuschränken widerspricht auf die Dauer dem Wesen des Menschen.

Berührung von Haustieren, mit denen das möglich ist, können einen ähnlich beruhigenden und uns stärkenden Effekt haben wie die Berührung mit Menschen. Viele Studien haben nachgewiesen, dass Menschen mit Haustieren immunologisch und psychisch gesünder sind. Doch was tun, wenn nun mal keine Berührung möglich ist?

Berührungsmangel lässt sich abmildern

Berührungsmangel lässt sich abmildern. Denn auch Selbstberührungen ermöglichen Wohlgefühle, durch Eincremen, Duschen, Körperpflegen oder auch Selbstumarmungen. Das zeigt eine Studie der Universität Frankfurt. Die Forschenden erzeugten bei den Versuchspersonen in 3 Gruppen künstlich Stress. Sie mussten einen Bewerbungsvortrag halten und auch noch schwere Matheaufgaben lösen. Dann wurde ein Drittel von Fremden umarmt, ein weiteres Drittel umarmte sich selbst. Beide Gruppen, die umarmt wurden, zeigten wesentlich weniger Stressreaktionen als die Kontrollgruppe, die nicht umarmt wurde. Die Selbstberührungen waren sogar noch etwas effektiver als die Umarmung von Fremden.[314]

»Selbstberührung« klingt in diesem Zusammenhang ungewohnt, und ich vermute, es ist tabuisiert, sich selbst zu streicheln, zumindest, darüber zu erzählen. Ich höre von Menschen, mit denen ich arbeite, dass sie sich selten oder gar nicht auf zärtliche Art selbst berühren, sondern nur funktional bei der Körperpflege.

Aber Sie können das Hautstreicheln ausprobieren und sich mit Selbstumarmungen die Berührung geben, die durch andere Menschen gerade – oder dauerhaft – fehlt.

Und noch eine gute Nachricht: Neben Selbstberührungen aktivieren auch Erinnerungen an eine Berührung oder das Zuschauen bei einer Berührung die gleichen Bereiche des Gehirns[315] und haben ähnlich positive Auswirkungen, zum Beispiel, wenn wir mitansehen, wie eine Mutter ihr Kind beruhigend umarmt.

Physische Nähe schlägt digitalen Kontakt

Eines ist wissenschaftlich einwandfrei nachgewiesen:[316] Zwischen realer, physischer Nähe und digitaler Nähe gibt es grundlegende Unterschiede, und das eine ist nicht durch das andere ersetzbar. »Realen mit digitalem Kontakt zu vergleichen ist, als würde man einen echten Kuss mit einem ›xx‹ oder ›Kuss‹ am Ende einer Mail verwechseln«, schreibt Susan Pinker in ihrem Buch *The Village Effect*.[317] Doch woran liegt das? Was kann realer Kontakt, was digitaler nicht kann?

Es gibt einen simplen Grund, warum der Face-to-Face-Kontakt besser ist: Emotionale und konkrete Hilfe, also ein großer Teil von dem, was gute Beziehungen ausmacht, funktioniert am besten, wenn man tatsächlich vor Ort ist.[318] Einem Freund beim Umzug zu helfen funktioniert nicht per E-Mail. Eine Freundin können wir in der Regel wirksamer trösten und beruhigen, wenn wir ihre Hand halten oder sie in den Arm nehmen können. Außerdem besteht Kommunikation zu einem Großteil aus nonverbalen Signalen, die im direkten Kontakt weitaus besser erkennbar und verständlich sind. Auch im Gehirn ist der Unterschied klar nachweisbar: Direkter Kontakt erhöht die Aktivität in Gehirnregionen, die mit sozialer Wahrnehmung und sozialer Belohnung zusammenhängen.[319]

Und es ist noch Weiteres anders im direkten Kontakt, sogar mit Fremden. Immer wieder geht es um körperliche Berührungen. Ich habe versucht, mich auf Studienergebnisse zu beschränken, die realen mit digitalem Kontakt vergleichen. Man konnte beispielsweise in Versuchen mit glücklich verheirateten Paaren, bei denen die Frau künstlich Stress ausgesetzt wurde, in den Gehirnscans erkennen, wie das Handhalten schon mit einem Fremden im Gehirn den Stress verringert.[320] Der beruhigende Effekt war aber am stärksten, wenn die Versuchsperson die Hand ihres Partners hielt. Und hier war der Effekt wiederum am stärksten bei den Paaren zu beobachten, die besonders zufrieden in ihrer Partnerschaft waren.

Durch physische Anwesenheit werden Endorphine ausgeschüttet, die für Wohlbefinden sorgen. Auch geht eine größere Geselligkeit im physischen Kontakt mit einer höheren Resistenz gegen Erkältungsviren einher. Geselligkeit mit qualitativ hochwertigen Sozialkontakten und häufigen Treffen ist verbunden mit einer geringeren Konzentration von Stresshormonen im Blut.[321]

Vergleicht man in Experimenten verschiedene Kontaktformen von direkter Interaktion bis hin zu komplett fehlender Interaktion nach einer Stressreaktion, so hat der direkte, reale Kontakt eindeutig die stärkste und schnellste beruhigende Wirkung. Wie kommt man zu solch einem Ergebnis? Leslie Seltzer und ihr Team untersuchten die beruhigende Wirkung von Müttern auf ihre Töchter nach einer Stresssituation.[322]

Dazu haben 68 Mädchen zwischen 7 und 12 Jahren vor Publikum Matheaufgaben bearbeitet. Seltzer teilte die Mädchen in 4 Gruppen ein: Eine Gruppe hatte direkten, realen Kontakt mit der Mutter nach dieser stressigen Situation; die zweite hatte Kontakt über das Telefon, die dritte via SMS, und die vierte hatte überhaupt keinen Kontakt mit der Mutter. Die Mütter sollten so unterstützend und liebevoll wie nur irgend möglich zu ihren Kindern sein.

Das Ergebnis: Bei Kindern, die direkten Kontakt mit ihrer Mutter hatten, sank der Stresslevel schnell nach dem Stresstest. Dicht danach kamen die mit dem Telefongespräch mit der Mutter. Weit dahinter erst folgten die Wirkung der SMS und keiner Interaktion. Bei den Mädchen aus dieser Gruppe sank der Stresslevel nicht. Es wurde kein Oxytocin ausgeschüttet, und der Cortisolspiegel war bei beiden Gruppen gleich hoch und sank nur sehr langsam. [323]

Greifen Sie also lieber zum Telefon, wenn Sie jemanden beruhigen wollen, anstatt viel Mühe in eine vermeintlich ermutigende SMS zu stecken. Und falls Sie die Möglichkeit haben, die Person zu treffen und in den Arm zu nehmen, so können Sie das volle Potenzial sozialer Unterstützung ausschöpfen und wissen jetzt, wie stark und direkt Sie damit jemanden beruhigen.

Diese Studie ist ein Beispiel dafür, dass unsere Erfahrung vielleicht auf den ersten Blick anders ist als das Forschungsergebnis. Ich habe auch erst gedacht: SMS wirkt kaum? Ich erlebe manchmal eine SMS durchaus beruhigend. Aber dann habe ich aufmerksam darauf geachtet, wann sie beruhigt. Immer dann, wenn es mir darum ging, mich eines Kontaktes zu versichern und die Verbundenheit über eine SMS aufzufrischen. Nicht aber, wenn ich gerade in einem Stresszustand war. Das Ergebnis kann helfen, sehr genau auf die Unterschiede zu achten und bewusst auszuwählen, welche Kontaktform gerade am hilfreichsten ist. Außerdem gibt es Dinge, die man

möglichst direkt besprechen sollte. Zum Beispiel Beziehungs-
gespräche oder krisenhafte Situationen, oder wenn jemand
schwer krank ist oder stirbt. Anrufen, hingehen, physisch präsent sein. Das klingt selbstverständlich, ich erlebe es aber oft
anders. Jemand trennt sich per Textnachricht, oder jemand
äußert sein Beileid per Brief, obwohl er die Telefonnummer
hat.

Und wie sieht es mit der Zufriedenheit aus? Kann der digi-
tale Kontakt mithalten? Tatjana Vlahonic verglich für diese
Frage die Wirkung von direktem, also Face-to-Face-Kontakt,
Videotelefonaten, Telefongesprächen, SMS, Online-Nach-
richten, E-Mails und sozialen Online-Netzwerkseiten miteinander. Die Versuchspersonen führten dafür über 2 Wochen
ein Kontakttagebuch, und Vlahonic maß parallel die Zufriedenheit.

Es zeigte sich, dass die Zufriedenheit mit mehr Face-to-
Face-Interaktionen anstieg. Dieser Zusammenhang traf aber
nur auf direkten Face-to-Face-Kontakt mit physischer Anwesenheit zu und *nicht* auf virtuelle Medien wie Telefonanruf
oder Videoanruf. Dieses Ergebnis bestätigt die »media natural
hypothesis«, die besagt, dass der Verlust an Natürlichkeit im
Sinne von steigender Virtualität der Kommunikationsmedien
kognitiv fordernder ist, mehr Mehrdeutigkeit zulässt und weniger körperliche Reaktionen hervorruft.[324]

Die Face-to-Face-Kommunikation mit einem physisch
Anwesenden unterscheidet sich also qualitativ von allen anderen Kommunikationsformen. Subtile nonverbale Hinweise
spielen bei der Regulation von Kommunikation eine große
Rolle. Wenn diese Hinweise bei anderen Interaktionsformen
schwächer sind oder fehlen, führt dies zu einem Sinken der
gefühlten Verbundenheit mit dem Gegenüber.

Alle Forschungsergebnisse zum Unterschied zwischen digitalen und realen Kontakten kommen zum gleichen Ergebnis: Realer, echter Kontakt sorgt für einen Anstieg der

Endorphin- und Oxytocin-Level und fördert das Wachstum neuer Nervenzellen im Gehirn. Man wird attraktiver füreinander, vertraut leichter, und die Zufriedenheit nimmt zu. Der Stress-Level sinkt, und die soziale Angst und die Schmerzempfindlichkeit sowie insgesamt auch die Sterblichkeit nehmen ab.[325] Damit soziale Interaktion all die guten Vorteile bietet, die sie haben kann, braucht es die Stimulation möglichst vieler der 5 Sinne mit Berührungen, Geruch, Geschmack, Sehen von nonverbalen Signalen und Stimme.

Was kann digitaler Kontakt überhaupt?

Wenn realer Kontakt so viel besser ist, was kann digitaler Kontakt dann überhaupt? Er scheint doch den echten Kontakt und damit alle positiven Effekte, die damit einhergehen, sogar noch zu verringern, weil er Zeit wegnimmt. Es gibt trotzdem ein Argument dafür, digital in Kontakt zu bleiben. Freundschaften haben Verfallserscheinungen, wenn die regelmäßige Kommunikation oder regelmäßige Aktivitäten nicht stattfinden. Hier können uns die sozialen Medien helfen, den Verfallsprozess von Beziehungen verlangsamen. Sie überbrücken die Zeit, in der man sich nicht Face-to-Face treffen kann.[326]

Forschende betonen immer wieder, dass der Vorteil von digitalen Medien vor allem darin besteht, mit Leuten in Kontakt zu bleiben, mit denen man sich physisch eben gerade nicht treffen kann.[327] Trotzdem noch einmal: Mehr Zeit online heißt eben immer auch ganz direkt weniger Zeit offline mit Freunden und Familie. Der echte Kontakt sollte Priorität haben.

Von digitalen Kontakten profitieren vor allem diejenigen für ihre Beziehungen, die ohnehin schon gut vernetzt sind, weil sie ihre bestehenden guten Beziehungen über Kontaktpausen hinweg pflegen können.[328]

In guter Gesellschaft

Als ich mit dem Zukunftsforscher Horst Opaschowski über seine repräsentative Zukunftsstudie 2021[329] spreche, die Daten aus dem Jahr 2020 auswertet, betont er besonders eines der zentralen Ergebnisse seiner Forschung: »Viele Menschen werden ärmer, aber nicht unglücklicher«, sagt er. »Beziehungsreichtum in Familie, Nachbarschaft und Freundeskreis wird der neue Wohlstand.«

»Ein schönes Wort, Beziehungsreichtum«, finde ich.

»Ja, und wer glücklich und zufrieden leben will, wird mehr darauf achten, seine Kontakte zu pflegen und viel für andere da zu sein, um diesen Beziehungsreichtum zu erhalten und auszubauen. Das Gemeinwohl rückt wieder mehr in den Blickpunkt.«

Wir reden über die veränderte Sinnperspektive in unserer Gesellschaft des langen Lebens, die er in seinem Buch *Die semiglückliche Gesellschaft*[330] beschreibt. Immer weniger Geld, sondern Zeitwohlstand und Beziehungsfülle werden als der neue Reichtum angesehen.

»Wer sich um andere sorgt, lebt länger«, sagt er. »Auch durch Corona ist Zusammenhalten durch Zusammenrücken eine neue Erfahrung geworden.«

Ich freue mich, denn auch die Zukunftsforschung kommt offensichtlich zu verwandten Ergebnissen wie die großen Langzeitstudien über ein gutes Leben.

Ein neuer Fokus aufs Gemeinwohl

Da wir wissen, wie existenziell wichtig gute Sozialkontakte für unsere Gesundheit und unser Lebensglück sind, und da wir auch wissen, dass wir nicht alles allein schaffen können, sollten wir auf 2 Ebenen etwas verändern: Jede, jeder kann für sich viel dafür tun, sich verbunden zu fühlen und ein Netz vielfältiger und tragfähiger Sozialkontakte zu knüpfen. Dazu kommt, dass wir alle zusammen gesellschaftliche und politische Veränderungen anstreben sollten.

Zum Beispiel in Hinblick auf finanzielle Ungleichheiten: Arme sind kränker und sterben früher als Reiche, denn sie sind sozial isolierter; gute Bildung und hoher gesellschaftlicher Status dagegen schützen vor Isolation und halten damit gesund. Dieses »Statussyndrom« ist ein für mich schockierendes Ergebnis der seit den 1960er-Jahren in England durchgeführten Whitehall-Studien. Auch in Deutschland kennt man seit Jahrzehnten solche Ungleichheiten: Menschen mit niedrigem sozioökonomischen Status sterben 5 bis 10 Jahre früher.[331]

Hier können wir mehr Verbundenheit und Sorge füreinander in guten sozialen Netzen fördern, indem man für Menschen bessere und neue Möglichkeiten schafft, um sich zu begegnen. Das können nur Politik und Gesellschaft erreichen, die Möglichkeiten des Einzelnen sind an dieser Stelle begrenzt.

Mehr arbeitsfreie Zeit würde uns mehr Kontaktzeit verschaffen. Wer 40, 70 oder noch mehr Wochenstunden arbeitet, hat keine Zeit mehr, Kontakte zu pflegen. Viele Fachleute aus der Wirtschaft plädieren inzwischen für 32 Arbeitsstunden pro Woche. Das wäre nicht nur für unsere Kontakte gut, sondern es ist auch belegt, dass niedrigere Arbeitszeiten nur Vorteile haben. In Firmen, die mit radikal reduzierten Arbeitszeiten experimentieren, arbeiten die Mitarbeiter effizienter, kreativer, konzentrierter und sie sind zufriedener.[332]

Es gibt vieles, was wir tun können: Wir brauchen eine größere Wertschätzung für Sorgearbeit: Die unzähligen Pflegekräfte sind unterbezahlt, genau wie diejenigen, die Pflege im familiären Umfeld leisten. Ebenso wenig reichen die Hilfeleistungen für diejenigen, die sie pflegen. Sorgende haben so oft keine Zeit und Kraft mehr, sich um ihre Sozialkontakte zu kümmern.

Wir brauchen mehr Begegnungsräume und neue Formen der Mobilität: geteilte Fahrzeuge und Fahrten, Verweilzonen, Bänke in Parks, Gemeinschaftsräume in Wohnvierteln, Kultureinrichtungen. Da sind die Städteplanung gefragt und neue Mobilitätskonzepte, die mehr Bewegungsfreiheit und Kontaktmöglichkeiten für alle bereitstellen.[333]

Schließlich und ganz wichtig, müssen wir die Altersarmut bekämpfen. Altersarmut ist eine der häufigsten Ursachen für soziale Isolation. Ein Beispiel sind die Schwerbehinderten: 56 Prozent erhalten eine Regelaltersrente von weniger als 500 Euro im Monat, weitere 27 Prozent aller Schwerbehinderten erhalten zwischen 500 bis unter 1000 Euro Rente.[334]

Um all das sollten wir uns kümmern, um mit mehr Orientierung am Gemeinwohl bessere Möglichkeiten für Begegnungen zu schaffen und um mehr Verbundenheit und Sorge füreinander in guten sozialen Netzen zu fördern.

Ausatmen

Ich habe Ihnen in diesem Buch wissenschaftliche Forschungsergebnisse kombiniert mit meinen Erfahrungen als Psychologin vorgestellt. Von der lebensverändernden Kraft guter Sozialkontakte können Sie möglichst viel profitieren, wenn Sie nicht nur lesen, sondern auch auf Ideen kommen: »Jetzt probiere ich etwas Neues«, und sie dann auch umsetzen. Entwickeln Sie im Folgenden mit einem didaktisch sinnvollen Ansatz *Ihre* Umsetzungsideen.

Alle Übungen und weitere Arbeitsmaterialien wie Videos, Audiodateien, pdf-Seiten zum Ausdrucken und Dateivorlagen zum Bearbeiten finden Sie zum Download auf meiner Website zum Buch: www.freunde-machen-gesund.de.

Lernen per Buch, mit Schreibdenken

Beim Lernen folgen 3 Phasen aufeinander. Das ist wie beim Atmen.[335] Sie haben in der ersten Lernphase »Freunde machen gesund« gelesen: Neues Wissen strömt ein, das ist im übertragen Sinne das *Einatmen*. Währenddessen und danach denken Sie in der zweiten Lernphase über das Neue nach und integrieren es in Ihr Denken – *Ausatmen*. Schließlich lassen Sie das Neue in Ruhe wirken, setzen es in Ihrem Leben um und erleben dabei Veränderungen. Das ist wie bei der dritten Phase im Atemzyklus, der *Atemruhe*. Damit geht das Lernen dann weiter.

Ein Beispiel: Sie erfahren vielleicht beim Lesen – also im übertragenen Sinne beim Einatmen –, dass der äußere Beziehungskreis der 150 Menschen wichtig ist. Beim Ausatmen denken Sie über Ihr Beziehungsnetz nach, erkennen, dass Ihr äußerer Kreis nur dünn besetzt ist, und beschließen, den Kontakt zu Menschen in der Wohngegend zu intensivieren. Während der Atemruhe wechseln Sie öfter ein paar Worte mit Nachbarn und Spazierenden in der Nähe – und bemerken, wie sehr diese schönen Erfahrungen über den Tag hinweg Ihre Stimmung aufhellen und insgesamt Ihre Zufriedenheit anheben. Und schon ist Veränderung im Gange.

Oft habe ich Fragen und Beispielantworten für Sie, zu denen Sie etwas aufschreiben, zeichnen oder auch nur im Geiste darüber nachdenken können. Wenn Sie dabei mit Blitzantworten arbeiten, nutzen Sie Ihre Intuition und »zerdenken« Ihre Antworten nicht. Sie nehmen das Erste, was Ihnen in den Sinn kommt. Das ist immer dann empfehlenswert, wenn es nicht um rationales Überdenken geht, sondern um Assoziationen, die das Unterbewusstsein miteinbeziehen.

Eine Herangehensweise ist nach meiner Erfahrung besonders passend für das Lernen per Buch: Schreibdenken. Ich habe den Schreibdenken-Ansatz[336] in den Jahren um 2000 entwickelt, um fokussiert und kreativ nachzudenken und Ideen für die Umsetzung zu entwickeln. Man schreibt und skizziert dabei nur für sich allein und nutzt so das Schreiben als Denk-, Lern- und Fühlwerkzeug, was, durch viele Studien der Schreibforschung belegt, zu gedanklicher und emotionaler Klärung und Fokussierung führt und neue Denkwege anbahnt.[337] Schreiben hilft sogar, selbsttherapeutisch Emotionen zu regulieren. Wir werden beim Schreiben klarer und bewusster, starke Emotionen flauen ab, und man beruhigt sich. So hilft Schreiben allgemein, die psychische und physische Gesundheit zu fördern.[338]

Die Basistechniken: Schreibsprints und Denkskizzen

Mit den Schreibsprints schreiben Sie Ihre Gedanken flüssig auf. Mit den Denkskizzen skizzieren Sie Ihre Gedanken als Bild oder Schaubild.

Der Fokussprint: Schreiben mit Fokus und Tempo

Schreibdenken Sie ein paar Minuten assoziativ, indem Sie so schnell wie möglich und ohne innezuhalten schreiben. Vor allem der »Fokussprint« eignet sich hier gut: Notieren Sie zuerst eine Überschrift, zu der Sie sich einige neue Gedanken erschreiben möchten. Schreiben Sie anschließend, so rasch Sie können und ohne innezuhalten, möglichst 1 zu 1 alle Gedanken auf, die Ihnen zu dem Überschrift-Fokus in den Sinn kommen. Wichtig ist dabei, ohne innere Zensur zu schreiben. Dafür wiederum brauchen Sie die Sicherheit, dass niemand außer Ihnen selbst den Text später lesen wird. Schnellschreiben ist die weitere wichtige Hilfe gegen die Selbstbewertung, die sonst oft das freie Schreibdenken bremst. Zeitbegrenzt zu schreiben hilft außerdem: 3, 5 oder 7 Minuten sind gute Zeiten. Danach kommt die Auswertung: Lesen Sie durch, was Sie gerade geschrieben haben, und markieren Sie alles Interessante. Zum Abschluss schreiben Sie unter den Text einen Kernsatz, der das Wichtigste in einem kurzen, griffigen Satz auf den Punkt bringt – die Essenz. Diesen neuen, prägnant formulierten Gedanken können Sie zusätzlich markieren, sodass er Ihnen auch später ins Auge springt.

Die Schreibstaffel: Gewohnheit bringt mehr

Wenn Sie Themen aus dem Buch über eine gewisse Zeit weiterentwickeln wollen, können Sie den Fokussprint oder andere Schreibdenk-Techniken zur »Schreibstaffel« erweitern. Sie überreichen sich dabei selbst den Staffelstab, also die Kernaussage, und knüpfen – am besten von Tag zu Tag – an das Ergebnis vom Vortag an. Bereits nach einigen Tagen kommt ein innerer Reflexionsprozess in Gang, der aus dem Unterbewusstsein weitere Assoziationen ins Bewusstsein spült und Veränderung anbahnt. Bald werden Sie bemerken, dass Ihre Entwicklung leichter und schneller geht. Sie sind nun wie von selbst motiviert, denn Motivation entsteht durch Tun.

Der Kontakt – Kontakte gestalten

Bei der ersten Übung zum Ausatmen begegnen Ihnen einige Fragen dazu, wer und wie Sie im Kontakt mit anderen sind. Meine Fragen sollen Sie anregen, Ihre persönliche Art zu erkennen, wie Sie Kontakt aufnehmen, Kontakt gestalten und Kontakt beenden. Sie können über die Fragen nachsinnen, mit anderen darüber reden – oder schreibdenken. Der Fokussprint, den ich vorhin vorgestellt habe, bietet sich dafür an, also für jede der Fragen ein 3- bis 5-minütiger Fokussprint. Ich habe Ihnen einige Beispiele notiert, damit Sie Ideen haben, in welche Richtung die Antworten gehen könnten. Vielleicht möchten Sie eine Schreibstaffel daraus machen, indem Sie einen Kernsatz, bei dem Sie merken: »Da geht's für mich weiter«, am nächsten Tag als neue Überschrift für den nächsten Fokussprint einsetzen. So tauchen Sie mit Ihren Erkenntnissen tiefer und schlagen im Laufe der sich neu entwickelnden Schreibdenk-Routine neue Denkwege ein.

Kontakte gestalten

»Hin«: Was zieht mich zu anderen Menschen hin?

Beispiele: *Einsamkeit vermeiden. Angst, sonst nicht dazuzugehören. Neugier auf andere Menschen. Hilfebedürfnis. Lust aufs Mittendrinsein. Gute Stimmung. Beruhigung. Selbstwertstärkung. Erholung. Inspiration.*

»Rein«: Wie nehme ich Kontakt zu neuen und bekannten Menschen auf? Was ist meine ganz persönliche Art?

Beispiele: *Freundlicher, offener Blick. Textnachrichten per Handy. Sprachnachrichten. E-Mail. Strahlendes Lachen. Erzählen, wer ich bin und was ich mache. Kurze Telefonate. Lange Telefonate. Fragen und aufmerksames Zuhören. Lustige Bemerkungen. Hilfe* anbieten. *Humor, Situationskomik. Anekdoten erzählen. Von mir erzählen. Übers Wetter oder ähnliche Small-Talk-Themen plaudern. Geschenke machen.*

»Drin«: Was ist mein persönlicher Stil in der Beziehung zu anderen?

Beispiele: *Zurückhaltend, abwartend, defensiv, passiv, zuhörend, introvertiert, wenig Worte. Draufgängerisch, aktiv, offensiv, extravertiert, vielredend. Side-by-Side, Face-to-Face.*

»Weg«: Wie beende ich Beziehungen?

Beispiele: *Abrupt ohne vorherige Ankündigung. Dramatisch. Konfliktreich. Sanfter Rückzug. Traurig, liebevoll. Eher endgültig, man sieht sich nicht wieder. Beziehungen bleiben erhalten – aus Liebe wird Freundschaft, aus Kollegen werden Bekannte.*

»Draußen«: Was fehlt mir beim Thema »Sozialkontakte«? Was wünsche ich mir – neu, anders, weniger, mehr?

Beispiele: *Partnerschaft, körperliche Nähe, Sex, Austausch, gemeinsame Aktivitäten, Gruppenfeeling.*

Wie bin ich – introvertiert oder extravertiert?

Sich mit seinen Persönlichkeitseigenschaften auf dem Kontinuum von Introvertiertheit bis Extravertiertheit besser zu kennen, kann helfen, die Balance zwischen Gemeinsamsein und Alleinsein für sich zu finden. Denn die meisten Introvertierten schätzen sich weniger introvertiert ein, als sie sind, und Extravertierte vergessen leicht, dass sie auch von Phasen des Alleinseins profitieren können. Die wenigsten werden sich bei einem Extrem wiederfinden, die meisten tendieren zur Mitte.

Kreuzen Sie einfach an, für eine grobe Orientierung.

Introvertiert: Ich ...

- bin gern mit mir allein oder mit wenigen vertrauten Menschen zusammen und schöpfe daraus meine Kraft
- höre lieber zu und beobachte im Hintergrund, als selbst zu reden, vor allem mit Fremden
- denke, bevor ich spreche, und benötige generell mehr Zeit, um Gedanken abzurufen und zu äußern
- fühle mich eher unwohl unter vielen Menschen, in großen Gruppen und mit Fremden und halte mich dann zurück
- arbeite am produktivsten allein in einem stillen Raum
- bin schnell erschöpft, reizüberflutet und ausgelaugt, wenn ich unter Leuten war, selbst wenn ich es genossen habe
- bin eher auf mein Innenleben konzentriert und entwickele neue Ideen aus der Tiefe
- gehe am liebsten mit einer guten Freundin oder einem Freund aus und unterhalte mich tiefgehend
- höre von anderen, dass ich zurückhaltend und ruhig wirke

Extravertiert: Ich ...

- bin kontaktfreudig, gern unter vielen Menschen, auch Fremden
- rede, telefoniere, kommuniziere gern mit anderen

- denke beim Sprechen und habe alle Gedanken sofort parat
- stehe gern im Mittelpunkt
- arbeite am produktivsten, wenn viel Betrieb um mich ist
- schöpfe Kraft und Inspiration durch das Zusammensein und den Austausch mit anderen und fühle mich nach dem Kontakt mit vielen Menschen energiegeladen
- langweile mich leicht und fühle mich unausgelastet, wenn ich mit mir allein bin
- mische mich beim Ausgehen am liebsten unter viele Leute, auch Fremde
- höre von anderen, dass ich gesprächig und aufgeschlossen wirke

Für ein Fazit passt zum Beispiel ein Fokussprint mit folgender Überschrift:

Fazit: Was kann ich tun, um so zu leben, wie es mir entspricht?

Die Einsamkeitsspirale – kennen und abspringen

Die Einsamkeitsspirale führt immer weiter in die Einsamkeit hinein. Wenn Sie Ihre persönlichen Auslöser und Anzeichen für Einsamkeit kennen, kann Ihnen das helfen, so früh wie möglich abzuspringen. Wenn Sie gerne eine Darstellung als Bild mögen, erstellen Sie dazu eine Denkskizze mit einer Spirale, auf der Sie mit verschiedenfarbigen Stiften Ihre persönlichen Auslöser für Einsamkeitsgefühle, Ihre Einsamkeitssymptome und Ideen für Absprungmöglichkeiten notieren.

Einsamkeitsauslöser

Wenn Sie den Zusammenhang von Auslösern und Symptomen von Einsamkeit bei sich selbst erkennen, werden Sie nicht mehr davon überrascht und können die Dynamik besser mit Abstand betrachten und gegebenenfalls etwas dagegen tun. Auslöser für Einsamkeitsgefühle sind vielfältig und individuell. Ich habe Ihnen auch hier einige Beispiele notiert, damit Sie leichter auf eigene Ideen kommen.

Was löst Einsamkeitsgefühle bei mir aus?

Beispiele: *Meine Freundin ist nicht erreichbar. Meine Kollegin ist zurückhaltend und wortkarg. Mobbing. Ich erinnere mich daran, wie meine Mutter früher den Kontakt abgebrochen und nicht mehr geredet hat, wenn sie wütend war; in dieses Gefühl von damals gerate ich jetzt wieder rein. Ein Misserfolg. Eine Krankheit, die mich daran hindert, meinen bisherigen Aktivitäten nachzugehen. Ich bin gerade ohne Job. Ich habe die Nachbarn lange nicht mehr gesehen und auch sonst seit Tagen niemanden, den ich näher kenne.*

Einsamkeitssymptome

Welche Signale und Symptome zeigen mir, dass ich einsam bin – oder gerade werde?

Beispiele: *Ich bin misstrauisch gegenüber anderen mit Gedanken wie: »Die mag mich wohl nicht mehr.« Ich missdeute vermutlich einiges, denn ich denke zum Beispiel: »Er findet meine Meinung blöd, das sehe ich an seinem Stirnrunzeln.« Ich habe Angst vor Ablehnung und Ausgrenzung. Ich merke, dass ich mich immer mehr verschließe. Ich gehe anderen aus dem Weg. Es sammeln sich gerade besonders viele negative Erfahrungen mit anderen an. Meine Gedanken kreisen um mich selbst. Der Selbstwertgefühl ist im Keller. Ich komme mir unattraktiv und langweilig vor.*

Absprungmöglichkeiten

Wie springe ich aus der Abwärtsbewegung meiner Einsamkeitsspirale ab?

Beispiele: *Bei meiner Nachbarin klingeln und fragen, ob sie mir etwas Werkzeug leihen kann. Meinen Freund anrufen und fragen, ob er sein Projekt geschafft hat, von dem er erzählt hatte. Einkaufen gehen und mindestens mit einer Person, zum Beispiel der Kassiererin oder jemandem in der Warteschlange, ein paar Worte wechseln. Den Kollegen fragen, ob er etwas zu kritisieren hat.*

Das Alleinsein – den leeren Raum gestalten

Markieren Sie auf einem Blatt Papier in der Mitte einen Punkt oder eine einfache Strichfigur: Das sind Sie selbst. Um den Punkt herum zeichnen Sie einen großen Kreis. Er verkörpert den Raum Ihres Alleinseins. Notieren Sie, was in diesem leeren Raum ist oder sein könnte: Ihre Kreativität, Langeweile, Ruhe. Die folgenden Fragen können Sie unterstützen, auf Ideen zu kommen.

Wenn ich allein bin …

Wie bin ich?

Beispiele: *Gelangweilt, entspannt, ruhig, ruhelos, genervt, gestresst, ängstlich sorgenvoll, schlecht gelaunt, müde.*

Was tue ich?

Beispiele: *Chatten, Social Media, über aktuelle Nachrichten informieren, an andere Menschen denken, innere Gespräche mit ihnen führen, Ideen weiterdenken, die Zukunft planen, lesen, arbeiten, es mir gemütlich machen, gut für mich selbst sorgen, schlafen, kochen, mein Hobby verfolgen.*

Wie könnte mein Alleinsein besonders erfüllend sein?

Beispiele: *Musik hören, schreiben, malen, kreativ sein, spazieren gehen in der Natur. Das Handy beiseitelegen.*

Das Beziehungsnetz – abbilden

Das Beziehungsnetz ist eine Abbildung der Sozialkontakte, die in Ihrem Leben aktuell eine Rolle spielen. So machen Sie sich Ihre Beziehungen im Überblick bewusst und können Hilfe- und Entwicklungspotenziale entdecken. Wenn Sie dieses Netz abbilden, passiert viel: Sie sehen, dass da viel mehr Kontakte sind, als Sie dachten. Sie können Ihre Gefühle und Gedanken zu jeder Person prüfen. Sie merken, ob jemand zu weit weg oder zu nah ist. Ob Sie Ihr Netz klein, groß, unausgewogen, lückenhaft finden. Und natürlich erkennen Sie, was Sie ändern wollen.

Wichtig: Es geht nicht um bessere größere oder schlechtere kleinere Netze. Oft kommt Veränderung wie von selbst, wenn man sich mit dem Thema beschäftigt. Es hängt auch vom Zeitpunkt, von Ihren Wünschen und Möglichkeiten sowie von Ihrer Persönlichkeit ab.

Vorbereiten

Womit will ich mein Netz abbilden?
Wählen Sie eine Fläche mit genug Platz zum Abbilden Ihres Beziehungsnetzes. Sie sollten leicht etwas verändern können, ohne gleich neu anzufangen, denn in einem Beziehungsnetz ist immer Bewegung.

Beispiele: *Papier im DIN-A3-Format mit kleinen Haftnotizen. Eine Wand oder Pinnwand mit Zetteln, Karten oder Haftnotizen. Der Bildschirm, zum Beispiel mit einer Mindmap- oder Präsentationssoftware.*

Abbilden

Wie sieht mein Beziehungsnetz aus?

Platzieren Sie sich selbst in der Mitte und notieren Sie das Netz Ihrer aktuellen Sozialkontakte mit Namen, die in Ihrem Leben aktuell relevant sind und die Sie nach verschiedenen Kriterien näher oder entfernter von Ihnen anordnen. Dafür können Sie die Beziehungskreise von Robin Dunbar als Orientierung nutzen und auch auf der Fläche einzeichnen. Eine genauere Beschreibung finden Sie in Teil 3, »Gemeinsam«.

Beispiel für die Orientierung im Netz: *Innerer Kreis: 1 bis 2 engste Vertraute und insgesamt 5 enge Freunde. Mittlerer Kreis: 15 gute Freunde und insgesamt 50 Freunde. Äußerer Kreis: Netzwerk der 150. Außerdem können Sie die Himmelsrichtungen für verschiedene Lebensbereiche einteilen – zum Beispiel Familie, Freunde, Job, berufliches Netzwerk.*

Beispiele für aktuelle Kontakte: *Freunde, Partner, Eltern, Geschwister, Großeltern, andere Verwandte, Nachbarn, Haustiere, Kollegen, Vorgesetzte, Kunden, Mitarbeiter, Mentoren, Coaches, Therapeuten, Lehrer, flüchtige Bekannte wie der Verkäufer oder die Handwerkerin.*

Welche Kriterien für die Entfernung habe ich?

Beispiele: *Emotionale Nähe. Zeiteinsatz. Emotionale Intensität, Liebe. Hilfepotenzial: Wer hilft mir? Lernmöglichkeiten.*

Wie kennzeichne ich die verschiedenen Kriterien?

Sie können diese oder weitere Kriterien auch mit Farben, Zahlen, Umrandungsformen oder kleinen Kommentaren kennzeichnen, denn nicht alles lässt sich anhand der Entfernung abbilden.

Beispiele: *Hilfe mit Pfeilen. Zeit in Zahlen. Meine Lernmöglichkeiten mit Kommentaren wie »Kreativität leben«, »Sich durchsetzen«.*

Auswerten

Was sagt Ihr Bauchgefühl?

Wenn Sie beim Zeichnen des Beziehungsnetzes auf Ihre Gefühle achten, geben diese Ihnen Anhaltspunkte für weiteres Nachdenken oder für Veränderungen, Sich-Umstellen, Konsequenzen. Das Bauchgefühl ist nichts anderes als Ihre Intuition, die Impulse aus dem Unbewussten zeigt.

Was soll werden?

Notieren Sie zum Beispiel mit einer anderen Farbe: Wie wünsche ich mir mein Beziehungsnetz? Wie entsteht mehr Verbundenheit? Wer soll näher rücken und wichtiger werden – und wer soll weiter weg? Was tue ich dafür, ganz konkret?

Beispiele: *Erstaunen: Da sind ja doch viel mehr, als ich dachte – ich werde mich öfter verabreden. Dankbarkeit: Ich habe schon so viel gelernt und Hilfe bekommen, ich werde mehr Dank äußern. Freude: Ich habe Lust, sie mal wieder anzurufen. Liebe: Ich werde ihn treffen. Bitterkeit: So viel Bemühen, und es kommt so wenig zurück, ich lasse den Kontakt ab jetzt ruhen. Hadern: Warum ist er bloß immer wieder so abweisend – ich will ihn besser verstehen, werde ihn mehr fragen. Wut: Ich werde ihr einen Brief schreiben, vielleicht gar nicht abschicken. Eifersucht: Das habe ich nicht nötig, oder?*

Zusammenfassung der Übung »Das Beziehungsnetz«

- **Zeichnen:** Zentrum (Ich) plus 3 Beziehungskreise: innerer Kreis (bis 5), mittlerer Kreis (bis 15 und 50), äußerer Kreis (bis 150)
- **Platzieren der Sozialkontakte** anhand von:
  - Zeiteinsatz, emotionale Nähe: Entfernung
  - Lebensbereiche: Himmelsrichtung
  - Zahlen, Farben, Umrandungsformen oder Kommentare
- **Auswerten** mit der Leitfrage: Was soll werden?

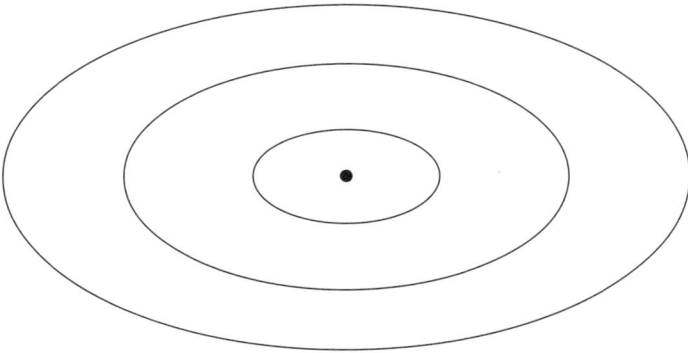

Das Wohnen – gestalten

Ob allein oder zu zweit, als Familie mit Kindern, mit Eltern, als Wohngemeinschaft, Hausgemeinschaft oder in einem Mehrgenerationenhaus: Wie wir wohnen, prägt wesentlich unser Leben, unser Zugehörigkeitsgefühl, unsere Gesundheit und unsere sozialen Kontakte. Wenn wir alt werden, können andere Wohnformen wichtig werden.

Schreiben Sie 1 bis 3 Schreibsprints zu den folgenden Fragen, oder skizzieren Sie Ihre Vision als Bild.

Wie wäre das Wohnen am schönsten, was wäre mein Traum?

Wie will ich im Alter wohnen?

Wem ich helfe – wer mir hilft

Nehmen Sie sich die Abbildung Ihres Beziehungsnetzes noch einmal vor und fragen Sie sich:

Wem helfe ich?

Wer hilft mir?

Zeichnen Sie Pfeile ein: Wenn Sie einer Person helfen, zeigt der Pfeil in Richtung der Person. Wenn eine Person Ihnen hilft, zeigt der Pfeil von der Person zu Ihnen.

Bei wem sollte was anders werden?
- Helfe ich zu viel oder zu wenig?
- Erhalte ich zu wenig oder zu viel Hilfe?
- Bei wem möchte ich künftig mehr, bei wem weniger helfen?
- Von wem möchte ich weniger Hilfe erhalten?
- Von wem wünsche ich mir mehr Hilfe?
- Wie entsteht eine gute Hilfe-Balance in meinem Netz?

Wie lebe ich Empathie?

Empathie kann gut für den Kontakt sein, aber nicht in jedem Fall. Grundsätzlich ist es gut, zu verstehen, was der oder die andere fühlt. Das ist kognitive Empathie. Die emotionale Empathie dagegen, bei der man fühlt, was das Gegenüber fühlt, kann durch Gefühlsansteckung überfordern und erschöpfen. Eine mitfühlende Antwort auf das Leiden einer anderen Person ist dann die Synthese aus beidem und verbindet das Verstehen und Fühlen mit dem Impuls zu helfen.[339] Wozu tendieren Sie?

Emotionale Empathie: *Ich fühle, was du fühlst*
- Ich lasse mich leicht von den Gefühlen anderer anstecken.
- Ich teile die Gefühle der anderen Person und erlebe sie mit.
- Das Mitfühlen erschöpft mich oft.
- Ich weiß manchmal im Zusammensein mit anderen nicht, was meine eigenen, was fremde Gefühle sind.

Kognitive Empathie: *Ich sehe, was du fühlst*
- Ich erkenne, was im anderen emotional vor sich geht.
- Ich verstehe die Gefühle der anderen Person.
- Ich nehme distanziert Anteil, ohne gleichgültig zu sein.
- Ich bin durch das Mitfühlen nicht erschöpft.

Mitfühlende Antwort: *Ich verstehe, was du fühlst – und helfe*
- Ich verstehe die Gefühle der anderen Person.
- Ich spüre den Impuls zu helfen.
- Ich erschöpfe mich weder im Mitfühlen noch im Helfen und brenne nicht aus.
- Ich habe schnell pragmatische Ideen, wie Hilfe aussehen könnte.

Die Emotionen – intensivieren

Wäre es nicht schön, wenn die emotionale Intensität mit einer Person, die Ihnen wichtig ist, hoch bleibt, höchstens nur zeitweise ab-, dann wieder zunimmt? Wie wäre es, sich immer neu zu öffnen, zu begeistern, zu verlieben – auch in dieselbe Person?

Emotionale Intensität

Zeichnen Sie in einem Diagramm jeweils für eine Person ein, wie Sie die Entwicklung der emotionalen Intensität empfinden. Wie entwickelt sich die Intensität der Emotionen? Machen Sie das für alle Ihre wichtigen Beziehungen.

Wie intensiv sind meine Emotionen im Verlauf der Zeit?

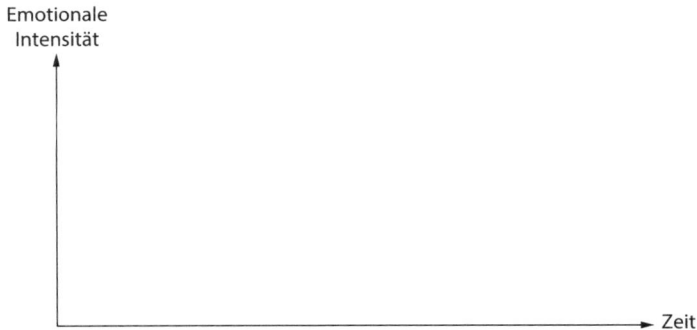

Emotionale
Intensität

Zeit

Was kann ich tun, damit die emotionale Intensität bei der Person hoch bleibt oder wieder hoch wird?

Beispiele: *Mehr Zeit investieren. Öfter kurze Sprachnachrichten schicken, um Gedanken und Erlebnisse zu teilen. Kleine Geschenke. Mindestens einmal pro Woche ausführlich reden.*

Heute statt gestern

In Ihren aktivierten Erinnerungen liegt der Schlüssel zu intensiv gelebten Emotionen und damit zu intensiv und innig gelebten Beziehungen. Sie können Erinnerungen aktivieren, indem Sie sie ins Heute holen. Hier bieten sich wieder Blitzantworten an. Also: Wer oder was kommt Ihnen als Erstes in den Sinn?

- Mit welcher Person möchte ich meine Emotionen intensivieren?
- Wann habe ich mit dieser Person eine besonders intensive Emotion erlebt?
- Wenn ich gedanklich zu dieser Erinnerung gehe: Was passiert gerade *jetzt?*
- Was ist da? Wer ist da? Was sehe, höre, rieche, schmecke ich? Was fühle ich auf der Haut? Welche Gedanken sind da? Welche Emotion(en)? Was spüre ich im Körper und wo im Körper?

Die Emotionen – beruhigen

Wenn Sie Ihre schwierigen und schmerzhaften Emotionen in Beziehungen beruhigen, können Sie gelassener im Kontakt sein. Das verbessert die Beziehung für alle Beteiligten. Dafür gibt es gute Möglichkeiten. Zum einen ist eine der wichtigsten Funktionen der REM-Schlafphasen, also des Traumschlafs, die nächtliche Emotionstherapie. Für mehr REM-Schlaf finden Sie eine Anleitung auf der Website zum Buch www.freunde-machen-gesund.de.

Gehirnaktivierung

Wenn Sie während einer emotionalen Belastung eine bifokale Achtsamkeit erreichen, können Sie mit aktuellen oder weiter zurückliegenden, emotional belastenden Erlebnissen ruhiger werden. Probieren Sie Folgendes aus: Erleben oder reaktivieren Sie eine schmerzhafte Emotion bewusst, während Sie zugleich eine oder mehrere dieser einfachen Gehirnaktivierungstechniken[340] anwenden:

- Mentale Aktivierung: in Zweier- oder Dreierschritten rückwärts zählen
- Physiologische Aktivierung: vertieft durch die Nase ca. 5 Sekunden ein- und 5 Sekunden ausatmen
- Taktile Aktivierung: die Hände vor der Brust wie eine Selbstumarmung überkreuzen und sich abwechselnd mit den Handflächen vorn auf die Schultern klopfen

Emotionen nachhaltig beruhigen

Mit modernen Coaching- und Therapiemethoden kann man Emotionen wirksam und nachhaltig regulieren. So setzen zum Beispiel Logosynthese® oder emTrace® die Erkenntnisse der modernen Hirnforschung zur Emotionsregulierung in ihrem Vorgehen um.[341] Den verschiedenen Methoden gemein ist, dass man eine bifokale Achtsamkeit erreicht, die Emotionen nachweislich beruhigt. Dieses Vorgehen entspricht den neuesten Erkenntnissen der Wissenschaft zur Emotionsregulation in den relevanten Netzwerken im Gehirn, dem Stressnetzwerk im limbischen System und dem zentralen Steuerungsnetzwerk im Frontalhirn.[342]

- Sie aktivieren die schmerzhafte Emotion, indem Sie sie bewusst erleben. Damit erreichen Sie eine limbische Aktivierung im Stressnetzwerk des Gehirns. Sie richten also die Aufmerksamkeit auf einen inneren Reiz – zum Beispiel die Vergegenwärtigung der stressigen Situation – und bleiben dabei im Kontakt mit den inneren Reaktionen: Welche Gedanken, Emotionen und Körperempfindungen sind da? Entscheidend ist das bewertungsfreie Wahrnehmen der inneren, spontan aufsteigenden Assoziationen. Allein diese gegenwartsbezogene Achtsamkeit aktiviert bereits in positiver Form das zentrale Steuerungsnetzwerk.
- Gleichzeitig richten Sie nun die Aufmerksamkeit auf einen äußeren Reiz – zum Beispiel das Wahrnehmen des Auslösers im Raum bei Logosynthese® oder das Fixieren des Blicks auf einen festen Punkt im Raum bei emTrace®. So aktivieren Sie das zentrale Steuerungsnetzwerk im präfrontalen Cortex des Gehirns, wodurch Sie die Aktivierung im Stressnetzwerk herunterfahren.
- Es folgen weitere Verarbeitungsschritte nach dem jeweiligen methodischen Vorgehen.

Was ist Logosynthese®?

Ich arbeite in meiner psychologischen Praxis am häufigsten mit Logosynthese®, entwickelt von dem Schweizer Psychologen und Psychotherapeuten Dr. Willem Lammers.[343] Mit der Methode lassen sich Blockaden und emotionale Belastungen mittels sprachlicher Formulierungen nachhaltig im Unterbewusstsein auflösen, indem man den jeweiligen Auslöser für die Belastung findet und dann bestimmte Sätze ausspricht. Die Sätze wirken vielleicht erst einmal etwas fremd, aber es geht schließlich um die Wirkung. Wenn Sie die Methode ausprobieren, müssen Sie hinterher nichts weiter tun, als auf die Veränderungen in Ihrem Alltag zu achten.

Mit der folgenden Anleitung oder einer Audio-Anleitung auf der Website www.freunde-machen-gesund.de können Sie die Logosynthese® ausprobieren und einen Eindruck bekommen. Bitte denken Sie daran, dass keine Methode für alle passt. Logosynthese® funktioniert als Selbstcoachingmethode, wenn man sie einmal gründlich erlernt hat. Für tiefgehende Prozesse und schwierige Themen ist eine professionelle Begleitung notwendig. Die Methode wirkt auf den ersten Blick einfach – und so probieren wir sie hier aus –, es gehören jedoch Feingefühl und eine gute Selbstwahrnehmung dazu, um einen tiefgreifenden Prozess anzustoßen.

Emotionen in Beziehungen lösen – mit Logosynthese®

Wir nehmen als Auslöser jetzt eine Person, mit der Sie gerade Schwierigkeiten haben, um die Emotion gegenüber dieser Person zu beruhigen.

- Schaffen Sie sich einen ungestörten Raum und genug Zeit, um sich nach innen zu wenden.
- Vergegenwärtigen Sie sich eine Person, die schwierige Gefühle bei Ihnen auslöst, Sie also in irgendeiner Weise belastet. Wer kommt Ihnen als Erstes in den Sinn?
- Stellen Sie sich vor, dass diese Person in Ihrer Nähe ist. Wir nennen diese Vorstellung der Person »Abbild«.
- Nehmen Sie genau wahr: Woher wissen Sie, dass es dieses Abbild der Person dort gibt – sehen Sie zum Beispiel ein Bild der Person? Hören Sie etwas, die Stimme? Oder kom-

men andere Sinne ins Spiel: Was spüren, schmecken, riechen Sie?
- Wo nehmen Sie dieses Abbild in Ihrem persönlichen Raum, also in der Nähe um sich wahr? Eher vorne, hinten, rechts, links, weiter oben, weiter unten? Wie weit entfernt?
- Untersuchen Sie, wie Sie auf das Abbild dieser Person reagieren. Also: Welche belastenden Emotionen sind da? Welche Körperempfindungen? Wo spüren Sie sie im Körper? Welche Gedanken gehen Ihnen zu der Person durch den Kopf? Ein Satz, ein Wort?
- Schätzen Sie all das auf einer Belastungsskala ein, von »0« – gar keine Belastung – bis »10« – maximale Belastung: Welche Zahl kommt Ihnen als Erstes in den Sinn?
- Sprechen Sie nacheinander die folgenden 3 Sätze der Logosynthese®, jeweils mit einer Wirkungspause von ungefähr 1 Minute, bis Sie eine Veränderung bemerken, etwa ein Durchatmen, eine veränderte Körperempfindung, ein deutliches Abflauen der Emotion. Sie können in den Wirkungspausen zum Beispiel in Zweier- oder Dreierschritten rückwärts zählen oder vertieft durch die Nase atmen.
- Setzen Sie in die 3 Sätze jeweils den Auslöser mit dem Namen der Person ein: »Das Abbild von [...].«
  »Ich nehme all meine Energie, die gebunden ist in dem Abbild von [...], an den richtigen Ort in mir selbst zurück.«
  »Ich entferne alle Fremdenergie im Zusammenhang mit dem Abbild von [...] aus allen meinen Zellen, aus meinem Körper und aus meinem persönlichen Raum und schicke sie dorthin, wo sie wirklich hingehört.«
  »Ich nehme all meine Energie, die gebunden ist in allen meinen Reaktionen auf das Abbild von [...], an den richtigen Ort in mir selbst zurück.«
- Prüfen Sie: Was passiert? Was hat sich bei dem Abbild verändert?
- Trinken Sie Wasser.

- Untersuchen Sie, wie Sie jetzt auf das Abbild dieser Person reagieren: Welche belastenden Emotionen sind da?
- Welche Körperempfindungen? Wo spüren Sie sie im Körper? Welche Gedanken gehen Ihnen zu der Person durch den Kopf? Ein Satz, ein Wort?
- Schätzen Sie die Belastung nochmals auf der Skala von 0 bis 10 ein: Welche Zahl kommt Ihnen diesmal als erste in den Sinn? Falls die Belastung nicht wesentlich abgeklungen ist, machen Sie einen zweiten Zyklus mit den 3 Sätzen.
- Stellen Sie sich zum Abschluss probeweise vor, Sie begegnen der Person in der Realität oder im Geiste. Was ist jetzt? Wie sind Ihre Reaktionen jetzt, mit welchen Emotionen, Körperempfindungen, Gedanken, welcher Haltung und Einstellung, mit welchem Verhalten?
- Beobachten Sie in der nächsten Zeit in Ihrem Alltag, was anders ist als vorher. Wie haben sich Ihre Emotionen, Ihr Verhalten, Ihre Einstellung in Bezug auf diese Person verändert?

Zusammenfassung der Übung »Emotionen in Beziehungen lösen«

- Belastende Emotionen und andere Reaktionen aktivieren
- Den Auslöser finden, in diesem Fall das Abbild einer Person
- Die 3 Sätze der Logosynthese® mit dem Auslöser sprechen
- Veränderungen prüfen
- Zukunft neu vorstellen

Das Lernen – von anderen

Wir können von jedem Menschen etwas lernen, sogar, wenn es mit der Person schwierig ist. Wenn wir die Beziehungen zu anderen als Lernmöglichkeiten sehen, entwickeln wir uns weiter und haben gleichzeitig Anlässe, um Dankbarkeit zu empfinden und auszudrücken. Das klärt oder vertieft Beziehungen und hilft, auch bei unbequemen Erfahrungen nicht zu verbittern, sondern sie als sinnvoll zu bewerten.

Die folgenden Fragen kann man sich am besten häufig, vielleicht jeden Abend stellen. Um Antworten zu finden, können auch hier Schreibsprints passen.

Von wem habe ich (heute) etwas gelernt?

Wofür bin ich jemandem (heute) dankbar?

Schauen Sie auch noch einmal auf Ihr Beziehungsnetz und notieren Sie bei einzelnen Personen oder in einer Extraliste:

Von wem lerne ich was?
Je mehr Lernmöglichkeiten Sie finden, umso mehr fallen Ihnen ein, umso beschenkter und reicher fühlen Sie sich – und sind es dann auch. Dankbarkeit ist einer der Schlüssel für entspannte und erfüllende Beziehungen und ein erfülltes Leben.

Die entspannte Zeit – gemeinsam genießen

Die Social Baseline, der Normalzustand des Menschen, ist das entspannte Zusammensein mit anderen Menschen. Wie können Sie viele Gelegenheiten dafür schaffen? Auch hier bieten sich die Schreibsprints an, um Antworten zu finden.

Wie möchte ich entspannte Zeit mit anderen verbringen?

Beispiele: *Beim Essen, beim Sport, beim Tanzen, bei Spaziergängen, beim gemeinsamen Tun, ohne zu reden, beim Spielen.*

Was kann ich dafür tun?

Beispiele: *Einmal pro Monat zum Essen einladen, einmal pro Woche zum Spazierengehen verabreden, Spieleabende initiieren, zum Joggen verabreden.*

Die soziale Zeit – einschätzen

Wenn viel zu tun ist, können unsere Sozialkontakte leicht in den Hintergrund rücken. Doch die investierte Zeit für Beziehungen ist wichtig: Mehr Zeiteinsatz bedeutet höhere emotionale Intensität. Bei zu wenig investierter Zeit entfernten sich laut den Forschungsergebnissen die Kontakte, vor allem Nicht-Verwandte. Die Einschätzung Ihres Zeiteinsatzes für Ihre Beziehungen kann Ihnen helfen, diese soziale Zeit wichtiger zu nehmen.

Soziale Zeit

Notieren Sie die Zeitangaben in Stunden oder Prozent, eventuell auch in Ihrer Abbildung des Beziehungsnetzes.

- Wie viel soziale Zeit habe ich pro Woche, die mir für den direkten Kontakt mit anderen zur Verfügung steht?
- Wie viel Zeit investiere ich in die inneren, mittleren und äußeren Beziehungskreis? In Stunden oder in Prozent? Wie viel Zeit sollte es sein?
- Wie viel Zeit verbringe ich mit Social-Media-Kommunikation mit Kontakten im äußeren Kreis? Wie viel Zeit sollte es sein?
- Wie viel Zeit verbringe ich mit Social-Media-Kommunikation zur Kontaktpflege bereits bestehender enger Freundschaften? Wie viel Zeit sollte es sein?
- Wie viel Zeit nutze ich für produktives Alleinsein? Wie viel Zeit sollte es sein?

Die Nähe – fühlen

Die Nähe in allen Ihren Freundschaften – zu Ihrem Partner, Ihrer Partnerin, zu Ihren Kindern, zu Freundinnen und Freunden, zu Familie, Verwandtschaft und Arbeitskontakten – ist ein wichtiges Kriterium für die Nähe, Tiefe und Schönheit einer Beziehung.

Zeichnen Sie einen Kreis, der für Sie steht, und in einen zweiten Kreis rechts daneben schreiben Sie den Namen eines für Sie wichtigen Menschen, der sich je nach emotionaler Nähe mehr oder weniger mit dem ersten Kreis überschneidet. Am besten tun Sie das für mehrere Personen, sodass Sie vergleichen können.

Wie nah, öffnungsbereit, emotional intensiv verbunden und vertraut fühle ich mich mit wem?

Wer soll näher rücken?

Wer soll sich entfernen?

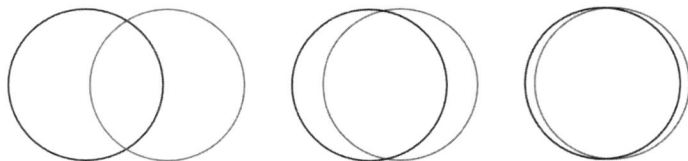

Das Ganze lohnt sich

Dieses Buch schreibe ich schon seit Jahren. In Gedanken auf alle Fälle.

Freunde, tiefgehende Beziehungen, verbindliche und gute Sozialkontakte sind das Existenziellste, was unser Menschsein ausmacht. Sie machen uns nicht nur gesund, was ja schon für sich genommen toll ist, sondern auch Spaß. Sie sind die Quelle von Glück und Freude und Liebe.

Natürlich, wir alle wissen, dass es auch Enttäuschungen und Schmerz gibt, aber das ist es 100 Mal wert.

Da mir das Wohlergehen und ein erfülltes Leben nicht nur der Menschen, mit denen ich arbeite, sondern aller Menschen am Herzen liegen, musste ich »Freunde machen gesund« schreiben. Es ist die Nummer 1 für alles.

Genießen Sie es, dass Sie Freunde oder einfach Menschen um sich haben. Mit Liebe, Freundlichkeit und möglichst viel Lachen.

Ihre Freundin Ulrike Scheuermann

Weitere Informationen von mir für Sie gibt es hier:
www.freunde-machen-gesund.de

Dank

Diesmal gilt mein Dank an erster Stelle den vielen Wissenschaftlerinnen und Wissenschaftlern, auf deren Studien über die Kraft und Bedeutung sozialer Kontakte ich aufbauen konnte. Mit einigen von ihnen habe ich mich im Verlauf der Arbeit an diesem Buch persönlich ausgetauscht, so mit Prof. Robin Dunbar, Prof. Martin Schröder und Dr. Horst Opaschowski. Danke für die inspirierenden und informativen Gespräche.

Mein großer Dank geht außerdem an meine Klientinnen und Klienten und Teilnehmenden, die mir seit Jahrzehnten ihr Vertrauen schenken und mich an ihrem Innenleben teilhaben lassen, von denen ich unglaublich viel lernen darf und die auch wieder zum Entstehen dieses Buches zentral beigetragen haben.

Das Buch ist meinen Freundinnen und Freunden gewidmet. Und so danke ich ihnen von Herzen:

Seit Sabrina Rabow und ich uns »zufällig« getroffen haben, arbeiten wir mit großer Freude zusammen und unterstützen uns gegenseitig. Als meine PR-Beraterin leistet sie herausragende Arbeit und ist mir mit ihrem weiten und gegenseitig helfenden Beziehungsnetz ein großes Vorbild. Für das Buch hat sie mich fast von Beginn an intensiv und engagiert unterstützt und mir bis zur Fertigstellung mit ihrem sicheren Sinn für Sprache und mit Blick aufs Ganze sehr geholfen. Danke, liebe Sabrina, immer wieder, für deine große Hilfe.

Pauline Just: Es hätte keine Bessere geben können, um mich bei meinen wissenschaftlichen Recherchen zu diesem Buch zu unterstützen. Pauline ist Philosophin und außerdem Vollblutwissenschaftlerin, kennt sich hervorragend in der

Psychologie aus und liest Bücher am laufenden Meter, sogar im Gehen. Danke, liebe Pauline, auch für deine Geduld, mit der du mit mir über Studiendetails diskutiert und Anmerkungen und Bibliografie in Form gebracht hast.

Auch Gerd König hat mir mit seinem Feedback zum Manuskript aus der Sicht eines langjährig erfahrenen Textprofis enorm geholfen. Ich danke dir sehr dafür, lieber Gerd.

Viele weitere Freundinnen und Freunde haben mich bei diesem Buch unterstützt:

Seit über einem Jahrzehnt begleiten Emanuel Koch und ich uns als enge Freunde gegenseitig und unterstützen uns, auch als Autorenkollegen. Danke wieder einmal, lieber Emanuel, für deine Unterstützung beim Manuskript und im gesamten Entstehungsprozess des Buches.

Mit Christin Aannerud stehe ich seit vielen Jahren in intensivem, freundschaftlichem Austausch über das Thema Beziehungen und Selbstbeziehung sowie über unsere psychologische Arbeit. Danke dafür und für dein Feedback zum Manuskript, liebe Christin.

Christian Hesselmann ist ein hochkreativer Designer, mit dem die Fotos für dieses Buch und ein im Flow geschaffenes Cover entstanden sind. Danke, lieber Christian, für deine Kreativität und unseren freundschaftlichen Austausch.

Katrin Volkmann hat mir als Testleserin wie schon bei früheren Buchmanuskripten wertvolle Anregungen gegeben. Danke, liebe Katrin, für deine spontane Lesebereitschaft, und danke für die Freundschaft, auch mit unseren Familien.

Seit vielen Jahren stehen Philipp J. Müller und ich im Austausch zu den Themen unserer Bücher. Danke, lieber Philipp, für die auch in der Manuskriptphase intensive und stetige Zusammenarbeit, und danke für unsere Freundschaft.

Meine Mastermindgruppe mit Stefan Dietz, Emanuel Koch und Dr. Sylvia Löhken hat mir auch für dieses Buch wertvolle Anregungen gegeben. Danke.

Ich habe im Buch von meinen Erinnerungen an unsere Kindheit erzählt. Meinen Eltern danke ich für alles, was sie mir und meiner Schwester mitgegeben haben, für die kreativen Möglichkeiten bei uns zu Hause, dass wir uns so frei und weitläufig in den Berliner Wäldern bewegen durften, für die schönen Urlaube, zum Teil gemeinsam mit Freunden, für die Ruhe bei uns zu Hause. Auch bei diesem Buch haben sie dazu beigetragen, dass ich ideale Bedingungen zum Schreiben mitten in der Natur hatte, an einem Ort, der mich jedes Mal daran erinnert, wie sehr alles miteinander verbunden ist. Danke, liebe Mutti und lieber Papa.

Auch meiner Schwester danke ich für unsere gemeinsam verbrachte Zeit, dass du da warst und bist, liebe Carola, und für das Lesen des Manuskriptes.

Meinem Mann und unserem Sohn danke ich aus tiefstem Herzen immer wieder neu für unser gemeinsames Leben. Danke für eure Liebe und Geduld, die mich durch diese, wie bisher auch schon jede vorherige, Buchschreibphase getragen haben; und für unser auch mitten in schwierigen Pandemiezeiten so lustiges und liebevolles Zusammensein. Danke für alles, in Liebe.

Es gibt viele weitere Menschen, denen ich danken möchte, weil sie direkt oder indirekt an dem Buch mitgewirkt haben oder weil ich durch Facetten von Freundschaft mit ihnen verbunden bin. Ich danke euch, in alphabetischer Reihenfolge:

Dr. Yael Adler, Annette Auch-Schwelk, Inge Bell, Birgit Blasche, Kati Bond, Barbara Budrich, Norman Bücher, Jürgen Diessl, Dirk Eilert, Sigrun Ender, Bastian Fischer, Mike Fischer, Tanja Fläxl, Dr. Viola Gerlach, Oliver Gorus, Stefanie Greilinger und Dr. Ulrich Bach mit Pia, Jakob und ihren Liebsten, Angelika Gulder, Dr. Monika Hein, Dr. Susanne und Dr. Martin Hecker mit ihren Kindern, Dr. Tanja Hetzer, Gisela Holtmann-Scheuermann und Karlheinz Holtmann und alle weiteren der Familie, Janis und Jil Humann mit ihren

Liebsten, Dr. Nari Kahle, Helmut Kohlhaas, Stefanie Kunz und Beate Nink, Dr. Willem Lammers, Anne Lohmann, Michael Mahr, Gert Schilling und Angelika Wolpert, Cemal Osmanovic, Stephan Pregitzer, Sebastian Röder, Aino Simon, Birgit Schönberger, Anne Spier, Thomas Stahl mit seinem Team und Corinne Sutter.

Auch im Verlag Droemer Knaur haben sehr viele Menschen an diesem Buch mitgewirkt, und sie tun es noch. Stellvertretend für das ganze Droemer-Knaur-Team möchte ich erwähnen: die Verlagsleitung mit der verlegerischen Geschäftsführerin Dr. Doris Janhsen, den kaufmännischen Geschäftsführer Josef Röckl und die Verlagsleiterin Vertrieb Antje Buhl; die Gesamtleitung Marketing & Kommunikation Katharina Ilgen und die Pressereferentin Anja Volkmer. Ich danke von Herzen der wunderbaren Verlagsleiterin für den Bereich *Bewusst leben* Regina Denk, auch für ihre Begeisterung und ihr Engagement für das Buch. Ich danke der engagierten Patricia Ging für die sehr gute Zusammenarbeit, den Lektorinnen Dr. Ulrike Strerath-Bolz und Silvia Vrablecova, der tollen Illustratorin Ti Fong sowie dem Teamleiter der Bildredaktion Markus Röleke mit seiner engagierten und schnellen Hilfe, Isabella Materne für die Umsetzung von Cover und Grafik sowie Lucas Meinhardt stellvertretend für das Team in der Herstellung und Daniela Schulz für den Satz. 175 Jahre Erfahrung und Kompetenz der Verlagsgruppe Droemer Knaur fließen in dieses Werk mit ein, und ich erlebe sie bei jedem meiner Bücher, die ich seit 2011 hier publiziere.

Danke!

Anmerkungen

ALLES IST BEZIEHUNG

1   Dunbar, 1998, Dunbar, 2021
2   Lieberman, 2013, Cook, 2013
3   destatis.de, Sep. 2020, destatis.de, Jul. 2020, statista.com, Mär. 2021
4   Für diese Studie haben sich die Autoren 50 namhafte, bekannte und sehr beliebte Selbsthilfebücher zu Themen wie Angststörungen, Traumata, Depression herausgesucht und fanden heraus, dass nur 50 Prozent dieser Bücher die Lesenden auf mögliche Rückschläge vorbereiten, nur 42 Prozent haben realistische und sinnvolle Erwartungen erwähnt, was durch Selbsthilfe erreichbar ist und was nicht (Redding et al., 2008).
5   Bandelow, 2020
6   Schröder, 2020, S. 248

EIN LANGES JUNGES LEBEN

7   Pinker, 2017
8   Pawlik, & statista.com, 2020. Es handelt sich um die Allensbacher Markt- und Werbeträger-Analyse (AWA) 2020, Veröffentlichung im Juli 2020.
9   Opaschowski, 2020
10   anon. Study of Adult Development, 2015, Waldinger, 2016
11   Waldinger, 2016
12   Waldinger, 2016
13   Vaillant et al., 2014, Waldinger & Schulz, 2010, Waldinger & Schulz, 2016, Waldinger, 2016, Fifield, 2017, Lambert, 2019
14   Murthy, 2020, S. 12–14
15   Holt-Lunstad et al., 2010
16   Holt-Lunstad et al., 2010
17   Kroenke et al., 2006
18   Helgeson, 1991, Pinker, 2015, S. 225
19   Silk et al., 2003, Silk et al., 2009, Silk et al., 2010
20   Kast, 2018, Greger, 2016
21   Walker, 2018 (Einband/Klappentext)
22   Cook, 2013, Lieberman, 2013, Murthy, 2020, S. 33
23   Hostinar & Gunnar, 2015, siehe: Voelpel, 2020, S. 182
24   Levy et al., 1990, Ell et al., 1992, Spiegel et al., 1998, Yu et al., 2017, Pinker, 2015, S. 57

25 Fink, 2016
26 Han et al., 2012, Tawakol et al., 2017, Ciminelli et al., 2018, Chatterjee & Wroth, 2019, Droll, 2020
27 Pinker, 2015, S. 289–290, Berkman & Syme, 1979
28 Werner, 2005
29 Werner, 2012
30 Harris & Orth, 2020, Scheuermann, 2021
31 Uchino, 2004, S. 54
32 destatis.de, 2020 (Stand 27.01.2021)
33 Holt-Lunstad et al., 2010
34 Haslam et al., 2018
35 Waldinger, 2016
36 WHO Regionalbüro Europa, 2013
37 Schröder, 2020
38 https://www.diw.de/deutsch
39 Schröder & Scheuermann, 2021
40 Schröder, 2020, S. 182–183
41 Opaschowski, 2020
42 Amati et al., 2018
43 Saur, 2015
44 Schröder, 2020, S. 127
45 Schröder, 2020, S. 242–243
46 Schröder, 2020, S. 109, Markman, 2018, Quoidbach et al., 2019

EINSAM

47 Holt-Lunstad et al., 2015
48 Cacioppo et al., 2015, Peplau & Perlman, 1982, Holt-Lunstad et al., 2015, Cacioppo et al., 2011
49 Eyerund & Orth, 2019
50 Long & Averill, 2003
51 Cacioppo et al., 2015, Cacioppo & Patrick, 2008, S. 96–98
52 Statista Research Department, 2021; außerdem boomt Online-Dating gerade auch während Corona enorm (Djalilehvand, 2020).
53 Harnack et al., 1998, Schröder, 2020, S. 53
54 Pinker, 2015, S. 216
55 Die Wahrscheinlichkeit, dass Männer sich nach einer Trennung das Leben nehmen, ist deutlich höher als bei Frauen (Scourfield & Evans, 2015). So bringen sich nach einer Scheidung Männer beispielsweise mehr als 9 Mal häufiger um als Frauen (Kposowa, 2003).
56 Eisenberger et al., 2003
57 Dewall et al., 2010
58 Cacioppo et al., 2009
59 Cacioppo et al., 2011

60   Cacioppo et al., 2006, Cacioppo & Patrick, 2008, Cacioppo et al., 2014, Eisenberger, 2012

61   Maes et al., 1998, Glaser & Kiecolt-Glaser, 2005, Schubert & Amberger, 2018, Cohen et al., 1991, Kiecolt-Glaser et al., 1995, Marucha et al., 1998

62   Bei Einsamkeit ist der Stress so stark erhöht wie während eines körperlichen Angriffs (S. Murthy, 2020, S. 50, Eisenberger, 2012, Slavich et al., 2010).

63   Berkman & Syme, 1979, Kiecolt-Glaser et al., 1984, Kiecolt-Glaser et al., 1995, Maes et al., 1998, Marucha et al., 1998, Cacioppo et al., 2002, Cohen, 2004, Glaser & Kiecolt-Glaser, 2005, Hawkley et al., 2010, Kurina et al., 2011, Cacioppo et al., 2011, Jaremka et al., 2013, Valtorta et al., 2016, Schubert & Amberger, 2018

64   Goossens et al., 2015

65   Schon 2002 titelte der Spiegel, dass Depression die Volkskrankheit Nummer eins in Deutschland sei: Artiisik, 2002, Bolzen, 2009, KBV Kassenärztliche Bundesvereinigung, 2017.

66   Insgesamt ist auffällig, dass in Deutschland vor allem junge Menschen an Depressionen leiden (11,5 %) im Gegensatz zu älteren (6,7 %) (Hapke et al., 2019, Badenberg, 2019).

67   Die Corona-Lockdowns haben die Lage nicht verbessert. Es stellte sich zumindest heraus, dass die Deutschen im Vergleich mit 78 Ländern recht stabil sind, aber jeder Zehnte depressive Symptome entwickelte (anon. Häufigkeit, no date). Die Deutsche Depressionshilfe gibt die Belastung der Allgemeinbevölkerung im ersten Lockdown mit 56 Prozent an, im zweiten Lockdown mit 71 Prozent, die die Situation als stark belastend und bedrückend empfinden (anon. Pressematerial Deutschland-Barometer Depression 2021, 2021).

68   Hari, 2019

69   Viele Forschungsergebnisse weisen darauf hin, dass Einsamkeit depressiv macht (Beutel et al., 2017, Hari, 2019, S. 14). John T. Cacioppo erzeugte für die Frage, ob Einsamkeit tatsächlich eine Ursache von Depression ist, bei seinen Versuchspersonen das Gefühl von Einsamkeit experimentell durch Hypnose. Erst in der Folge traten depressive und Angstsymptome auf (Cacioppo et al., 2006, Hari, 2019, S. 122). Auch mit den Daten aus einer Langzeitstudie, in der durchschnittliche Amerikaner über fünf Jahre beobachtet wurden, wies Cacioppo anschließend nach, dass die Untersuchten erst einsam und dann depressiv wurden (Cacioppo et al., 2006, Cacioppo et al., 2010, Hari, 2019, S. 123).

70   BfArM, 2020 ICD-10(V) ICD-10, Kapitel V: Psychische und Verhaltensstörungen, Affektive Störungen – F30-F39

71   Murthy, 2020, S. 41–42

72   Cacioppo et al., 2015

73   Simmank, 2020, S. 14

74 Cacioppo et al., 2009
75 Murthy, 2020, S. 48, Schröder, 2020, S. 59, 181
76 Cacioppo et al., 2017
77 Siehe dazu: Kurina et al., 2011
78 Cacioppo et al., 2002, Hawkley & Cacioppo, 2002, Hawkley et al., 2010, Kurina et al., 2011
79 Simon & Walker, 2018
80 Bonnet & Arand, 2003
81 Hawkley et al., 2010, Kurina et al., 2011
82 Eilert & Langwara, 2017, Walker, 2018, S. 295–296
83 Simon et al., 2020
84 Simmank, 2020, S. 73
85 Holt-Lunstad, 2017
86 Lampert et al., 2019
87 Scheuermann, 2016, S. 89–91
88 Marmot, 2004
89 Redelmeier & Singh, 2001
90 Marmot, 2004
91 Stansfeld et al., 1999
92 20 Jahre später ergab eine Folgestudie fast das gleiche Ergebnis. Mit absteigender Hierarchie nahm die Krankheits- und Sterberate zu. Die Wahrscheinlichkeit, an Angina zu erkranken oder an chronischer Bronchitis zu leiden, stieg, je weiter man in der Hierarchie nach unten kam. Auch das Gesundheitsverhalten in Bezug auf Rauchen, Ernährung und Bewegung verschlechterte sich mit absteigender Hierarchie (Marmot et al., 1991, North et al., 1993, Martikainen et al., 2003).
93 Marmot et al., 1991, Wilkinson & Marmot, 2003; das bedeutet, dass sich Menschen, die im Leben sozial und ökonomisch gut aufgestellt sind, besserer Gesundheit und eines längeren Lebens erfreuen (Marmot, 2010). Das soziale Gefälle bedeutet gleichzeitig ein Gefälle für die Lebenserwartung, eine Gesundheitslücke von bis zu 20 Jahren (Marmot, 2017).
94 Helliwell et al., 2021
95 Opaschowski, Repräsentativumfrage Kontaktarmut, 2020
96 OECD Better Life Index, 2018
97 Schröder, 2018, S. 99, EU SCIENCE HUB, 2019. Die Angaben zu Einsamkeit fallen je nach Studie etwas unterschiedlich aus. Das liegt an den Untersuchungsmethoden, die sich zum Beispiel bei der EU-Umfrage deutlich von der groß angelegten SOEP-Studie für Deutschland unterscheiden.
98 d'Hombres et al., 2018
99 Barreto et al., 2021, Huxhold et al., 2021
100 DZA – Deutsches Zentrum für Altersfragen, 2021, Voelpel, 2020
101 Schröder, 2018

102   Banfield, 1958, S. 25

103   Banfield, 1958, S. 25

104   Putnam, 1995, Putnam, 2000

105   Schröder, 2018, S. 94

106   Schröder, 2018, S. 93–94

107   Cacioppo et al., 2015

108   Long & Averill, 2003

109   Cain, 2013, S. 141

110   Spitzer, 2018, S. 242

111   Brown, 2017

112   Lieberman, 2013

113   Cook, 2013

114   Cook, 2013

115   Cook, 2013

116   Donner, 2016

117   Dunbar, 1998, Fletcher et al., 1995

118   Pinker, 2011

119   Walker, 2018, S. 109

120   Dunbar, 1998, Dunbar, 2014, Dunbar, 2018

GEMEINSAM

121   Dunbar, 2014

122   Burton-Chellew & Dunbar, 2015, Dunbar, 2021, Kap. 4

123   MacCarron et al., 2016. Nach dem Filterdurchgang verblieben die drei For-
        scher immer noch mit den Daten von 27 000 Personen.

124   Hill & Dunbar, 2003, Dunbar, 2018, Dunbar, 2021, Kap. 4

125   Schröder, 2018, S. 99

126   Dunbar, 2018, Dunbar, 2021, Kap. 4, Dunbar, 2021, Kap. 5

127   Schröder, 2021, S. 128

128   Murthy, 2020, S. 220

129   MacCarron et al., 2016

130   Hari, 2019, S. 131

131   Ueno, 2005, Griffiths et al., 2011, van Harmelen et al., 2016, Narr et al.,
        2019

132   Christakis, 2010

133   Brendgen et al., 2013

134   Kai, et al., 2019

135   Asendorpf et al., 2017, S. 332

136   Murphy, 2016

137   Veltman, 2004

138   Diogenes Laertius et al., 1921, S. 215

139   Milardo, 1992, Wagner et al., 2014

140   Murphy, 2016

141   Jo et al., 2014, Dunbar, 2021, Kap. 5
142   Schröder, 2020, S. 127
143   Dunbar, 2021, Kap. 4
144   Pearce et al., 2021
145   Dunbar, 2021, Kap. 4
146   Dunbar, 2021, Kap. 4
147   statista.com & Ahrens, 2021
148   Ohr, 2019, Bredow et al., 2021
149   Qureshi et al., 2009, Zilcha-Man, et al., 2012, Handlin et al., 2012, Wohl-
      farth & Mutschler, 2020
150   Mubanga et al., 2017
151   Qureshi et al., 2009
152   In zwei Studien untersuchten die Forschenden den Einfluss von Tieren auf
      Zuversicht und Blutdruck. Die kognitive Präsenz, also an das Tier denken,
      und die physische Präsenz von Tieren stärkten die Zuversicht und das
      Selbstbewusstsein der Teilnehmenden, ihre Lebensziele zu erreichen, und
      senkten gleichzeitig den Blutdruck. Die Studien bestätigen, dass Tiere ge-
      sundheitliche und psychische Auswirkungen haben, wie etwa eine helfende
      Rolle bei Bindungsunsicherheiten (Zilcha-Mano et al., 2012).
      In einer weiteren Studie untersuchten die Forschenden den Zusammen-
      hang von Hunden beziehungsweise Hundebesitz auf die Ausschüttung von
      Cortisol und Oxytocin in einer 60-minütigen Interaktion von Hund und
      Hundebesitzer. Es zeigte sich eine höhere Konzentration an Oxytocin bei
      den Besitzern wie auch bei den Hunden, je öfter die Besitzer ihre Hunde
      küssten. Zugleich fand man bei Hundebesitzern geringere Cortisolwerte, je
      näher die Beziehung zu ihren Hunden war (Handlin et al., 2012).
153   Walsh, 2009, Horn et al., 2019
154   Granovetter, 1973, Cohen, 2004
155   Berkman & Syme, 1979
156   Murthy, 2020, S. 229, 236
157   Jetten et al., 2009
158   Schröder, 2020, S. 111
159   Asendorpf et al., 2017, S. 334
160   Okdie et al., 2011
161   Toma et al., 2008
162   Finkel et al., 2012
163   Davey, 2020
164   Eisenberger et al., 2003, Slavich et al., 2010, Chen, 2017
165   Schröder, 2020, S. 112
166   Schröder, 2018, S. 100
167   Schröder, 2018, S. 100
168   Asendorpf et al., 2017, S. 167–168
169   Wrzus et al., 2013

170 Wrzus et al., 2013
171 Roberts & Dunbar, 2011
172 Neyer & Lang, 2003
173 Burton-Chellew & Dunbar, 2015, Gouldner, 1960
174 Ikkink & van Tilburg, 1998
175 Neyer & Lang, 2013
176 Charles & Carstensen, 2010
177 IfD, 2012, Voelpel, 2020, S. 192
178 statista.com & Radtke, 2019
179 statista.com & Radtke, 2019
180 Bengtson, 2001
181 Kiecolt-Glaser & Newton, 2001, Kiecolt-Glaser & Kazak, 2018
182 Schröder, 2020, S. 54–56
183 Schröder, 2020, S. 51–60. Ähnliche Ergebnisse finden sich in verschiede-
     nen Gesellschaften, andere Forschungen bestätigen es (Kamp Dush &
     Amato, 2005, Stutzer & Frey, 2006, Verbakel, 2012).
184 Im Jahr 2019 haben 416 340 Personen geheiratet. 1950 waren es noch
     750 452 Personen. Dabei ist anzumerken, dass es ein kleines Hoch an
     Hochzeiten im Jahr 2018 gab, aufgrund der neuen Möglichkeit von Ehe-
     schließungen von Personen gleichen Geschlechts. Doch selbst 2018 waren
     es insgesamt nur 449 466 Personen (Rudnicka & statista.com, 2020, desta-
     tis.de, Jul. 2020, destatis.de, Sep. 2020).
185 In der Hamburg-Leipziger Dreigenerationen-Studie wurden 776 Männer
     und Frauen aus drei Generationen aus Hamburg und Leipzig befragt. Zum
     Zeitpunkt der Befragung waren die Teilnehmenden 30, 45 und 60 Jahre alt.
     Anhand der Biografien werden Beziehungsmuster deutlich (Schmidt,
     et al., 2006).
186 Das Matching der Agenturen bleibt allerdings deren Betriebsgeheimnis
     (Asendorpf et al., 2017, S. 117), und auch Susan Pinker beschreibt in ihrem
     Buch »The Village Effect«, dass es keinen wissenschaftlichen Beweis gibt,
     dass solche Algorithmen funktionieren (Pinker, 2015, S. 243).
187 LAT-Partnerschaften haben von 11,6 Prozent (1992) auf 14,9 Prozent
     (2006) zugenommen (Asendorpf, 2008).
188 statista.com, Mär. 2021; laut einer für Deutschland repräsentativen Studie
     (2020) von ElitePartner mit rund 5600 Teilnehmenden ist knapp jede drit-
     te Person in einer Beziehung schon einmal fremdgegangen. Vor acht Jah-
     ren war es nur jede fünfte (ElitePartner, 2020).
189 Karig, 2018
190 Ryan & Jethá, 2020
191 Barash, 2001, Schacht & Kramer, 2019
192 van Voorst, 2021
193 Schröder, 2020, S. 54
194 statista.com & Rudnicka, 2020

195   tagesschau, 2020, Bocksch & statista.com, 2020, anon. Anteil der Single-
       haushalte in Deutschland nimmt zu, 2021
196   Our World in Data, no date
197   Klinenberg, 2013, Healey & Tai, 2020, S. 22
198   Bengtson, 2001, Asendorpf et al., 2017, S. 331
199   Berkman & Syme, 1979

EINS

200   Fifield, 2017
201   Schröder, 2020, S. 24
202   Foreman & Marmar, 1985, Wampold et al., 2008, Horvath et al., 2011,
       Budge et al., 2015, Roth, 2016, Roth & Ryba, 2016, S. 343, Flückiger et al.,
       2018, Norcross & Lambert, 2018, Friedlander et al., 2018, Karver et al.,
       2018, Flückiger et al., 2020
203   Ainsworth et al., 1978
204   Asendorpf et al., 2017
205   Pinquart et al., 2013, Pallini et al., 2014
206   Dazu siehe z.B.: Nuber, 2020
207   Watkins & Hill, 2018; Jun et al., 2018; Uchino, 2004, S. 54
208   Levy et al., 1990, Ell et al., 1992, Spiegel et al., 1998
209   Uchino, 2004, S. 155
210   Uchino, 2004, S. 58
211   Grippo et al., 2009, De Dreu et al., 2010
212   Uchino, 2004, S. 159
213   Dunn et al., 2008
214   Hamlin et al., 2007, Hamlin & Wynn, 2011, Sloane et al., 2012
215   Burton-Chellew & Dunbar, 2015
216   Pinker, 2015, S. 57
217   Pinker, 2015, S. 57; Granovetter, 1973
218   Pinker, 2015, S. 38; Granovetter, 1973, Törrönen et al., 2018
219   Uchino, 2004, S. 117; Pinker, 2015, S. 22–23; Uchino, 2004, S. 151
220   Percival & Pulford, 2020
221   Kubacka et al., 2011
222   Algoe, 2012, Visserman et al., 2018
223   Algoe et al., 2008, Kubacka et al., 2011, Algoe, 2012
224   Algoe et al., 2008, Algoe, 2012, Caleon et al., 2019, Eisenberg et al., 1998
225   Eisenberg & Fabes, 1998
226   Andreychik & Migliaccio, 2015
227   Bloom, 2016, Levenson & Ruef, 1992, Hatfield et al., 1994, Rogers, 1992,
       Wiseman, 1996, Spitz, no date
228   Wiseman, 1996
229   Elliott et al., 2018
230   Thom, 2001

231 Wiseman, 1996
232 Fuochi et al., 2018
233 Neff & Pommier, 2013
234 Longe et al., 2009
235 Zhou et al., 2002, Sallquist et al., 2009, Gulin, 2020
236 Bloom, 2016
237 Bloom, 2016
238 Hatfield et al., 1994, S. 18, 21, 26, 44, 56
239 Järvelä et al., 2016, Klimecki et al., 2014, Engert et al., 2014, Hunt et al., 2017
240 Bloom, 2016
241 Järvelä et al., 2016, Hatfield et al., 1994
242 Handel, no date
243 Bloom, 2016, Baumeister & Leary, 1995
244 Pinker, 2012
245 Hruschka, 2010, S. 45
246 Algoe, 2012
247 Thuret, 2015
248 Lieberwirth & Wang, 2012
249 Dreisbach & Horstmann, 2012, Cahill et al., 1996
250 Talarico et al., 2004
251 Mittlerweile untersucht man auch einen möglichen Zusammenhang zwischen Neurogenese und Depression: Wenn die Neurogenese unterdrückt ist, zum Beispiel durch fehlende soziale und emotional intensive Interaktionen oder anhaltenden Stress, so können Emotionen nicht mehr mit der externen Umwelt verknüpft werden und man wird anfälliger für Depressionen. Denn neue Neuronen scheinen notwendig zu sein, um feine Veränderungen in der Umgebung wahrzunehmen und angemessene Emotionen damit zu verknüpfen. Man kann nun versuchen, durch emotionale Intensität die Verknüpfung von Umwelt und Emotionen wiederherzustellen (Perera et al., 2008).
252 Van Boven et al., 2010
253 Walker, 2018
254 Eilert, 2021, LeDoux & Pine, 2016, Lammers, 2012, Lammers, 2014
255 Bei keinem anderen Ansatz sind die Ansprechquoten beim Lösen emotionaler Blockaden so hoch wie bei der dualen Aufmerksamkeitsfokussierung, nämlich bis zu 90 Prozent. Zitiert nach: Eilert, 2021, S. 59; Andrade et al., 2012. Diese Bifokalität ist zudem effektiver für die Emotionsregulation, wenn die Aufmerksamkeit zwischen einem inneren und einem äußeren Reiz geteilt wird (Sack & Stingl, 2019).
256 Hruschka, 2010, Wolfinbarger, 1990, Hruschka, 2010, Chan & Mogilner, 2017
257 Dunn et al., 2008

258   Chan & Mogilner, 2017, Sidenvall et al., 2000
259   Aristoteles, S. 270 [NE 1172a3–15]
260   Friedman, 1997, Keller, 1997, Veltman, 2004, Bude, 2017
261   Scheuermann, 2016
262   Döring, 1988, S. 149
263   Friedman, 1997, Murthy, 2020, S. 113, Kito, 2005
264   Baumeister & Leary, 1995, Turner et al., 2007, Bauminger et al., 2008, Hruschka, 2010, S. 158, Adams & Cantin, 2013
265   Kito, 2005, Bauminger et al., 2008
266   Bauminger et al., 2008, Turner et al., 2007, Hruschka, 2010
267   Collins & Miller, 1994, Kito, 2005, Bauminger et al., 2008
268   Collins & Miller, 1994
269   Pennebaker et al., 2007
270   Morelli et al., 2014
271   Schöne, 2019
272   Crocker & Wolfe, 2001, Kernis, 2003, Crocker & Knight, 2005, Schöne, 2019
273   Wood et al., 2009
274   Eifert, 2011, Scheuermann, 2016
275   Harris & Orth, 2020
276   Murphy, 2016
277   Roberts & Dunbar, 2011, Hill & Dunbar, 2003, Pinker, 2015, S. 289
278   Beckes & Coan, 2011
279   Zitiert nach: Murthy, 2020, S. 33–34
280   Murthy, 2020, S. 33, Love, 2014
281   Murphy, 2016
282   Pinker, 2015, S. 270
283   Dunbar, 2021, Kap. 5
284   Reis et al., 2011
285   Siehe dazu: Hall, 2018, Dunbar, 2021, Kap. 7
286   Dunbar, 2018
287   Nie et al., 2002
288   Musick & Meier, 2012, Meier & Musick, 2014, Pinker, 2015, S. 102
289   Dunbar, 2017
290   Dunbar, 2017
291   Hauschild, 2020, S. 66; Robbins & Karan, 2020
292   Fehr & Sutter, 2019
293   Alicart et al., 2020, Hauschild, 2020, Beersma & Van Kleef, 2012
294   Dunbar, 1998
295   Hruschka, 2010, S. 160
296   Helliwell et al., 2021
297   Dunbar, 2016
298   Bennett et al., 2003

299 Murthy, 2020, S. 80–90

300 Wright, 1982

301 Langer, 2011

302 Langer et al., 2010

303 Grierson, 2014

304 Die Forschung von Langer ist umstritten. Siehe dazu z.B.: Coyne, 2016

305 Pfister, 2020

306 Aron et al., 1992

307 Chillot, 2013, von Mohr et al., 2017, Jakubiak & Feeney, 2017, Brummel-
     man et al., 2019, Heatley Tejada et al., 2020

308 Crusco & Wetzel, 1984

309 Kraus et al., 2010

310 Suvilehto et al., 2015. In dieser Studie kommen nur Daten aus Finnland,
     Frankreich, Großbritannien, Italien und Russland vor.

311 Suvilehto et al., 2015

312 Broeg & Fröhlich, 2021, Dunbar, 2021, Kap. 7; Olausson et al., 2002,
     Olausson et al., 2010, Ackerley et al., 2014, Olausson et al., 2016, Ackerley
     et al., 2014a, Ackerley et al., 2014b, Morrison, 2011

313 Chatterjee & McGlone, 2019

314 Zitiert nach: Broeg & Fröhlich, 2021

315 Spitzer & Blankenburg, 2011

316 Pinker, 2015, S. 42, 270, 279, 290; Dunbar, 2021, Kap. 16

317 Pinker, 2015, S. 279

318 Pinker, 2015, S. 23

319 Redcay et al., 2010

320 Coan, 2014

321 Cohen et al., 2003, Dunbar, 2018

322 Den Stresslevel kann man recht komfortabel messen, indem man die Kon-
     zentration des Stresshormons Cortisol im Speichel sowie den Oxyto-
     cin-Level – als Anzeiger für Beruhigung und sicheres Bindungsgefühl – im
     Urin testet.

323 Seltzer et al., 2012

324 Vlahovic et al., 2012

325 Berkman & Syme, 1979

326 Roberts & Dunbar, 2011, Dunbar, 2016

327 Nie et al., 2002, S. 238

328 Pinker, 2015, S. 193

329 Opaschowski, 2020

330 Opaschowski, 2020

331 Wilkinson & Marmot, 2003, Marmot, 2004, Marmot, 2017, Lambert,
     2019

332 Kallis et al., 2013, Thomas, 2015

333 Kahle, 2021

334   Bundesministerium für Familie, Senioren, Frauen und Jugend, 2017, Huxhold et al., 2019

Die Übungen

335   Döring, 1988, S. 149
336   Scheuermann, 2016
337   Heimes, 2012
338   Pennebaker et al., 2007, Pennebaker, 2019, Smyth, 1998, Smyth et al., 1999, Petrie et al., 2004
339   Bloom, 2016, Levenson & Ruef, 1992, Hatfield et al., 1994, Rogers, 1992, Wiseman, 1996, Spitz, no date
340   Eilert, 2021
341   Lammers, 2012, Lammers, 2014, Eilert, 2021
342   Eilert, 2021, Farb et al., 2007
343   Lammers, 2012, Lammers, 2014

Literaturverzeichnis

Ackerley, R., H. Backlund Wasling, J. Liljencrantz, H. Olausson, R.D. Johnson und J. Wessberg. »Human C- Tactile Afferents Are Tuned to the Temperature of a Skin-Stroking Caress«. *Journal of Neuroscience* 34, Nr. 8 (2014): 2879–83.

Ackerley, R., I. Carlsson, H. Wester, H. Olausson und H. Backlund Wasling. »Touch Perceptions Across Skin Sites: Differences Between Sensitivity, Direction Discrimination and Pleasantness«. *Frontiers in Behavioral Neuroscience* 8 (2014): 54.

Adams, R.E., und S. Cantin. »Self-Disclosure in Friendships as the Moderator of the Association Between Peer Victimization and Depressive Symptoms in Overweight Adolescents«. *The Journal of Early Adolescence* 33, Nr. 3 (2013): 341–61.

Ahrens, S. »Anzahl der Haustiere in privaten Haushalten in Deutschland in den Jahren 2016 bis 2020«, 23. März 2021. https://de.statista.com/statistik/daten/studie/156836/umfrage/anzahl-der-haushalte-mit-haustieren-in-deutschland-2010/.

Ainsworth, M.D.S., M.C. Blehar, E. Waters und S. Wall. *Patterns of Attachment*. Hillsdale, NJ: Erlbaum, 1978.

Algoe, S.B. »Find, Remind, and Bind: The Functions of Gratitude in Everybody Relationships«. *Social and Personality Psychology Compass* 6, Nr. 6 (2012): 455–69.

Algoe, S.B., J. Haidt und S.L. Gable. »Beyong Reciprocity: Gratitude and Relationships in Everyday Life«. *Emotion* 8, Nr. 3 (2008): 425–29.

Alicart, H., D. Cucurell und J. Marco-Pallarés. »Gossip Information Increases Reward Oscillatory Activity«. *NeuoImage* 210 (2020): 116520.

»Altersbilder der Gesellschaft«. Institut für Demoskopie, 2012. https://www.ifd-allensbach.de/fileadmin/IfD/sonstige_pdfs/Bosch_Stiftung_Altersbilder_Bericht_2012.pdf.

Amati, V., S. Meggiolaro, G. Rivellini und S. Zaccarin. »Social Relations and Life Satisfaction: The Role of Friends«. *Genus* 74, Nr. 1 (2018): 7.

Andrade, J. »Techniken der bifokalen multisensorischen Aktivierung BMSA (Bifokal Multi-Sensor Activation) zur Behandlung von Angststörungen, Stressreaktionen, Trauma, Zwang und Depression«. In *Die Lösung liegt in deiner Hand*, herausgegeben von M. Aalberse und S. Geßner van Kersbergen, 55–263. Dgvt Verlag, 2012.

Andreychik, M.R., und N. Migliaccio. »Empathizing with Others' Pain Versus Empathizing with Others' Joy: Examining the Separability of Positive and Negative Empathy and Their Relation to Different Types of Social Behaviors and Social Emotions«. *Psychology Press* 37, Nr. 5 (2015): 274–91.

»Anteil der Singlehaushalte in Deutschland nimmt zu«. Nürnberg: GfK – Gesellschaft für Konsumforschung, 21. Januar 2021. https://www.gfk.com/de/presse/Anteil-der-Singlehaushalte-in-Deutschland-nimmt-zu?hsLang=de.

Aristoteles. *Nikomachische Ethik*. Übersetzt von F. Dirlmeier. Stuttgart: Reclams Universal-Bibliothek, 2003.

Aron, A., E.N. Aron und D. Smollan. »Inclusion of Other in the Self Scale and the Structure of Interpersonal Closeness«. *Journal of Personality and Social Psychology* 63, Nr. 4 (1992): 596–612.

Artiisik, S. »Depressionen: Die Volkskrankheit Nummer eins«. *SPIEGEL Wissenschaft*, 10. Mai 2002. https://www.spiegel.de/wissenschaft/mensch/depressionen-die-volkskrankheit-nummer-eins-a-195324.html.

Asendorpf, J.B. »Living Apart Together: Alters- und Kohortenabhängigkeit einer heterogenen Lebensform«. *KZfSS Kölner Zeitschrift für Soziologie und Sozialpsychologie* 60, Nr. 4 (2008): 749–64.

Asendorpf, J.B., R. Banse und F.J. Neyer. *Psychologie der Beziehung*. 2. Bern: Hogrefe, 2017.

Badenberg, C. »European Health Interview Survey (EHIS) 2: Deutsche leiden besonders häufig an Depressionen«. *Ärzte Zeitung*, 17. Dezember 2019.

Bandelow, B. »Ein Placebo macht noch keine Medizin«. *Gehirn und Geist* 4, Nr. 2020 (2020): 70–73.

Banfield, E.C. *The Moral Basis of a Backward Society*. New York: Free Press, 1958.

Barash, D.P. »Deflating the Myth of Monogamy«. *The Chronicle of Higher Education* 47, Nr. 32 (2001): B16.

Barreto, M., C. Victor, C. Hammond, A. Eccles, M.T. Richins und P. Qualter. »Loneliness Across the World: Age, Gender, and Cultural Differences in Loneliness«. *Personality and Individual Differences* 169 (2021): 110066.

Baumeister, R.F., und M.R. Leary. »The Need to Belong: Desire for Interpersonal Attachments as a Fundamental Human Motivation«. *Psychological Bulletin* 117, Nr. 3 (1995): 497–529.

Bauminger, N., R. Finzi-Dottan, S. Chason und D. Har-Even. »Intimacy in Adolescent Friendship: The Roles of Attachment, Coherence, and Self-Disclosure«. *Journal of Social and Personal Relationships* 25, Nr. 3 (2008): 409–28.

Beckes, L., und J.A. Coan. »Social Baseline Theory: The Role of Social Proximity in Emotion and Economy of Action«. *Social and Personality Psychology Compass* 5, Nr. 12 (2011): 976–88.

Beersma, B., und G.A. Van Kleef. »Why People Gossip: An Empirical Analysis of Social Motives, Antecedents, and Consequences«. *Journal of Applied Social Psychology* 42, Nr. 11 (2012): 2640–70.

Bengtson, V.L. »Beyond the Nuclear Family: The Increasing Importance of Multi-Generational Bond«. *Journal of Marriage and Family* 63, Nr. 1 (2001): 1–16.

Bennett, M.P., J.M. Zeller, L. Rosenberg und J. McCann. »The Effect of Mirthful Laughter on Stress and Natural Killer Cell Activity«. *Alternative Therapies in Health and Medicine* 9, Nr. 2 (2003): 38–45.

Berkman, L.F., und S.L. Syme. »Social Networks, Host Resistance, and Mortality: A Nine-Year Follow-up Study of Alameda County Residents«. *American Journal of Epidemiology* 185, Nr. 11 (2017 1979): 1070–88.

Beutel, M.E., E.M. Klein, E. Brähler, I. Reiner, C. Jünger, M. Michal, J. Wiltink u. a. »Loneliness in the General Population: Prevalence, Determinants and Relations to Mental Health«. *BMC Psychiatry* 17, Nr. 1 (2017): 97.

Bloom, P. »Empathy and Its Discontents«. *Trends in Cognitive Sciences* 21, Nr. 1 (2016): 24–31.

Bocksch, R. »Großstädte bestehen mehrheitlich aus Singlehaushalten«. Eurostat, 27. April 2020. https://de.statista.com/infografik/21494/anteil-der-einpersonenhaushalte-in-deutschen-staedten/.

Bolzen, S. »Depression bald Volkskrankheit Nummer eins«. *WELT Gesundheit*, 25. Februar 2009. https://www.welt.de/gesundheit/article3273000/Depression-bald-Volkskrankheit-Nummer-eins.html.

Bonnet, M.H., und D.L. Arand. »Clinical Effects of Sleep Fragmentation versus Sleep Deprivation«. *Sleep Medicine Reviews* 7, Nr. 4 (2003): 297–310.

Bredow, B., S. Langemann, C. Padtberg und C. Piltz. »Seelentröster in der Pandemie: Warum Haustiere uns gesünder und glücklicher machen«. *SPIEGEL Panorama*, 29. Januar 2021.

Brendgen, M., F. Vitaro, W.M. Bukowski, G. Dionne, R.E. Tremblay und M. Boivin. »Can Friends Protect Genetically Vulnerable Children From Depression?« *Development and Psychopathology* 25, Nr. 2 (2013): 277–89.

Broeg, H., und S. Fröhlich. »Die Kraft der Berührung«. *Focus*, Nr. 05/2021 (30. Januar 2021): 58–65.

Brown, B. *Verletzlichkeit macht stark: Wie wir unsere Schutzmechanismen aufgeben und innerlich reich werden.* München: Goldmann, 2017.

Brummelman, E., D. Terburg, M. Smit, S.M. Bögels und P.A. Bos. »Parental Touch Reduces Social Vigilance in Children«. *Developmental Cognitive Neuroscience* 35 (2019): 87–93.

Bude, H. »Soziologie der Freundschaft«. *Berliner Journal für Soziologie* 27 (2017): 547–57.

Budge, S.L., und B.E. Wampold. »The Relationship: How It Works«. In *Psychotherapy Research: Foundations, Process, and Outcome*, herausgegeben von O.C.G. Gelo, A. Pritz und B. Rieken, 213–28. Springer-Verlag Publishing, 2015.

Bundesinstitut für Arzneimittel und Medizinprodukte – BfArM. »ICD-10-GM Version 2021. Kapitel V – Psychische und Verhaltensstörungen (F00-F99). Affektive Störungen (F30-F39)«. Deutsches Institut für Medizinische Dokumentation und Information, 18. September 2020.

Burton-Chellew, M.N., und R.I.M. Dunbar. »Hamilton's Rule Predicts Anticipated Social Support in Humans«. *Behavioral Ecology* 26, Nr. 1 (2015): 130–37.

Cacioppo, J.T., und S. Cacioppo. »The Growing Problem of Loneliness«. *The Lancet* 391, Nr. 10119 (2018): 426.

Cacioppo, J.T., S. Cacioppo und D.I. Boomsma. »Evolutionary Mechanisms for Loneliness«. *Cognition & Emotion* 28, Nr. 1 (2014): 3–21.

Cacioppo, J.T., S. Cacioppo, J.P. Capitanio und S.W. Cole. »The Neuroendocrinology of Social Isolation«. *Annual Review of Psychology* 66, Nr. 1 (2015): 733–67.

Cacioppo, J.T., H.Y. Chen und S. Cacioppo. »Reciprocal Influences Between Loneliness and Self- Centeredness: A Cross-Lagged Panel Analysis in a Population-Based Sample of African American, Hispanic, and Caucasian Adults«. *Personality and Social Psychology Bulletin* 43, Nr. 8 (2017): 1125–35.

Cacioppo, J.T., N. Christakis und J.H. Fowler. »Alone in the Crowd: The Structure and Spread of Loneliness in a Large Social Network«. *Journal of Personality and Social Psychology* 97, Nr. 6 (2009): 977–91.

Cacioppo, J.T., und L.C. Hawkley. »Perceived Social Isolation and Cognition«. *Trends in Cognitive Sciences* 13, Nr. 10 (2009): 447–54.

Cacioppo, J.T., L.C. Hawkley, G.G. Berntson, J.M. Ernst, A.C. Gibbs, R. Stickgold und J.A. Hobson. »Do Lonely Days Invade the Nights? Potential Social Modulation of Sleep Efficiency«. *Psychological Science* 13, Nr. 4 (2002): 384–87.

Cacioppo, J.T., L.C. Hawkley, J.M. Ernst, M. Burleson, G.G. Berntson, B. Nouriani und D. Spiegel. »Loneliness Within a Nomological Net: An Evolutionary Perspective«. *Journal of Research in Personality* 40, Nr. 6 (2006): 1054–85.

Cacioppo, J.T., L.C. Hawkley, G.J. Norman und G.G. Berntson. »Social Isolation«. *Social Neuroscience: Gene, Environment, Brain, Body* 1231, Nr. 1 (2011): 17–22.

Cacioppo, J.T., L.C. Hawkley und R.A. Thisted. »Perceived Social Isolation Makes Me Sad: 5-Year Cross-Lagged Analyses of Loneliness and Depressive Symptomatology in the Chicago Health, Aging, and Social Relations Study«. *Psychology and Aging* 25, Nr. 2 (2010): 453–63.

Cacioppo, J.T., C.J. Norris, J. Decety, G. Monteleone und H. Nusbaum. »In the Eye of the Beholder: Individual Differences in Perceived Social Isolation Predict Regional Brain Activity to Social Stimuli«. *Journal of Cognitive Neuroscience* 21, Nr. 1 (2009): 83–91.

Cacioppo, J.T., und W. Patrick. *Loneliness: Human Nature and the Need for Social Connection*. New York: W. W. Norton & Company, 2008.

Cacioppo, S., M. Bangee, S. Balogh, C. Cardenas-Iniguez, P. Qualter und J.T. Cacioppo. »Loneliness and Implicit Attention to Social Threat: A High-Performance Electrical Neuroimaging Study«. *Cognitive Neuroscience* 7, Nr. 1–4 (2015): 1–22.

Cacioppo, S., A.J. Grippo, S. London, L. Goossens und J.T. Cacioppo. »Loneliness: Clinical Import and Interventions«. *Perspectives on Psychological Science* 10, Nr. 2 (2015): 238–49.

Cahill, L., R.J. Haier, J. Fallon, M.T. Alkire, C. Tang, D. Keator, J. Wu und J.L. McGaugh. »Amygdala Activity at Encoding Correlated with Long-Term, Free Recall of Emotional Information«. *Proceedings of the National Academy of Sciences of the United States of America* 93, Nr. 15 (1996): 8016–21.

Cain, S. *Still: Die Kraft der Introvertierten*. München: Goldmann, 2013.

Caleon, I.S., N.Q.B. Ilham, C.L. Ong und J.P.-L. Tan. »Cascading Effects of Gratitude: A Sequential Mediation Analysis of Gratitude, Interpersonal Relationships, School Resilience and School Well- Being«. *Asia-Pacific Education Researcher* 28, Nr. 4 (2019): 303–12.

Chan, C., und C. Mogilner. »Experiential Gifts Foster Stronger Social Relationships than Material Gifts«. *The Journal of Consumer Research* 43, Nr. 6 (2017): 913.

Charles, S.T., und L.L. Carstensen. »Social and Emotional Aging«. *Annual Review of Psychology* 61, Nr. 1 (2010): 383–409.

Chatterjee, R. »How to Work Less and Get More Done with Alex Pang«. Feel Better Live More, o. J.

–. *The Stress Solution: The 4 Steps to a Calmer, Happier, Healthier You*. Penguin Life, 2018.

–. »Touch – The Forgotten Sense with Professor Francis McGlone«. Feel Better Live More, o. J.

Chatterjee, R., und C. Wroth. »WHO Redefines Burnout As A ›Syndrome‹ Linked To Chronic Stress At Work«. *NPR*, 28. Mai 2019, Abschn. Health News From NPR. https://www.npr.org/sections/health-shots/2019/05/28/727637944/who-redefines-burnout-as-a-syndrome-linked-to-chronic-stress-at-work?t=1615902839196.

Chen, G.M. »Nasty Talk Online«. In *Online Incivility and Public Debate: Nasty Talk*. Cham: Springer International Publishing AG, 2017.

Chillot, R. »The Power of Touch«. *Psychology Today*, März 2013. https://www.psychologytoday.com/intl/articles/201303/the-power-touch.

Christakis, N. »The Hidden Influence of Social Networks«. TEDx Talks, Februar 2010. https://www.ted.com/talks/nicholas_christakis_the_hidden_influence_of_social_networks?language=en.

Ciminelli, P., S. Machado, M. Palmeira, M.G. Carta, S.C. Beirith, M.L. Nigri, M.A. Mezzasalma und A.E. Nardi. »Tinnitus: The Sound of Stress?« *Clinical Practice & Epidemiology in Mental Health* 14 (2018): 264–69.

Coan, J.A. »Why We Hold Hands«. TEDx Talks, 25. Januar 2014. https://www.youtube.com/watch?v=1UMHUPPQ96c.

Cohen, S. »Social Relationships and Health«. *American Psychologist* 59, Nr. 8 (2004): 676–84.

Cohen, S., W.J. Doyle, R.N. Turner, C.M. Alper und D.P. Skoner. »Emotional Style and Susceptibility to the Common Cold«. *Psychosomatic Medicine* 65, Nr. 4 (2003): 652–57.

–. »Sociability and Susceptibility to the Common Cold«. *Psychological Science* 14, Nr. 5 (2003): 389–95.

Cohen, S., D.A.J. Tyrrell und A.P. Smith. »Psychological Stress and Susceptibility to the Common Cold«. *The New England Journal of Medicine* 325, Nr. 9 (1991): 606–12.

Collins, N.L., und L.C. Miller. »Self-Disclosure and Liking: A Meta-Analytic Review«. *Psychological Bulletin* 116, Nr. 3 (1994): 457–75.

Cook, G. »Why We Are Wired to Connect«. *Scientific American*, 22. Oktober 2013. https://www.scientificamerican.com/article/why-we-are-wired-to-connect/.

Coyne, J.C. »Ellen Langer: Genius or Quack?« Coyne of the Realm, 6. Mai 2016. https://www.coyneoftherealm.com/2016/05/06/ellen-langer-genius-or-quack/.

Crocker, J., und K.M. Knight. »Contingencies of Self-Worth«. *Current Directions in Psychological Science* 14, Nr. 4 (2005): 200–203.

Crocker, J., und C.T. Wolfe. »Contingencies of self-worth«. *Psychological Review* 108, Nr. 3 (2001): 593–623.

Crusco, A.H., und C.G. Wetzel. »The Midas Touch: The Effects of Interpersonal Touch and Restaurant Tipping«. *Personality and Social Psychology Bulletin* 10, Nr. 4 (1984): 512–17.

Davey, M. »Online Violence Against Women ›Flourishing‹, and Most Common on Facebook, Survey Finds«. *The Guardian*, 4. Oktober 2020.

De Dreu, C.K.W., L.L. Greer, M.J.J. Handgraaf, S. Shalvi, G.A. Van Kleef, M. Baas, F.S. Ten Velden, E. Van Dijk und S.W.W. Feith. »The Neuropeptide Oxytocin Regulates Parochial Altruism in Intergroup Conflict Among Humans«. *Science* 328, Nr. 5984 (2010): 1408–11.

deutsche-depressionshilfe.de. »Häufigkeit«. Zugegriffen am 30. April 2021. https://www.deutsche-depressionshilfe.de/depression-infos-und-hilfe/was-ist-eine-depression/haeufigkeit.

deutsche-depressionshilfe.de. »Pressematerial Deutschland-Barometer Depression 2021«, 2021. https://www.deutsche-depressionshilfe.de/pressematerial-barometer-depression.

Dewall, C.N., G. MacDonald, G.D. Webster, C.L. Masten, R.F. Baumeister, C. Powell, D. Combs u. a. »Acetaminophen Reduces Social Pain: Behavioral and Neural Evidence«. *Psychological Science* 21, Nr. 7 (2010): 931–37.

Diogenes Laertius. *Leben und Meinungen berühmter Philosophen: Bücher I–VI.* Herausgegeben und übersetzt von O. Apelt. Bd. 1. Leipzig: Verlag Felix Meiner, 1921.

d'Hombres, B., S. Schnepf, M. Barjaková und F. Teixeira. »Loneliness – An Unequally Shared Burden in Europe«. Science For Policy Briefs. European Commission, 2018.

Djalilehvand, P. »Partnerbörsen-Boom: Liebe im Lockdown«. tagesschau.de, 8. Dezember 2020. https://www.tagesschau.de/wirtschaft/verbraucher/partnerboersen-boom-corona-101.html.

Donner, S. »Das soziale Gehirn«. dasgehirn.info Der Kosmos im Kopf, 19. August 2016. https://www.dasgehirn.info/denken/das-soziale-gehirn/das-soziale-gehirn.

Döring, K.W. *Lehren in der Weiterbildung. Ein Dozentenleitfaden.* Weinheim: Deutscher Studienverlag Weinheim, 1988.

Dreisbach, G., und G. Horstmann. *Allgemeine Psychologie 2 Kompakt: Lernen, Emotion, Motivation, Gedächtnis.* 2. Aufl. Weinheim: Beltz Verlagsgruppe, 2012.

Droll, S. »Rückenschmerzen und Psyche«. *Apotheken Umschau*, 26. Oktober 2020.

Dunbar, R.I.M. »Breaking Bread: The Functions of Social Eating«. *Adaptive Human Behavior and Physiology* 3, Nr. 3 (2017): 198–211.

–. »Do Online Social Media Cut Through the Constraints That Limit the Size of Offline Social Networks?« *Royal Society Open Science* 3, Nr. 1 (2016): 150292.

–. *Friends: Understanding the Power of our Most Important Relationships.* Little Brown, 2021.

–. Interview mit Robin Dunbar. Interviewt von U. Scheuermann, 14. April 2021.

–. *Klatsch und Tratsch. Wie der Mensch zur Sprache fand.* München: Bertelsmann, 1998.

–. »The Anatomy of Friendship«. *Trends in Cognitive Sciences* 22, Nr. 1 (2018): 32–51.

–. »The Social Brain Hypothesis«. *Evolutionary Anthropology* 6, Nr. 5 (1998): 178–90.

–. »The Social Brain: Psychological Underpinnings and Implications for the Structure of Organizations«. *Current Directions in Psychological Science* 23, Nr. 2 (2014): 109–14.

–. »The Social Role of Touch in Humans and Primates: Behavioural Function and Neurobiological Mechanisms«. *Neuroscience & Biobehavioral Reviews* 34, Nr. 2 (2010): 260–68.

Dunn, E.W., L.B. Aknin und M.I. Norton. »Spending Money on Others Promotes Happiness«. *Science* 319, Nr. 5870 (2008): 1687–88.

Dunn, E.W., J. Huntsinger, J. Lun und S. Sinclair. »The Gift of Similarity: How Good and Bad Gifts Influence Relationships«. *Social Cognition* 26, Nr. 4 (2008): 469–81.

DZA – Deutsches Zentrum für Altersfragen. »Deutlich mehr als vor der Corona-Pandemie: Jede siebte Person ab 46 Jahren fühlt sich einsam«, 22. Februar 2021. https://www.dza.de/detailansicht/ deutlich-mehr-als-vor-der-corona-pandemie-jede-siebte-person- ab-46-jahren-fuehlt-sich-einsam.

»Eheschließungen, Ehescheidungen und Lebenspartnerschaften«, 21. September 2020. https://www.destatis.de/DE/Themen/ Gesellschaft-Umwelt/Bevoelkerung/Eheschliessungen- Ehescheidungen-Lebenspartnerschaften/_inhalt.html.

Eifert, G.H. *Akzeptanz- und Commitment-Therapie (ACT)*. Hogrefe, 2011.

Eilert, D.W. *Integratives Emotionscoaching mit emTrace: Wie emotionale Veränderung wirklich gelingt*. 1. Junfermann, 2021.

Eilert, D.W., und R. Langwara. »Reliable Emotional Action Decoding Test (READ-49): Testdokumentation«, 2017.

Eisenberg, N., und R.A. Fabes. »Prosocial Development«. In *Handbook of Child Psychology*, herausgegeben von N. Eisenberg, 5. Aufl., 3 Social, Emotional, and Personality Development: 701–78. Hoboken: Wiley & Sons, 1998.

Eisenberger, N.I. »The Neural Bases of Social Pain: Evidence for Shared Representations with Physical Pain«. *Psychosomatic Medicine* 74, Nr. 2 (2012): 126–35.

–. »The Pain of Social Disconnection: Examining the Shared Neural Underpinnings of Physical and Social Pain«. *Nature Reviews. Neuroscience* 13, Nr. 6 (2012): 421–34.

Eisenberger, N.I., M.D. Lieberman und K.D. Williams. »Does Rejection Hurt? An fMRI Study of Social Exclusion«. *Science* 302 (2003): 290–92.

Ell, K., R. Nishimoto, L. Mediansky, J. Mantell und M. Hamovitch. »Social Relations, Social Support and Survival Among Patients With Cancer«. *Journal of Psychosomatic Research* 36, Nr. 6 (1992): 531–41.

Elliott, R., A.C. Bohart, J.C. Watson und D. Murphy. »Therapist Empathy and Client Outcome: An Updated Meta-Analysis«. *Psychotherapy* 55, Nr. 4 (2018): 399–410.

Engert, V., F. Plessow, R. Miller, C. Kirschbaum und T. Singer. »Cortisol Increase in Empathic Stress is Modulated by Emotional Closeness and Observation Modality«. *Psychoneuroendocrinology* 45 (2014): 192–201.

EU SCIENCE HUB. »How Lonely Are Europeans?« European Commission, 12. Juni 2019. https://ec.europa.eu/jrc/en/news/how-lonely-are-europeans.

Eyerund, T., und A.K. Orth. »Einsamkeit in Deutschland: Aktuelle Entwicklung und soziodemographische Zusammenhänge«. IW-Report. Köln: Institut der deutschen Wirtschaft (IW), 2019. https://www.econstor.eu/bitstream/10419/198005/1/1667352865.pdf.

Farb, N.A.S., Z.V. Segal, H. Mayberg, J. Bean, D. McKeon, Z. Fatima und A.K. Anderson. »Attending to the Present: Mindfulness Meditation Reveals Distinct Neural Modes of Self-Reference«. *Social Cognitive and Affective Neuroscience* 2, Nr. 4 (2007): 313–22.

Fehr, D., und M. Sutter. »Gossip and the Efficiency of Interactions«. *Games and Economic Behavior* 113 (2019): 448–60.

Fifield, K. »Give Yourself the Gift of a Good Life. Advice From Harvard's Top Happiness Researcher«, 28. November 2017. https://www.aarp.org/health/healthy-living/info-2017/marriage-relationships-stress-happiness.html.

Fink, G. »Stress: The Health Epidemic of the 21st Century«. *ELSEVIER SciTech Connect*, 26. April 2016. http://scitechconnect.elsevier.com/stress-health-epidemic-21st-century/.

Finkel, E.J., P.W. Eastwick, B.R. Karney, H.T. Reis und S. Sprecher. »Online Dating: A Critical Analysis From the Perspective of Psychological Science«. *Psychological Science in the Public Interest* 13, Nr. 1 (2012): 3–66.

Fletcher, P.C., F. Happé, U. Frith, S.C. Baker, R.J. Dolan, R.S.J. Frackowiak und C.D. Frith. »Other Minds in the Brain: A Functional Imaging Study of ›Theory of Mind‹ in Story Comprehension«. *Cognition* 57, Nr. 2 (1995): 109–28.

Flückiger, C., A.C. Del Re, B.E. Wampold und A.O. Horvath. »The Alliance in Adult Psychotherapy: A Meta-Analytic Synthesis«. *Psychotherapy* 55, Nr. 4 (2018): 316–40.

Flückiger, C., J. Rubel, A.C. Del Re, A.O. Horvath, B.E. Wampold, P. Crits-Christoph, D. Atzil-Slonim u. a. »The Reciprocal Relationship Between Alliance and Early Treatment Symptoms: A Two-Stage Individual Participant Data Meta-Analysis«. *Journal of Consulting and Clinical Psychology* 88, Nr. 9 (2020): 829–43.

Foreman, S.A., und C.R. Marmar. »Therapist Actions That Address Initially Poor Therapeutic Alliances in Psychotherapy«. *The American Journal of Psychiatry* 142, Nr. 8 (1985): 922–26.

Friedlander, M.L., V. Escudero, M.J. Welmers-Van de Poll und L. Heatherington. »Meta-Analysis of the Alliance-Outcome Relation in Couple and Family Therapy«. *Psychotherapy* 55, Nr. 4 (2018): 356–71.

Friedman, M. »Freundschaft und moralisches Wachstum«. *Deutsche Zeitschrift für Philosophie* 45, Nr. 2 (1997): 235–48.

Fuochi, G., C. Veneziani und A. Voci. »Exploring the Social Side of Self-Compassion: Relations with Empathy and Outgroup Attitudes«. *European Journal of Social Psychology* 48, Nr. 6 (2018): 769–83.

»Germany«, 2018. http://www.oecdbetterlifeindex.org/countries/germany/.

»Gestorbene: Deutschland, Jahre, Todesursache, Geschlecht«, 2020. https://www-genesis.destatis.de/genesis/online?sequenz=tabelleErgebnis&selectionname=23211–0002#abreadcrumb.

Glaser, R., und J.K. Kiecolt-Glaser. »Stress-Induced Immune Dysfunction: Implications for Health«. *Nature Reviews Immunology* 5, Nr. 3 (2005): 243–51.

Goossens, L., E. Van Roekel, M. Verhagen, J.T. Cacioppo, S. Cacioppo, M. Maes und D.I. Boomsma. »The Genetics of Loneliness: Linking Evolutionary Theory to Genome-Wide Genetics, Epigenetics, and Social Science«. *Perspectives on Psychological Science* 10, Nr. 2 (2015): 213–26.

Gouldner, A.W. »The Norm of Reciprocity: A Preliminary Statement«. *American Sociological Review* 25, Nr. 2 (1960): 161–78.

Granovetter, M.S. »The Strength of Weak Ties«. *American Journal of Sociology* 78, Nr. 6 (1973): 1360–80.

Greger, M. *How Not to Die: Entdecken Sie Nahrungsmittel, die Ihr Leben verlängern – und bewiesenermaßen Krankheiten vorbeugen und heilen*. Kandern: Narayana Verlag, 2016.

Grierson, B. »What if Age Is Nothing but a Mind-Set?« *New York Times*, 22. Oktober 2014. https://www.nytimes.com/2014/10/26/magazine/what-if-age-is-nothing-but-a-mind-set.html.

Griffiths, K.M., D.A. Crisp, L. Barney und R. Reid. »Seeking Help For Depression From Family and Friends: A Qualitative Analysis of Perceived Advantages and Disadvantages«. *BMC Psychiatry* 11 (2011): 196.

Grippo, A.J., D.M. Trahanas, R.R. Zimmerman 2nd, S.W. Porges und C.S. Carter. »Oxytocin Protects Against Negative Behavioral and Automatic Consequences of Long-Term Social Isolation«. *Psychoneuroendocrinology* 34, Nr. 10 (2009): 1542–53.

Grolle, J. »Protokoll des Grauens«. *Der SPIEGEL*, 2014, 08/2014 Auflage.

Gulin, W. »Empathy in Social Relations of the Modern World«. *21st Century Pedagogy* 4, Nr. 1 (2020): 1–7.

Hall, J.A. »How Many Hours Does It Take To Make A Friend?« *Journal of Social and Personal Relationships* 36, Nr. 4 (2018): 1–19.

Hamlin, J.K., und K. Wynn. »Young Infants Prefer Prosocial to Antisocial Others«. *Cognitive Development* 26, Nr. 1 (2011): 30–39.

Hamlin, J.K., K. Wynn und P. Bloom. »Social Evaluation by Preverbal Infants«. *Nature* 450, Nr. 7169 (2007): 557–59.

Han, K.S., L. Kim und I. Shim. »Stress and Sleep Disorder«. *Experimental Neurobiology* 21, Nr. 4 (2012): 141–50.

Handel, S. »Circles of Empathy: Why We Care About People to Different Degrees«. The Emotion Machine. Zugegriffen am 5. Februar 2021. https://www.theemotionmachine.com/circles-of-empathy-why-we-care-about-people-to-different-degrees/.

Handlin, L., A. Nilsson, M. Ejdeback und E. Hydbring Sandberg. »Associations Between the Psychological Characteristics of the Human-Dog Relationship and Oxytocin and Cortisol Levels«. *Anthrozoos A Multidisciplinary Journal of the Interactions of People & Animals* 25, Nr. 2 (2012): 215–28.

Hapke, U., C. Cohrdes und J. Nübel. »Depressive Symptomatik im europäischen Vergleich – Ergebnisse des European Health Interview Survey (EHIS) 2«. *Journal of Health Monitoring* 4, Nr. 4 (2019): 62–70.

Hari, J. *Der Welt nicht mehr verbunden. Die wahren Ursachen von Depressionen und unerwartete Lösungen.* Hamburg: HarperCollins, 2019.

Harmelen, A.-L. van, J.L. Gibson, M.C. St Clair, M. Owens, J. Brodbeck, V. Dunn, G. Lewis u. a. »Friendships and Family Support Reduce Subsequent Depressive Symptoms in At-Risk Adolescents«. *PloS One* 11, Nr. 5 (2016): e0153715.

Harnack, L., M. Story, B. Martinson, D. Neumark-Sztainer und J. Stang. »Guess Who's Cooking? The Role of Men in Meal Planning, Shopping, and Preparation in US Families«. *Journal of the American Dietetic Association* 98, Nr. 9 (1998): 995–1000.

Harris, M.A., und U. Orth. »The Link Between Self-Esteem and Social Relationships: A Meta-Analysis of Longitudinal Studies«. *Journal of Personality and Social Psychology* 119, Nr. 6 (2020): 1459–77.

Haslam, C., J. Jetten, T. Cruwys, G.A. Dingle und S.A. Haslam. *The New Psychology of Health: Unlocking the Social Cure.* 1. Aufl. London: Routledge, 2018.

Haslam, S.A., C. McMahon, T. Cruwys, C. Haslam, J. Jetten und N.K. Steffens. »Social Cure, What Social Cure? The Propensity to Underestimate the Importance of Social Factors for Health«. *Social Science and Medicine* 198 (2018): 14–21.

Hatfield, E., J.T. Cacioppo und R.L. Rapson. *Emotional Contagion*. Cambridge: Cambridge University Press, 1994.

Hauschild, J. »Reden ist Kleister«. *Psychologie Heute* 2020, Nr. 12 (2020): 64–69.

Hawkley, L.C., und J.T. Cacioppo. »Loneliness and Pathways to Disease«. *Brain, Behavior, and Immunity* 17 (2002): 98–105.

–. »Loneliness Matters: A Theoretical and Empirical Review of Consequences and Mechanisms«. *Annals of Behavioral Medicine* 40, Nr. 2 (2010): 218–27.

Hawkley, L.C., K.J. Preacher und J.T. Cacioppo. »Loneliness Impairs Daytime Functioning but Not Sleep Duration«. *Health Psychology* 29, Nr. 2 (2010): 124–29.

Hawkley, L.C., R.A. Thisted und J.T. Cacioppo. »Loneliness Predicts Reduced Physical Activity: Cross- Sectional & Longitudinal Analyses«. *Health Psychology* 28, Nr. 3 (2009): 354–63.

Hawkley, L.C., R.A. Thisted, C.M. Masi und J.T. Cacioppo. »Loneliness Predicts Increased Blood Pressure: 5-Year Cross-Lagged Analyses in Middle-Aged and Older Adults«. *Psychology and Aging* 25, Nr. 1 (2010): 132–41.

Healey, F., und C. Tai. *Honjok: Die Kunst, allein zu leben*. Berlin: Allegria, 2020.

Heatley Tejada, A., R.I.M. Dunbar und M. Montero. »Physical Contact and Loneliness: Being Touched Reduces Perceptions of Loneliness [published online ahead of print, 2020 May 26]«. *Adaptive Human Behavior and Physiology* (2020): 1–15.

Heimes, S. *Warum Schreiben hilft: Die Wirksamkeitsnachweise zur Poesietherapie*. Vandenhoeck & Ruprecht, 2012.

Helgeson, V.S. »The Effects of Masculinity and Social Support on Recovery from Myocardial Infarction«. *Psychosomatic Medicine* 53, Nr. 6 (1991): 612–33.

Hill, R.A., und R.I.M. Dunbar. »Social Network Size in Humans«. *Human Nature* 14, Nr. 1 (2003): 53–72.

Holt-Lunstad, J. »The Potential Public Health Relevance of Social Isolation and Loneliness: Prevalence, Epidemiology, and

Risk Factors«. *Public Policy & Aging Report* 27, Nr. 4 (2017): 127–30.

Holt-Lunstad, J., T.B. Smith, M. Baker, T. Harris und D. Stephenson. »Loneliness and Social Isolation as Risk Factors for Mortality: A Meta-Analytic Review«. *Perspectives on Psychological Science* 10, Nr. 2 (2015): 227–37.

Holt-Lunstad, J., T.B. Smith und J.B. Layton. »Social Relationship and Mortality Risk: A Meta-Analytic Review«. *Perspectives on Psychological Science* 7, Nr. 7 (2010): 1–20.

Horvath, A.O., A.C. Del Re, C. Flückiger und D. Symonds. »Alliance in Individual Psychotherapy«. *Psychotherapy* 48, Nr. 1 (2011): 9–16.

Hostinar, C.E., und M.R. Gunnar. »Social Support Can Buffer against Stress and Shape Brain Activity«. *AJOB Neuroscience* 6, Nr. 3 (2015): 34–42.

Hruschka, D.J. *Friendship: Development, Ecology, and Evolution of a Relationship.* Berkeley: University of California Press, 2010.

Hunt, P.A., S. Denieffe und M. Gooney. »Burnout and Its Relationship to Empathy in Nursing: A Review of the Literature«. *Journal of Research in Nursing* 22, Nr. 1–2 (2017): 7–22.

Huxhold, O., und H. Engstler. »Soziale Isolation und Einsamkeit bei Frauen und Männern im Verlauf der zweiten Lebenshälfte«. In *Frauen und Männer in der zweiten Lebenshälfte,* herausgegeben von C. Vogel, M. Wettstein und C. Tesch-Römer, 2019.

Huxhold, O., und C. Tesch-Römer. »Einsamkeit steigt in der Corona-Pandemie bei Menschen im mittleren und hohen Erwachsenenalter gleichermaßen deutlich«, 2021. https://www.dza.de/fileadmin/dza/Dokumente/DZA_Aktuell/DZAAktuell_Einsamkeit_in_der_Corona-Pandemie.pdf.

Ikkink, K., und T. van Tilburg. »Do Older Adults' Network Members Continue to Provide Instrumental Support in Unbalanced Relationships?« *Journal of Social and Personal Relationships* 15, Nr. 1 (1998): 59–75.

Jakubiak, B.K., und B.C. Feeney. »Affectionate Touch to Promote Relational, Psychological, and Physical Well-Being in Adulthood: A Theoretical Model and Review of the Research«. *Personality and Social Psychology Review* 21, Nr. 3 (2017): 228–52.

Jaremka, L.M., C.P. Fagundes, R. Glaser, J.M. Bennett, W.B. Malarkey und J.K. Kiecolt-Glaser. »Loneliness Predicts Pain, Depression, and Fatigue: Understanding the Role of Immune Dysregulation«. *Psychoneuroendocrinology* 38, Nr. 8 (2013): 1310–17.

Järvelä, S., J. Kätsyri, N. Ravaja, G. Chanel und P. Henttonen. »Intragroup Emotions: Physiological Linkage and Social Presence«. *Frontiers in Psychology* 7 (2016): 105.

Jetten, J., C. Haslam, S.A. Haslam und N.R. Branscombe. »Groups as Therapy? – Socializing and Mental Health«. *Scientific American Mind*, September 2009. https://www.scientificamerican.com/article/the-social-cure/.

Jo, H.-H., J. Saramäki, R.I.M. Dunbar und K. Kaski. »Spatial Patterns of Close Relationships Across the Lifespan«. *Scientific Reports* 4 (2014): 6988.

Jun, W.H., J. Yang und E.J. Lee. »The Mediating Effects of Social Support and a Grateful Disposition on the Relationship between Life Stress and Anger in Korean Nursing Students«. *Asian Nursing Research* 12, Nr. 3 (2018): 197–202.

Kahle, N. *Mobilität in Bewegung: Wie soziale Innovationen unsere mobile Zukunft revolutionieren*. Offenbach: Gabal, 2021.

Kail, B.L., D.C. Carr und D. Carr. »Structural Social Support and Changes in Depression During the Retirement Transition: ›I Get by With a Little Help from My Friends‹«. *The Journals of Gerontology. Series B, Psychological Sciences and Social Sciences* 2019–10–13 (2019).

Kallis, G., M. Kalush, H.O. Flynn, J. Rossiter und N. Ashford. »›Friday Off': Reducing Working Hours in Europe«. *Sustainability* 5 (2013): 1545–67.

Kamp Dush, C.M., und P.R. Amato. »Consequences of Relationship Status and Quality for Subjective Well-Being«. *Journal of Social and Personal Relationships* 22, Nr. 5 (2005): 607–27.

Karig, F. *Wie wir lieben: Vom Ende der Monogamie*. Berlin: Aufbau Taschenbuch, 2018.

Karver, M.S., A.S. De Nadai, M. Monahan und S.R. Shirk. »Meta-Analysis of the Prospective Relation Between Alliance and Outcome in Child and Adolescent Psychotherapy«. *Psychotherapy* 55, Nr. 4 (2018): 341–55.

Kast, B. *Der Ernährungskompass: Das Fazit aller wissenschaftlichen Studien zum Thema Ernährung. Mit den 12 wichtigsten Regeln der gesunden Ernährung*. München: C. Bertelsmann, 2018.

Keller, M. »Moral und Beziehung: Eine entwicklungspsychologische Perspektive«. *Deutsche Zeitschrift für Philosophie* 45, Nr. 2 (1997): 249–65.

Kernis, M.H. »Toward a Conceptualization of Optimal Self-Esteem«. *Psychological Inquiry* 14, Nr. 1 (2003): 1–26.

Kiecolt-Glaser, J.K., und A.E. Kazak. »Marriage, Divorce, and the Immune System«. *American Psychologist* 73, Nr. 9 (2018): 1098–1108.

Kiecolt-Glaser, J.K., P.T. Marucha, W.B. Malarkey, A.M. Mercado und R. Glaser. »Slowing of Wound Healing by Psychological Stress«. *The Lancet* 346, Nr. 8984 (1995): 1194–96.

Kiecolt-Glaser, J.K., und T.L. Newton. »Marriage and Health: His and Hers«. *Psychological Bulletin* 127, Nr. 4 (2001): 472–503.

Kiecolt-Glaser, J.K., D. Ricker, J. George, G. Messick, C.E. Speicher, W. Garner und R. Glaser. »Urinary Cortisol Levels, Cellular Immunocompetency, and Loneliness in Psychiatric Inpatients«. *Psychosomatic Medicine* 46, Nr. 1 (1984): 15–23.

Kito, M. »Self-Disclosure in Romantic Relationships and Friendships Among American and Japanese College Students«. *The Journal of Social Psychology* 145, Nr. 2 (2005): 127–40.

Klimecki, O.M., S. Leiberg, M. Ricard und T. Singer. »Differential Pattern of Functional Brain Plasticity After Compassion and Empathy Training«. *Social Cognitive and Affective Neuroscience* 9, Nr. 6 (2014): 873–79.

Klinenberg, E. *Going Solo: The Extraordinary Rise and Surprising Appeal of Living Alone*. Penguin Books, 2013.

Kposowa, A.J. »Divorce and Suicide Risk«. *Journal of Epidemiology & Community Health* 57 (2003): 993–95.

Kraus, M.W., C. Huang und D. Keltner. »Tactile Communication, Coorperation, and Performance: An Ethological Study of the NBA«. *Emotion* 10, Nr. 5 (2010): 745–49.

Kroenke, C.H., L.D. Kubzansky, E.S. Schernhammer, M.D. Holmes und I. Kawachi. »Social Networks, Social Support, and Survival After Breast Cancer Diagnosis«. *Journal of Clinical Oncology* 24, Nr. 7 (2006): 1105–11.

Kubacka, K.E., C. Finkenauer, C.E. Rusbult und L. Keijsers. »Maintaining Close Relationships: Gratitude as a Motivator and a Detector of Maintenance Behavior«. *Personality and Social Psychology Bulletin* 37, Nr. 10 (2011): 1362–75.

Kurina, L.M., K.L. Knutson, L.C. Hawkley, J.T. Cacioppo, D.S. Lauderdale und C. Ober. »Loneliness Is Associated with Sleep Fragmentation in a Communal Society«. *SLEEP* 34, Nr. 1 (2011): 1519–26.

Lambert, C. »From the Archives: The Talent for Ageing Well«. *Harvard Magazine*, 8. September 2019, Abschn. Features. https://harvardmagazine.com/2019/08/the-talent-for-aging-well.

Lammers, W. *Logosynthese – Mit Worten heilen: Praxisbuch für Beratung, Coaching und Psychotherapie.* VAK, 2014.

–. *Selbstcoaching mit Logosynthese: Blockaden auflösen, Krisen bewältigen.* Kösel-Verlag, 2012.

Lampert, T., J. Hoebel und L.E. Kroll. »Soziale Unterschiede in der Mortalität und Lebenserwartung in Deutschland – Aktuelle Situation und Trends«. *Journal of Health Monitoring* 4, Nr. 1 (2019): 3–15.

Langer, E.J. *Die Uhr zurückdrehen?: Gesund alt werden durch die heilsame Wirkung der Aufmerksamkeit.* Paderborn: Junfermann, 2011.

Langer, E.J., M. Djikic, M. Pirson, A. Madenci und R. Donohue. »Believing is Seeing: Using Mindfulness (Mindfully) to Improve Visual Acuity«. *Psychological Science* 21, Nr. 5 (2010): 661–66.

LeDoux, J.E., und D.S. Pine. »Using Neuroscience to Help Understand Fear and Anxiety: A Two-System Framework«. *The American Journal of Psychiatry* 173, Nr. 11 (2016): 1083–93.

Levenson, R.W., und A.M. Ruef. »Empathy: A Physiological Substrate«. *Journal of Personality and Social Psychology* 63, Nr. 2 (1992): 234–46.

Levy, S.M., R.B. Herberman, T. Whiteside, K. Sanzo, J. Lee und J. Kirkwood. »Perceived Social Support and Tumor Estrogen/Progesterone Receptor Status as Predictors of Natural Killer Cell Cytotoxicity in Breast Cancer Patients«. *Psychosomatic Medicine* 52, Nr. 1 (1990): 73–85.

Lieberman, M.D. *Social: Why Our Brains Are Wired to Connect.* New York: Crown, 2013.

–. »The Social Brain and Its Superpowers«. TEDx Talks, St. Louis, 7. Oktober 2013. https://www.youtube.com/watch?v=NNhk3ow-F7RQ.

Lieberwirth, C., und Z. Wang. »The Social Environment and Neurogenesis in the Adult Mammalian Brain«. *Frontiers in Human Neuroscience* 6 (2012): 118.

Long, C.R., und J.R. Averill. »Solitude: An Exploration of Benefits of Being Alone«. *Journal for the Theory of Social Behaviour* 33, Nr. 1 (2003): 21–44.

Longe, O., F.A. Maratos, P. Gilbert, G. Evans, F. Volker, H. Rockliff und G. Rippon. »Having a Word with Yourself: Neural Correlates of Self-Criticism and Self-Reassurance«. *NeuroImage* 49 (2009): 1849–56.

Love, T.M. »Oxytocin, Motivation and the Role of Dopamine«. *Pharmacology Biochemistry and Behavior* 119 (2014): 49–60.

MacCarron, P., K. Kaski und R.I.M. Dunbar. »Calling Dunbar's Numbers«. *Social Networks* 47 (2016): 151–55.

MacDonald, G., und M.R. Leary. »Why Does Social Exclusion Hurt? The Relationship Between Social and Physical Pain«. *Psychological Bulletin* 131, Nr. 2 (2005): 202–23.

Maes, M., C. Song, A. Lin, R. de Jongh, A. van Gastel, G. Kenis, E. Bosmans u. a. »The Effects of Psychological Stress on Humans: Increased Production of Pro-Inflammatory Cytokines and a Th1-Like Response in Stress-Induced Anxiety«. *Cytokine* 10, Nr. 4 (1998): 313–18.

Markman, A. »Happiness and Social Interaction«. *Psychology Today*, 4. September 2018. https://www.psychologytoday.com/us/blog/ulterior-motives/201809/happiness-and-social-interaction.

Marmot, M. »Fair Society, Healthy Lives – The Marmot Review«. Strategic Review of Health Inequalities in England post-2010, 2010. https://www.parliament.uk/globalassets/documents/fair-society-healthy-lives-full-report.pdf.

–. »Social Determinants of Health Inequalities«. *The Lancet* 365, Nr. 9464 (2005): 1099–1104.

–. »Status Syndrome«. *Significance* 1, Nr. 4 (2004): 150–54.

–. »The Health Gap: The Challenge of an Unequal World: The Argument«. *International Journal of Epidemiology* 46, Nr. 4 (2017): 1312–18.

Marmot, M., S. Stansfeld, C. Patel, F. North, J. Head, I. White, E. Brunner, A. Feeney und G. Davey Smith. »Health Inequalities Among British Civil Servants: The Whitehall II Study«. *The Lancet* 337, Nr. 8754 (1991): 1387–93.

Martikainen, P., J. Adda, J. Ferrie, S. Davey und M. Marmot. »Effects of Income and Wealth on GHQ Depression and Poor Self Rated

Health in White Collar Women and Men in the Whitehall II Study«. *Journal of Epidemiology & Community Health* 57, Nr. 9 (2003): 718–23.

Marucha, P.T., J.K. Kiecolt-Glaser und M. Favagehi. »Mucosal Wound Healing is Impaired by Examination Stress«. *Psychosomatic Medicine* 60, Nr. 3 (1998): 362–65.

Meier, A., und K. Musick. »Variation in Associations Between Family Dinners and Adolescent Well-Being«. *Journal of Marriage and Family* 76, Nr. 1 (2014): 13–23.

Milardo, R.M. »Comparative Models of Delineating Social Networks«. *Journal of Social and Personal Relationships* 9 (1992): 447–61.

Mohr, M. von, L.P. Kirsch und A. Fotopoulou. »The Soothing Function of Touch: Affective Touch Reduces Feelings of Social Exclusion«. *Scientific Reports* 7 (2017): 13516.

Morelli, S.A., J.B. Torre und N.I. Eisenberger. »The Neural Bases of Feeling Understood and Not Understood«. *Social Cognitive and Affective Neuroscience* 9, Nr. 12 (2014): 1890–96.

Morrison, I., L.S. Löken, J. Minde, J. Wessberg, I. Perini, I. Nennesmo und H. Olausson. »Reduced C- Afferent Fibre Density Affects Perceived Pleasantness and Empathy for Touch«. *Brain* 134, Nr. Pt 4 (2011): 1116–26.

Mubanga, M., L. Byberg, C. Nowak, A. Egenvall, P.K. Magnusson, E. Ingelsson und T. Fall. »Dog Ownership and the Risk of Cardiovascular Disease and Death – A Nationwide Cohort Study«. *Scientific Reports* 7 (2017): 15821.

Murphy, K. »Do Your Friends Actually Like You?« *New York Times*, 6. August 2016. https://www.nytimes.com/2016/08/07/opinion/sunday/do-your-friends-actually-like-you.html.

Murthy, V.H. *Together. Loneliness, Health and What Happens When We Find Connection*. London: HarperCollins, 2020.

Musick, K., und A. Meier. »Assessing Causality and Persistence in Associations Between Family Dinners and Adolescent Well-Being«. *Journal of Marriage and Family* 74, Nr. 3 (2012): 476–93.

Narr, R.K., J.P. Allen, J.S. Tan und E.L. Loeb. »Close Friendship Strength and Broader Peer Group Desirability as Differential Predictors of Adult Mental Health«. *Child Development* 90, Nr. 1 (2019): 298–313.

Neff, K.D., und E. Pommier. »The Relationship Between Self-Compassion and Other-Focused Concern among College Undergraduates, Community Adults, and Practicing Meditators«. *Self and Identity* 12, Nr. 2 (2013): 160–76.

Neyer, F.J., und F.R. Lang. »Blood is Thicker Than Water: Kinship Orientation Across Adulthood«. *Journal of Personality and Social Psychology* 84, Nr. 2 (2003): 310–21.

–. »Psychologie der Verwandtschaft«. *Psychologische Rundschau* 64, Nr. 3 (2013): 161–65.

Nie, N.H., D.S. Hillygus und L. Erbring. »Internet Use, Interpersonal Relations, and Sociability: A Time Diary Study«. In *The Internet in Everyday Life*, herausgegeben von C. Haythornthwaite und B. Wellman, 213–43. Oxford: Blackwell Publishers Ltd, 2002.

Norcross, J.C., und M.J. Lambert. »Psychotherapy Relationships That Work III«. *Psychotherapy* 55, Nr. 4 (2018): 303–15.

North, F., S.L. Syme, A. Feeney, J. Head, M.J. Shipley und M. Marmot. »Explaining Socioeconomic Differences in Sickness Absence: The Whitehall II Study«. *BMJ – British Medical Journal* 306, Nr. 6874 (1993): 361–66.

Nuber, U. *Der Bindungseffekt. Wie frühe Erfahrungen unser Beziehungsglück beeinflussen und wie wir damit umgehen können.* München: Piper Verlag, 2020.

Ohr, R. »Heimtierstudie 2019: Ökonomische und soziale Bedeutung der Heimtierhaltung in Deutschland«. Göttingen: Universität Göttingen, September 2019. https://www.uni-goettingen.de/de/document/download/52bbce3b8ebcfef2faa77d50d72a0b21.pdf/Heimtierstudie%202019%20final%20korr..pdf.

Okdie, B.M., R.E. Guadagno, F.J. Bernieri, A. Geers und A.R. McLarney-Vesotski. »Getting to Know You: Face-To-Face Versus Online Interactions«. *Computers in Human Behavior* 27 (2011): 153–59.

Olausson, H., Y. Lamarre, H. Backlund Wasling, C. Morin, G. Bengt Wallin, G. Starck, S. Ekholm u. a. »Unmyelinated Tactile Afferents Signal Touch and Project to Insular Cortex«. *Nature Neuroscience* 5, Nr. 9 (2002): 900–904.

Olausson, H., J. Wessberg, I. Morrison, F. McGlone und A.B. Vallbo. »The Neurophysiology of Unmyelinated Tactile Afferents«. *Neuroscience & Biobehavioral Reviews* 34, Nr. 2 (2010): 185–91.

Olausson, H., J. Wessberg, J. Morrison und F. McGlone, Hrsg. *Affective Touch and the Neurophysiology of CT Afferents*. 1. Aufl. New York: Springer Verlag, 2016.

Opaschowski, H. *Die semiglückliche Gesellschaft: Das neue Leben der Deutschen auf dem Weg in die Post-Corona-Zeit. Eine repräsentative Studie*. 1. Opladen, Berlin & Toronto: Verlag Barbara Budrich, 2020.

—. »Repräsentativumfrage Kontaktarmut«. Hamburg: Institut für Zukunftsforschung (OIZ), 2020.

Pallini, S., R. Baiocco, B.H. Schneider, S. Madigan und L. Atkinson. »Early Child-Parent-Attachment and Peer Relations: A Meta-Analysis of Recent Research«. *Journal of Family Psychology* 28, Nr. 1 (2014): 118–23.

Pawlik, V. »Was halten Sie persönlich im Leben für besonders wichtig und erstrebenswert?«, 5. August 2020. https://de.statista.com/statistik/daten/studie/170820/umfrage/als-besonders-wichtig-erachtete-aspekte-im-leben/.

Pearce, E., A. Machin und R.I.M. Dunbar. »Sex Differences in Intimacy Levels in Best Friendships and Romantic Partnerships«. *Adaptive Human Behavior and Physiology* 7 (2021): 1–16.

Pennebaker, J. *Heilung durch Schreiben: Ein Arbeitsbuch zur Selbsthilfe*. 2. Hogrefe, 2019.

Pennebaker, J., und C. Chung. »Expressive Writing, Emotional Upheavals, and Health«. In *Handbook of Health Psychology*, herausgegeben von H. Friedman und R. Silver, 263–84. New York: Oxford University Press, 2007.

Peplau, L.A., und D. Perlman, Hrsg. *Loneliness: A Sourcebook of Current Theory, Research and Therapy*. New York: Wiley, 1982.

»Percentage of One-Person Households, 1960 to 2018«. Zugegriffen am 8. April 2021. https://ourworldindata.org/grapher/one-person-households.

Percival, N.M., und B.D. Pulford. »Do Say ›Thank You‹: Verbal Expressions of Politeness and Gratitude Influence Interpersonal Perceptions«. *The Journal of General Psychology* 143, Nr. 3 (2020): 228–43.

Perera, T.D., S. Park und Y. Nemirovskaya. »Cognitive Role of Neurogenesis in Depression and Antidepressant Treatment«. *The Neuroscientist* 14, Nr. 4 (2008): 326–38.

Petrie, K.J., I. Fontanilla, M.G. Thomas, R.J. Booth und J. Pennebaker. »Effect of Written Emotional Expression on Immune Function in Patients with Human Immunodeficiency Virus Infection: A Randomized Trial«. *Psychosomatic Medicine* 66, Nr. 2 (2004): 272–75.

Pfister, K. *Wer gebraucht wird, lebt länger: Was in der Pflege schiefläuft und der Beweis, dass es auch anders geht.* Berlin: Econ, 2020.

Pinker, S. »The Secret to Living Longer May be Your Social Life«. TEDx Talks, 4. September 2017. https://www.youtube.com/watch?v=ptIecdCZ3dg.

–. *The Village Effect. Why Face-To-Face Contact Matters.* London: Atlantic Books, 2015.

Pinker, St. *Gewalt. Eine neue Geschichte der Menschheit.* S. Fischer, 2011.

–. »Steven Pinker on Empathy«. 23. Januar 2012. https://www.youtube.com/results?search_query=steven+pinker+empathy.

Pinquart, M., C. Feußner und L. Ahnert. »Meta-Analytic Evidence for Stability in Attachments From Infancy to Early Adulthood«. *Attachment and Human Development* 15, Nr. 2 (2013): 189–218.

Putnam, R.D. »Bowling Alone: America's Declining Social Capital«. *Journal of Democracy* 6, Nr. 1 (1995): 65–78.

–. *Bowling Alone: The Collapse and Revival of American Community.* New York: Simon & Schuster, 2000.

Quoidbach, J., M. Taquet, M. Desseilles, Y.-A. de Montjoye und J.J. Gross. »Happiness and Social Behavior«. *Psychological Science* 30, Nr. 8 (2019): 1111–22.

Qureshi, A.I., M.Z. Memon, G. Vazquez und M.F. Suri. »Cat Ownership and the Risk of Fatal Cardiovascular Diseases. Results from the Second National Health and Nutrition Examination Study Mortality Follow-Up Study«. *Journal of Vascular and Interventional Neurology* 2, Nr. 1 (2009): 132–35.

Radtke, R. »Lebenserwartung von Männern und Frauen bei der Geburt in Deutschland im Zeitraum der Jahre 1871 bis 2018«, 5. November 2019. https://de.statista.com/statistik/daten/studie/185394/umfrage/entwicklung-der-lebenserwartung-nach-geschlecht/.

Redcay, E., D. Dodell-Feder, M.J. Pearrow, P.L. Mavros, M. Kleiner, J.D.E. Gabrieli und R. Saxe. »Live Face-to-Face Interaction During fMRI: A New Tool for Social Cognitive Neuroscience«. *NeuroImage* 50, Nr. 4 (2010): 1639–47.

Redding, R.E., J.D. Herbert, E.M. Forman, B.A. Gaudiano und M.C. Roberts. »Popular Self-Help Books for Anxiety, Depression, and Trauma: How Scientifically Grounded and Useful Are They?« *American Psychological Association* 39, Nr. 5 (2008): 537–45.

Redelmeier, D.A., und S.M. Singh. »Survival in Academy Award-Winning Actors and Actresses«. *Annals of Internal Medicine* 134 (2001): 955–62.

Reis, H.T., M.R. Maniaci, P.A. Caprariello, P.W. Eastwick und E.J. Finkel. »Familiarity Does Indeed Promote Attraction in Live Interaction«. *Journal of Personality and Social Psychology* 101, Nr. 3 (2011): 557–70.

Robbins, M.L., und A. Karan. »Who Gossips and How in Everyday Life?« *Social Psychological and Personality Science* 11, Nr. 2 (2020): 185–95.

Roberts, S.G.B., und R.I.M. Dunbar. »The Costs of Family and Friends: an 18-Month Longitudinal Study of Relationship Maintenance and Decay«. *Evolution and Human Behavior* 32, Nr. 3 (2011): 186–97.

Rogers, C.R. »The Necessary and Sufficient Conditions of Therapeutic Personality Change«. *Journal of Consulting and Clinical Psychology* 60, Nr. 6 (1992): 827–32.

Roth, G. »Warum nachhaltige therapeutische Veränderungen im Gehirn Zeit brauchen«. *Psychotherapeut* 61, Nr. 6 (2016): 455–61.

Roth, G., und A. Ryba. *Coaching, Beratung und Gehirn: Neurobiologische Grundlagen wirksamer Veränderungskonzepte.* Stuttgart: Klett-Cotta, 2016.

Rudnicka, J. »Anzahl der Eheschließungen in Deutschland von 1950 bis 2019«. Statistisches Bundesamt, 10. Juni 2020. https://de.statista.com/statistik/daten/studie/1323/umfrage/eheschliessungen-in-deutschland/.

–. »Anzahl der Einpersonenhaushalte in Deutschland von 1991 bis 2019«, 16. Juli 2020. https://de.statista.com/statistik/daten/studie/156951/umfrage/anzahl-der-einpersonenhaushalte-in-deutschland-seit-1991/.

Russell, D., L.A. Peplau und C.E. Cutrona. »The Revised UCLA Loneliness Scale: Concurrent and Discriminant Validity Evidence«. *Journal of Personality and Social Psychology* 39, Nr. 3 (1980): 472–80.

Ryan, C., und C. Jethá. *Sex: Die wahre Geschichte.* 4. Aufl. Stuttgart: Klett-Cotta, 2020.

Sachse, J. »Tierbestattungen als Ausdruck einer besonderen Beziehung zwischen Menschen und ihren Haustieren«. In *Spuren suchen: Tier-Mensch-Beziehungen im Geschichts- und Politikunterricht*, herausgegeben von S. Horn und M. Roscher. Kassel: Kassel University Press GmbH, 2019.

Sack, M., und M. Stingl. »Traumakonfrontative Behandlung mit EMDR – neue Entwicklungen und Studienergebnisse«. *PiD – Psychotherapie im Dialog* 20, Nr. 2 (2019): 61–65.

Sallquist, J., N. Eisenberg, T.L. Spinrad, N.D. Eggum und B.M. Gaertner. »Assessment of Preschooler's Positive Empathy: Concurrent and Longitudinal Relations with Positive Emotion, Social Competence, and Sympathy«. *The Journal of Positive Psychology* 4, Nr. 3 (2009): 223–33.

Saur, M. »Der weite Weg zum Glück. Eine Studie mit echt langem Atem: Seit 75 Jahren erforscht eine Gruppe von Wissenschaftlern, wie Menschen ein erfülltes Leben gelingt. Höchste Zeit für eine Zwischenbilanz«. *Süddeutsche Zeitung Magazin*, 28. März 2015, Abschn. Wissen. https://sz-magazin.sueddeutsche.de/wissen/studie-glueck-gluecklich-81077.

Schacht, R., und K.L. Kramer. »Are We Monogamous? A Review of the Evolution of Pair-Bonding in Humans and Its Contemporary Variation Cross-Culturally«. *Frontiers in Ecology and Evolution 7* (2019).

»Scheidungsquote in Deutschland von 1960 bis 2019«, 19. März 2021. https://de.statista.com/statistik/daten/studie/76211/umfrage/scheidungsquote-von-1960-bis-2008/.

Scheuermann, U. *Immunbooster Selbstliebe: Das Praxisprogramm für starke Nerven und ein gesundes emotionales Gleichgewicht.* 1. München: Knaur.Leben Taschenbuch, 2021.

–. *Innerlich frei: Was wir gewinnen, wenn wir unsere ungeliebten Seiten annehmen.* Knaur, 2016.

–. *Schreibdenken: Schreiben als Denk- und Lernwerkzeug nutzen und vermitteln.* 3. UTB Budrich, 2016.

Schmidt, G., S. Matthiesen, A. Dekker und K. Starke. *Spätmoderne Beziehungswelten.* Wiesbaden: Verlag für Sozialwissenschaften, 2006.

Schöne, C. »Selbstwertkontingenz«. In *Dorsch Lexikon der Psychologie*, herausgegeben von M.A. Wirtz. Hogrefe, 2019. https://dorsch.hogrefe.com/stichwort/selbstwertkontingenz#search=5c3d018f3af6ab2c184dcdd82aa4c963&offset=0.

Schröder, M. Interview mit Martin Schröder. Interviewt von U. Scheuermann, 19. April 2021.

–. *Wann sind wir wirklich zufrieden?: Überraschende Erkenntnisse zu Arbeit, Liebe, Kindern, Geld.* 2. München: C. Bertelsmann, 2020.

–. *Warum es uns noch nie so gut ging und warum wir trotzdem ständig von Krisen reden.* Salzburg München: Benevento, 2018.

Schubert, C., und M. Amberger. *Was uns krank macht, was uns heilt: Aufbruch in eine neue Medizin. Das Zusammenspiel von Körper, Geist und Seele besser verstehen.* 5. Aufl. Munderfing: Fischer und Gann, 2018.

Scourfield, J., und R. Evans. »Why Might Men Be More at Risk of Suicide After a Relationship Breakdown? Sociological Insights«. *American Journal of Men's Health* 9, Nr. 5 (2015): 380–84.

Seltzer, L.J., A.R. Prososki, T.E. Ziegler und S.D. Pollak. »Instant Messages vs. Speech: Hormones and Why We Still Need to Hear Each Other«. *Evolution and Human Behavior* 33, Nr. 1 (2012): 42–45.

Sidenvall, B., M. Nydahl und C. Fjellström. »The Meal as a Gift – The Meaning of Cooking Among Retired Women«. *Journal of Applied Gerontology* 19, Nr. 4 (2000): 405–23.

»Siebter Altenbericht: Sorge und Mitverantwortung in der Kommune – Aufbau und Sicherheit zukunftsfähiger Gemeinschaften und Stellungnahme der Bundesregierung«. Frankfurt am Main, September 2017. https://www.siebter-altenbericht.de/fileadmin/altenbericht/pdf/Der_Siebte_Altenbericht.pdf.

Silk, J.B., S.C. Alberts und J. Altmann. »Social Bonds of Female Baboons Enhance Infant Survival«. *Science* 302, Nr. 5648 (2003): 1231–34.

Silk, J.B., J.C. Beehner, T.J. Bergman, C. Crockford, A.L. Engh, L.R. Moscovice, R.M. Wittig, R.M. Seyfarth und D.L. Cheney. »Strong and Consistent Bonds Enhance the Longevity of Female Baboons«. *Current Biology* 20, Nr. 15 (2010): 1359–61.

–. »The Benefits of Social Capital: Close Social Bonds Among Female Baboons Enhance Offspring Survival«. *Biological Sciences* 276, Nr. 1670 (2009): 3099–3104.

Simmank, J. *Einsamkeit. Warum wir aus einem Gefühl keine Krankheit machen sollten*. 1. Aufl. Zürich: Atrium Verlag, 2020.

Simon, B., und M.P. Walker. »Sleep Loss Causes Social Withdrawal and Loneliness«. *Nature Communications* 9, Nr. 1 (2018): 3146.

Simon, E.B., A. Rossi, A.G. Harvey und M.P. Walker. »Overanxious and Underslept«. *Nature Human Behaviour* 4, Nr. 1 (2020): 100–110.

»Single-Haushalte in Deutschland: 17,6 Millionen Menschen leben allein«, 12. November 2020. https://www.tagesschau.de/inland/single-statistik-101.html.

Slavich, G.M., B.M. Way, N.I. Eisenberger und S.E. Taylor. »Neural Sensitivity to Social Rejection is Associated with Inflammatory Responses to Social Stress«. *Proceedings of the National Academy of Sciences of the United States of America* 107, Nr. 33 (2010): 14817–22.

Sloane, S., R. Baillargeon und D. Premack. »Do Infants Have a Sense of Fairness?« *Psychological Science* 23, Nr. 2 (2012): 196–204.

Smyth, J.M. »Written Emotional Expression: Effect Sizes, Outcome Types, and Moderating Variables«. *Journal of Consulting and Clinical Psychology* 66, Nr. 1 (1998): 174–84.

Smyth, J.M., A.A. Stone und A. Kaell. »Effects of Writing About Stressful Experiences on Symptom Reduction in Patients with Asthma or Rheumatoid Arthritis: A Randomized Trial«. *Journal of the American Medical Association* 281, Nr. 14 (1999): 1304–9.

»So liebt Deutschland«, 2020. https://www.elitepartner.de/wordpress/wp-content/uploads/2020/07/ElitePartner-Studie-2020.pdf.

»Social Determinants of Health: The Solid Facts«. World Health Organization, 2003. https://www.euro.who.int/__data/assets/pdf_file/0005/98438/e81384.pdf.

Spiegel, D., S.E. Sephton, A.I. Terr und D.P. Stites. »Effects of Psychosocial Treatment in Prolonging Cancer Survival May Be Mediated by Neuroimmune Pathways«. *Annals of the New York Academy of Sciences* 840, Nr. 1 (1998): 674–83.

Spitz, E.R. »The Three Kinds of Empathy: Emotional, Cognitive, Compassionate«. *Heartmanity's Blog* (blog). Zugegriffen am 5. Februar 2021. https://blog.heartmanity.com/the-three-kinds-of-empathy-emotional-cognitive-compassionate.

Spitzer, B., und F. Blankenburg. »Stimulus-Dependent EEG Activity Reflects Internal Updating of Tactile Working Memory in Humans«. *Proceedings of the National Academy of Sciences of the United States of America* 108, Nr. 20 (2011): 8444–49.

Spitzer, M. *Einsamkeit. Die unerkannte Krankheit.* Droemer, 2018.

Stansfeld, S., R. Fuhrer, M.J. Shipley und M. Marmot. »Work Characteristics Predict Psychiatric Disorder: Prospective Results from the Whitehall II Study«. *Occupational & Environmental Medicine* 56, Nr. 5 (1999): 302–7.

Statista Research Department. »Online-Dating: Daten und Fakten zur Partnersuche über das Internet«. statista.com, 23. März 2021. https://de.statista.com/themen/885/online-dating/.

»Study of Adult Development«, 2015. https://www.adultdevelopmentstudy.org/grantandglueckstudy.

Stutzer, A., und B.S. Frey. »Does Marriage Make People Happy, or Do Happy People Get Married?« *The Journal of Socio-Economics* 35, Nr. 2 (2006): 326–47.

Sutcliffe, A., R.I.M. Dunbar, J. Binder und H. Arrow. »Relationships and the Social Brain: Integrating Psychological and Evolutionary Perspectives«. *British Journal of Psychology* 103, Nr. 2 (2012): 149–68.

Suvilehto, J.T., E. Glerean, R.I.M. Dunbar, R. Hari und L. Nummenmaa. »Topography of Social Touching Depends on Emotional Bonds Between Humans«. *Proceedings of the National Academy of Sciences of the United States of America* 112, Nr. 45 (2015): 13811–16.

Talarico, J.M., K.S. LaBar und D.C. Rubin. »Emotional Intensity Predicts Autobiographical Memory Experience«. *Memory & Cognition* 32, Nr. 7 (2004): 1118–32.

Tawakol, A., A. Ishai, R.A.P. Takx, A.L. Figueroa, A. Ali, Y. Kaiser, Q.A. Truong u. a. »Relation Between Resting Amygdala Activity and Cardiovascular Events: A Longitudinal and Cohort Study«. *The Lancet* 389, Nr. 10071 (2017): 834–45.

Thom, D.H. »Physician Behaviors that Predict Patient Trust«. *Journal of Family Practice* 50, Nr. 4 (2001): 323–28.

Thomas, A. »Why Working Fewer Hours Would Make Us More Productive«. *The Guardian*, 9. November 2015. https://www.theguardian.com/sustainable-business/2015/nov/09/fewer-working-hours-doctors-eu-negotiations.

Thuret, S. »You Can Grow New Brain Cells. Here's How«. TEDx Talks, 30. Oktober 2015. https://www.youtube.com/watch?v=B_tjKYvEziI.

Toma, C.L., J.T. Hancock und N.B. Ellison. »Separating Fact From Fiction: An Examination of Deceptive Self-Presentation in Online Dating Profiles«. *Personality and Social Psychology Bulletin* 34, Nr. 8 (2008): 1032–36.

Törrönen, M., C. Munn-Giddings und L. Tarkiainen, Hrsg. *Reciprocal Relationships and Well-Being. Implications for Social Work and Social Policy*. New York: Routledge, 2018.

Turner, R.N., M. Hewstone, A. Voci und J.F. Dovidio. »Reducing Explicit and Implicit Outgroup Prejudice via Direct and Extended Contact: The Mediating Role of Self-Disclosure and Intergroup Anxiety«. *Journal of Personality and Social Psychology* 93, Nr. 3 (2007): 369–88.

Uchino, B.N. *Social Support and Physical Health: Understanding the Health Consequences of Relationships*. New Haven: Yale University Press, 2004.

Ueno, K. »The Effect of Friendship Networks on Adolescent Depressive Symptoms«. *Social Science Research* 34, Nr. 3 (2005): 484–510.

Vaillant, G.E., O.I. Okereke, K. Mukamal und R.J. Waldinger. »Antecedents of Intact Cognition and Dementia at Age 90 Years: A Prospective Study«. *Geriatric Psychiatry* 29, Nr. 12 (2014): 1278–85.

Valtorta, N.K., M. Kanaan, S. Gilbody, S. Ronzi und B. Hanratty. »Loneliness and Social Isolation as Risk Factors for Coronary Heart Disease and Stroke: Systematic Review and Meta-Analysis of Longitudinal Observational Studies«. *Heart* 102, Nr. 13 (2016): 1009–16.

Van Boven, L., J. Kane, A.P. McGraw und J. Dale. »Feeling Close: Emotional Intensity Reduces Perceived Psychological Distance«. *Journal of Personality and Social Psychology* 98, Nr. 6 (2010): 872–85.

Veltman, A. »Aristotle and Kant on Self-Disclosure in Friendship«. *The Journal of Value Inquiry* 38, Nr. 2 (2004): 225–39.

Verbakel, E. »Subjective Well-Being by Partnership Status and Its Dependence on the Normative Climate«. *European Journal of Population* 28 (2012): 205–32.

Visserman, M.L., F. Righetti, E.A. Impett, D. Keltner und P.A.M. Van Lange. »It's the Motive That Counts: Perceived Sacrifice Motives and Gratitude in Romantic Relationships«. *Emotion* 18, Nr. 5 (2018): 625–37.

Vlahovic, T.A., S.G.B. Roberts und R.I.M. Dunbar. »Effects of Duration and Laughter on Subjective Happiness within Different Modes of Communication«. *Journal of Computer-Mediated Communication* 17, Nr. 4 (2012): 436–50.

Voelpel, S. *Entscheide selbst, wie alt du bist: Was die Forschung über das Jungbleiben weiß*. Rowohlt Taschenbuch, 2020.

»Volkskrankheiten führen zu hohem Behandlungsbedarf«. Berlin, 16. Juni 2017. https://www.kbv.de/html/2017_29407.php.

Voorst, R. van. »Single sucht niemanden«. *Psychologie bringt dich weiter*, Nr. 1–2 (2021): 34–39.

Wagner, J., O. Lüdtke, B.W. Roberts und U. Trautwein. »Who Belongs To Me? Social Relationship and Personality Characteristics in the Transition to Young Adulthood«. *European Journal of Personality* 28, Nr. 6 (2014): 586–603.

Waldinger, R.J. »What Makes a Good Life? Lessons From the Longest Study on Happiness«. TEDx Talks, 25. Januar 2016. https://www.youtube.com/watch?v=8KkKuTCFvzI.

Waldinger, R.J., und M.S. Schulz. »The Long Reach of Nurturing Family Environments: Links With Midlife Emotion-Regulatory Styles and Late-Life Security in Intimate Relationships«. *Psychological Science* 27, Nr. 11 (2016): 1443–50.

–. »What's Love Got To Do With It?: Social Functioning, Perceived Health, and Daily Happiness in Married Octogenarians«. *Psychology and Aging* 25, Nr. 2 (2010): 422–31.

Walker, M.P. *Das große Buch vom Schlaf: Die enorme Bedeutung des Schlafs – Beste Vorbeugung gegen Alzheimer, Krebs, Herzinfarkt und vieles mehr*. München: Goldmann, 2018.

Walsh, F. »Human-Animal Bonds I: The Relational Significance of Companion Animals: Animals and Families«. *Family Process* 48, Nr. 4 (2009): 462–80.

Wampold, B.E., Z.E. Imel und S.G. Benish. »The Relative Efficacy of Bona Fide Psychotherapies for Treating Post-Traumatic Stress Disorder: A Meta-Analysis of Direct Comparisons«. *Clinical Psychology Review* 28, Nr. 5 (2008): 746–58.

Watkins, K., und E.M. Hill. »The Role of Stress in the Social Support-Mental Health Relationship«. *Journal of College Counselling* 21, Nr. 2 (2018): 153–64.

Weiß, R.S. *Loneliness: The Experience of Emotional and Social Isolation.* Cambridge, MA: MIT Press, 1973.

Weltgesundheitsorganisation Regionalbüro für Europa. »WHO verweist in neuem Bericht auf ungleiche gesundheitliche Fortschritte in Europa und fordert zur Messung des Fortschritts eine genauere Erfassung des Wohlbefindens«, 13. März 2013. https://www.euro.who.int/de/media-centre/sections/press-releases/2013/03/new-who-report-reveals-unequal-improvements-in-health-in-europe-and-calls-for-measurement-of-well-being-as-marker-of-progress.

Werner, E. »Children and War: Risk, Resilience, and Recovery«. *Development and Psychopathology* 24, Nr. 2 (2012): 553–58.

–. »Resilience and Recovery: Findings From the Kauai Longitudinal Study«. *Research, Policy, and Practice in Children's Mental Health* 19, Nr. 1 (2005): 11–14.

Wiseman, T. »A Concept Analysis of Empathy«. *Journal of Advanced Nursing* 23 (1996): 1162–67.

Wohlfarth, R., und B. Mutschler. *Die Heilkraft der Tiere: Wie der Kontakt mit Tieren uns gesund macht.* btb Verlag, 2020.

Wolfinbarger, M.F. »Motivations and Symbolism in Gift-Giving Behavior«. *Advances in Consumer Research* 17 (1990): 699–706.

Wood, J.V., W.Q.E. Perunovic und J.W. Lee. »Positive Self-Statements: Power for Some, Peril for Others«. *Psychological Science* 20, Nr. 7 (2009): 860–66.

»World Happiness Report 2021«. New York, 2021. https://happiness-report.s3.amazonaws.com/2021/WHR+21.pdf.

Wright, P.H. »Men's Friendships, Women's Friendships and the Alleged Inferiority of the Latter«. *Sex Roles* 8, Nr. 1 (1982): 1–20.

Wrzus, C., M. Hänel, J. Wagner und F.J. Neyer. »Social Network Changes and Life Events Across the Lifespan: A Meta-Analysis«. *Psychological Bulletin* 139, Nr. 1 (2013): 53–80.

Yu, H., Q. Cai, B. Shen, X. Gao und X. Zhou. »Neural Substrates and Social Consequences of Interpersonal Gratitude: Intention Matters«. *Emotion* 17, Nr. 4 (2017): 589–601.

»Zahl der Ehescheidungen im Jahr 2019 um 0,6% gestiegen«, 15. Juli 2020. https://www.destatis.de/DE/Presse/Pressemitteilungen/2020/07/PD20_268_12631.html.

Zhou, Q., N. Eisenberg, S.H. Losoya, R.A. Fabes, M. Reiser, I.K. Guthrie, B.C. Murphy, A.J. Cumberland und S.A. Shepard. »The Relations of Parental Warmth and Positive Expressiveness to Childrens Empathy-Related Responding and Social Functioning: A Longitudinal Study«. *Child Development* 73, Nr. 3 (2002): 893–915.

Zilcha-Mano, S., M. Mikulincer und P.R. Shaver. »Pets as Safe Havens and Secure Bases: The Moderating Role of Pet Attachment Orientations«. *Journal of Research in Personality* 46, Nr. 5 (2012): 571–80.